中国城市主体财源问题研究

——房地产税与城市土地地租

邓宏乾 著

商务印书馆
2008年·北京

图书在版编目(CIP)数据

中国城市主体财源问题研究:房地产税与城市土地地租/邓宏乾著.—北京:商务印书馆,2008
ISBN 978-7-100-05703-5

Ⅰ.中… Ⅱ.邓… Ⅲ.①房地产业—税收制度—研究—中国②城市—地租—研究—中国 Ⅳ.F812.422 F299.232

中国版本图书馆 CIP 数据核字(2007)第 199828 号

所有权利保留。
未经许可,不得以任何方式使用。

中国城市主体财源问题研究
——房地产税与城市土地地租
邓宏乾 著

商务印书馆出版
(北京王府井大街36号 邮政编码100710)
商务印书馆发行
北京瑞古冠中印刷厂印刷
ISBN 978-7-100-05703-5

2008年7月第1版　　开本 880×1230　1/32
2008年7月北京第1次印刷　印张 10⅝
定价:22.00元

目　　录

第一章　导论 ………………………………………………… 1
　一　选题的背景 …………………………………………………… 1
　二　相关文献综述 ………………………………………………… 4
　　（一）国外相关文献评述 ……………………………………… 4
　　（二）国内相关文献评述 ……………………………………… 16
　三　研究的基本思路与研究结构 ………………………………… 22
　　（一）研究的基本思路 ………………………………………… 22
　　（二）研究结构 ………………………………………………… 22
　四　可能的创新之处 ……………………………………………… 25

第二章　城市主体财源：理论基础 ……………………… 26
　一　城市主体财源：财政分权理论 ……………………………… 26
　　（一）城市政府的事权 ………………………………………… 26
　　（二）城市政府的财政支出责任 ……………………………… 30
　　（三）政府间税收划分 ………………………………………… 34
　二　马克思的地租理论 …………………………………………… 37
　　（一）马克思地租理论的基础和前提 ………………………… 38
　　（二）马克思地租理论的基本内容 …………………………… 39

第三章　我国城市财政体制的演进与评价 …………… 51
　一　我国城市财政体制的演进 …………………………………… 51

(一)我国城市财政体制的演变与发展 ……………………… 51
　　(二)1994年以来地方税收体系变化 …………………………… 55
　　(三)现行省级以下财政管理体制框架 …………………………… 57
　　(四)我国城市财政收入的基本构架 ……………………………… 59
二 现行城市财政体制的主要问题 ………………………………… 60
　　(一)地方财政收入与支出总体描述 …………………………… 61
　　(二)政府间的事权划分不清,事权错位 ………………………… 69
　　(三)地方税权高度集中于中央政府,严重削弱了地方税
　　　　应有功能的发挥 ……………………………………………… 71
　　(四)省级以下政府分税制尚未建立,城市政府无主体税种 …… 72

第四章 城市主体财源的基础:房地产业分析 …………………… 83
一 房地产业的地位和作用 ………………………………………… 83
　　(一)房地产及其特征 …………………………………………… 83
　　(二)房地产业及其特征 ………………………………………… 85
　　(三)房地产业的地位及作用 …………………………………… 86
二 我国房地产业效益分析 ………………………………………… 87
　　(一)房地产业对国民经济的贡献 ……………………………… 87
　　(二)房地产开发企业经营效益分析 …………………………… 91
　　(三)房地产业税收分析 ………………………………………… 94
三 房地产开发投资波动效应的实证研究 ………………………… 95
　　(一)数据与数据分析 …………………………………………… 96
　　(二)实证分析 …………………………………………………… 101
　　(三)结论 ………………………………………………………… 108
四 房地产业发展对策研究 ………………………………………… 110
　　(一)制定中长期房地产业发展规划,引导房地产业持续、
　　　　健康发展 ……………………………………………………… 110

（二）以科技创新为动力，大力推进住宅产业化 ……………… 112
　　（三）调整住宅供给结构，完善房地产市场监管体系 ………… 113
　　（四）改革房地产业核算体系 …………………………………… 114

第五章　城市主体财源：房地产税（Ⅰ）
——我国房地产税制的演变及发展 …………………………… 116
　一　1949年以前房地产税制评述 …………………………………… 116
　　（一）1949年以前房地产主要税种 ……………………………… 117
　　（二）1949年以前房地产税收征管体系 ………………………… 121
　　（三）1949年以前房地产税制评价 ……………………………… 123
　二　1949年以后房地产税制评述 …………………………………… 126
　　（一）1949年以后房地产税制的演变 …………………………… 126
　　（二）1949年以后主要房地产税种演变历程 …………………… 133
　三　我国现行房地产税制及评价 …………………………………… 137
　　（一）我国现行的主要房地产税种 ……………………………… 138
　　（二）我国现行的主要房地产税制的主要问题 ………………… 146

第六章　城市主体财源：房地产税（Ⅱ）
——房地产税制的国际比较 …………………………………… 161
　一　房地产保有税类国际比较 ……………………………………… 161
　　（一）房地产保有税课征制度比较 ……………………………… 162
　　（二）主要国家的房地产保有税制度 …………………………… 163
　二　房地产取得税类国际比较 ……………………………………… 173
　　（一）房地产取得税课征制度比较 ……………………………… 173
　　（二）主要国家的房地产取得税制度 …………………………… 176
　三　房地产所得税类国际比较 ……………………………………… 181
　　（一）课征综合所得税的国际比较 ……………………………… 182
　　（二）土地增值税的国际比较 …………………………………… 186

　　　　(三)主要国家的房地产所得税制度 …………………… 191
　　四　国外房地产税制的特点及经验 ……………………………… 197
　　　　(一)国外房地产税制的共同特点 …………………… 197
　　　　(二)国外房地产税制的经验 ………………………… 201

第七章　城市主体财源:房地产税(Ⅲ)
　　　　——我国房地产税改革 ……………………………… 206
　　一　房地产税概述 ………………………………………………… 206
　　　　(一)房地产税收理论演变与发展 …………………… 206
　　　　(二)房地产(财产税)税种的分类 …………………… 209
　　　　(三)房地产税的特征 ………………………………… 211
　　　　(四)房地产税的优点 ………………………………… 213
　　二　我国房地产税制改革研究 …………………………………… 215
　　　　(一)我国房地产税制改革观点评述 ………………… 215
　　　　(二)房地产税制改革的基本原则 …………………… 221
　　　　(三)房地产税制改革的基本思路 …………………… 226
　　　　(四)土地增值及土地增值税的理论思考 …………… 233

第八章　城市财政主体财源:土地非税收入及其改革 ………… 245
　　一　改革后国有土地非税收益分配政策的演进 ……………… 245
　　　　(一)土地使用费 ……………………………………… 245
　　　　(二)土地使用权出让金 ……………………………… 246
　　　　(三)新增建设用地土地有偿使用费 ………………… 249
　　二　国有土地非税收益分配的问题 …………………………… 252
　　　　(一)土地征收过程中收益分配存在的问题 ………… 252
　　　　(二)国有土地出让收益存在的问题 ………………… 255
　　三　香港土地收益管理及其经验 ……………………………… 258
　　　　(一)香港基本工程储备基金的运作及其管理 ……… 259

(二)香港土地基金的运作及其管理 ………………………… 263
　　　(三)香港土地收益管理的经验 …………………………… 268
　四　土地非税收入及分配改革思考 …………………………… 270
　　　(一)土地非税收入及分配改革的经济学分析 …………… 270
　　　(二)土地非税收入及分配政策改革取向 ………………… 276

第九章　武汉市、深圳市土地出让及收益实证分析 ………… 281
　一　武汉市土地出让及收益实证分析 ………………………… 281
　　　(一)武汉市土地出让市场情况 …………………………… 281
　　　(二)武汉市土地出让市场与全国主要城市的比较 ……… 287
　　　(三)武汉市土地出让收益 ………………………………… 288
　　　(四)武汉土地出让收益管理的经验 ……………………… 293
　二　深圳房地产收益实证分析 ………………………………… 295
　　　(一)深圳房地产投资效益分析 …………………………… 295
　　　(二)深圳房地产收益管理的经验 ………………………… 306

第十章　结论 …………………………………………………… 312
　一　房地产租税是城市主体财源的依据及可行性分析 ……… 312
　　　(一)房地产租税是城市主体财源的依据 ………………… 312
　　　(二)可行性分析 …………………………………………… 313
　二　房地产租税收入分配及规模问题 ………………………… 321

参考文献 ……………………………………………………… 323
后　　记 ……………………………………………………… 329

第一章 导论

一 选题的背景

城市化水平是衡量一个国家或地区经济社会发展的重要标志，也是国家现代化程度的重要标志，是人类文明进步的必然结果。城市是现代产业和人口聚集的地区，在国家和区域经济与社会发展中具有非常重要的地位，在国民经济和社会发展中起主导作用。它是经济发展和经济增长的发动机，具有强大的集聚效应和外溢效应，通过外溢效应辐射城市以外的地区，带动区域乃至整个国家的经济和社会发展。截至2005年底，我国共有661个城市，其中，直辖市、省会城市及地级城市共287个。2005年287个地级以上城市人口总数占全国人口总数的27.8%，国民生产总值为109 743.3亿元，占全国国民生产总值的59.9%；地方财政收入9 094.4亿元，占全国财政收入的61.1%。① 其中，35个省会城市和计划单列市财政收入6 509.15亿元，占全国财政收入的43.73%，占地级以上城市财政收入的71.6%。同时，城市土地资源集约利用的程度较高，地级及以上城市土地面积57.4万平方公里，仅占全国土地面积的6%；地级及以上城

---

① 资料来源：《中国统计年鉴2006》。

市土地的 GDP 产出为 1 912 万元/万平方米,全国土地的平均 GDP 产出为 190.7 万元/万平方米,地级及以上城市土地的 GDP 产出率是全国土地 GDP 产出率的 10 倍,地级以下城市及农村土地的 GDP 产出为 81.23 万元/万平方米,仅为地级及以上城市的 4.25%。①

21 世纪的世界正在由"城市化世纪"走向"城市世纪",正如 1996 年在伊斯坦布尔召开的"世界人居第二次大会"指出的那样:"21 世纪是城市的世纪",城市是"带动新世界发展的引擎。"城市将是未来经济发展的动力。城市提供充足的公共品,是城市生存和发展的基础,也是规模经济和提高投资效率的客观需要。公共品的受益范围和利益归属是划分中央与地方以及地方政府之间在事权方面的一个自然界区,② 城市公共品应由城市政府主要通过地方税收筹集资金提供。财政分权是世界各国通行的做法,政府间财政关系中,财政收入划分是最受关注的,一般来说,地方政府可支配的财力应与其承担的职能和支出相匹配。财政学家的研究表明,完善的财政分权制度,与政府规模、经济发展及经济效率呈正相关的关系。但是,我国在分税制改革的过程中,地方财政出现了许多问题,中央与地方的权力明显不对称,对地方财力的"剥夺"过于严重,事权与财权不相称,城市政府没有稳定的财政来源。如何建立科学的、合理的城市政府主体财源,是我国财政体制改革的关键问题,也是地方财政学急需研究和解决的重大现实问题和理论问题。理论界较多关注了地方财政(主要是县乡财政体制)问题的研究和探讨,而对城市财政体制问题关注较少,系统的研究成果尚不多。作者认为城市财政虽属于地方财政,

---

① 土地 GDP 产出 = GDP/土地面积,作者根据《中国统计年鉴 2006》的相关数据计算。
② 蒋洪等著:《财政学教程》,上海三联书店 1996 年版,第 508—512 页。

但有别于一般地方财政,城市财政有许多特殊性。第一,城市公共品的范围和内容相当广泛。其公共品完善程度影响着整个城市社会的发展和区域经济的发展,城市化过程中公共品的有效供给将直接影响城市化的速度和规模,而城市公共品的提供需要有稳定的财源,否则,城市经济的发展将受到严重的影响。第二,城市建设以及公共品提供的责任主要是城市政府,需要城市政府作出统一规划和安排,绝大部分资金需要城市政府筹措。城市财政收入与支出规模直接制约和影响城市经济发展的速度和质量。这是作者选择该问题研究的原因之一。

原因之二,作者自20世纪80年代后期以来,便对城市国有土地收益、房地产税制问题产生了浓厚的兴趣,并进行了一些有益的探索。20世纪80年代末作者提出了"以房地产税为主体构建城市财政体制"的观点。① 1998年作者出版了《中国城市房地产收益分配问题——理论与政策》,对城市房地产收益的生成机理、房地产产权结构与收益分配、房地产产权主体与收益分配、房地产收益分配体制改革等问题进行了一些肤浅的探讨。② 2000年作者出版了《中国房地产税制研究》一书,对房地产税制改革进行了进一步的研究和探讨。③ 对于我国财政体制的变革和我国城市财政体制问题,特别是中央政府与地方政府财权划分以及城市财政主体财源问题,作者一向相当关注,并于2002年获得国家社会科学基金的资助。本书便是

---

① 参见拙文:"关于城市土地有偿使用与财政体制改革",《财政研究》1989年第4期。
② 参见拙著:《中国城市房地产收益分配问题——理论与政策》,华中师范大学出版社1998年版。
③ 参见拙著:《中国房地产税制研究》,华中师范大学出版社2000年版。

在前期研究的基础上对城市主体财源问题进行探讨的一个尝试。

二 相关文献综述

本书探讨的主题——城市(地方)财政主体财源问题,其研究涉及公共财政学、城市经济学、房地产经济学等学科领域,具有跨学科的性质。这里作者仅就与本书研究主题相关且具有代表性的理论成果作简要回顾与评述。

(一)国外相关文献评述

1. 西方财政分权理论的演变及发展

财政分权在西方财政理论中又称财政联邦主义(fiscal federalism),是指中央政府给予地方政府一定的税收权和支出责任范围,允许地方政府自主决定其预算支出和收入的规模及结构。财政分权的核心是地方政府有一定的自主权。[①] 财政分权已经成为世界各国十分普遍的现象。财政分权理论的最先提出是在 20 世纪 50 年代中期,早期仅仅注重财政分权原因的研究,以后逐步深入到研究财政分权的后果和财政分权的最优程度等问题。

财政分权理论是由乔治·斯蒂格勒(George Stigler,1957)和华莱士·E.奥茨(Wallace E. Oates,1972)最先提出并发展的,其主要代表人物有:查尔斯·E.蒂布特(Charles E. Tiebout)、理查德·A.马斯格雷夫(Richard A. Musgrave)、华莱士·E.奥茨、乔治·斯蒂格勒、詹姆斯·M.

---

① 杨灿明、赵福军:"财政分权理论及其发展述评",《中南财经政法大学学报》2004年第4期。

布坎南(James M. Buchana)、理查德·W.特里希(Richard W. Tresch)等人。他们主要分析研究了中央政府和地方政府之间分权的理论依据,即各级政府之间为什么要分权,地方政府存在的必要性和合理性,地方政府的适度规模问题。地方政府存在的必要性和合理性最初是由乔治·斯蒂格勒(1957)[①]提出的,乔治·斯蒂格勒的理论贡献在于提出了地方政府存在的必要性,论述了由地方政府来进行资源配置比中央政府更有效率。他在《地方政府功能的适当范围》中指出地方政府存在的两个基本原因:一是与中央政府相比,地方政府更接近于自己的民众,地方政府更了解它所管辖公民的效用与需求;二是一国国内不同的人们有权对不同种类和不同数量的公共服务进行投票表决。[②] 查尔斯·E.蒂布特(1956)[③]提出了"以足投票"的理论,着重分析了纳税人对地方税收与公共服务提供水平的权衡以及居住地的选择。他认为在地方性公共产品的生产成本分摊(征税)与受益中,如果赋予居民自由流动的权利,那么具有相同偏好和收入水平的居民会自动聚集到某一地方政府周围,一旦政府不能满足其要求,那么居民可以"以足投票"迁移到自己满意的地区,从而使地方税收发挥与市场价格机制相同的作用,居民的流动性会带来政府间的竞争,地方政府间的竞争将使资源能够有效配置,实现帕累托最优,从而达到社会福利的最大化。从财政的角度看,"以足投票"同时也引出了地方税设置的一系列问题,因此地方主体税种应首先考虑居民的流动

[①] George Stigler, *Tenable Range of Functions of Local Government*, Washington, D.C., 1957, pp.213-219.

[②] 同上。

[③] Tiebout C.M., "A Pure Theory of Local Expenditures," *Journal of Political Economy*, October 1956(64), pp.416-424.

性等问题,这为地方税收竞争理论提供了理论基础。奥茨在《财政联邦主义》一书中,分析了由地方政府提供公共产品比中央政府更有效率,论述了地方政府存在的必要性。他将全部人口分为两个子集 A 与 B,每个子集内的人都具有相同的偏好,而两个子集间的偏好是不相同的。奥茨认为,地方政府具有信息优势,能够更好地代表本地区居民的偏好,而中央政府忽略了两者的不同偏好,因而达不到帕累托最优,地方政府与中央政府在提供公共品上存在效率差别。因此,中央向地方转移财政收入和支出有利于提高经济效率。由此,奥茨提出了"财政分权定理"①。理查德·W.特里希(1975)提出了"偏好误差理论"②,他从信息不完全和非确定性出发,对中央政府完全了解社会福利函数偏好序列提出疑问,认为社会在经济活动中并不是完全具有确定性的,假定地方政府相当了解本地区居民的偏好,它可以完全确定性地获知任何一个公民的个人偏好中的边际消费替代率,而中央政府有可能错误认识社会偏好,在提供某些公共产品的过程中存在着失误的可能性。而地方政府由于比中央政府更了解本地居民的偏好,因此由它提供公共产品有可能实现帕累托改进。詹姆斯·M.布坎南 1965 年提出了"俱乐部理论"。③俱乐部理论假定地方是一个自愿聚合在一起的人们的聚合体或者社区。如果某一个俱乐部接收新的成员,那么现有的俱乐部原来分担的公共物品的成本就可以由更多的成员来分担了,在排斥是可能的情况下,一个新成员的增加

---

① Wallace E. Oates, *Fiscal Decentralization*, Harcourt, Brace and Jovanovich, 1972.
② Richard W. Tresch, "Estimating State Expenditure Functions: An Econometric Analysis," *Public Finance*, 1975.
③ James M. Buchana, "An Economic Theory of Clubs," *Economica*, 32(125), 1965, pp.1 – 14.

会降低所有其他成员的成本,也就是存在着规模经济。随着成员的增加,每个成员所负担的成本不断下降,但是同时也应该注意到因成员增加带来的拥挤程度的上升,这就是增加的成员带来的边际成本。因此,一个俱乐部的最佳规模应确定在外部不经济所产生的边际成本(拥挤成本)等于由于新成员分担成本所带来节约的均衡点上。理查德·A.马斯格雷夫1959年在《公共财政理论》一书中从考察财政的三个主要职能——资源配置、收入再分配与稳定经济出发,论述了中央与地方政府存在的合理性与必要性。从20世纪80年代开始,财政分权理论逐步转向财政分权的后果和财政分权的最优程度的研究上,将中央政府与地方政府之间的财政关系研究推向了更深层次。他们主要研究了财政分权后对政府规模的影响、对政府行为特别是对预算约束的影响、对经济增长、经济结构和地区差别的影响等问题。其代表人物主要有:华莱士·E.奥茨、詹姆斯·M.布坎南、哈维·S.罗森(Harvey S.Rosen)、戴维·金(David King)、福尔纳沙理(Fornasari,F.)、韦布·S.B.(Webb S.B.)等人。哈维·S.罗森认为,实行多级政府结构及财政分权能够强化政府本身,同时形成地方政府之间的竞争。[1]布伦南(Brennan,G.)和詹姆斯·M.布坎南认为,政府部门的规模与财政分权程度呈负相关关系,财政分权程度愈高,政府规模愈小。[2]华莱士·E.奥茨认为,多级次政府的存在有利于更多地提供政策实验与创新的机会。[3]福尔纳沙理、韦布和邹(Zou)认为,在中央与

---

[1] Harvey S. Rosen, *Public Finance*, 4th. edition, Illinois: Richard D. Irwin, Inc., 1995.

[2] Brennan, G., Buchana, J., *The Power to Tax: Analytical Foundations of a Fiscal Constitution*, Cambridge: Cambridge U. Press, 1980.

[3] Wallace E. Oates, *The Economics of Fiscal Federalism and Local Finance*, Edward Elgar Publishing Limited, 1998.

地方完全独立的情况下,如果地方政府以牺牲中央政府的税基为代价来增加自己的税收收入,必然会使中央政府出现财政赤字。他们通过对17个发达国家和15个发展中国家1980—1994年的数据进行分析后认为,在长期内,地方财政支出会增加中央财政支出,地方税收收入会减少中央财政支出。①西方财政分权理论还在不断地发展,对一些问题如财政分权与地区差距、财政分权与经济增长、财政分权与环境质量、财政分权与政府腐败关系等存在着很多争论。但总体上看,西方财政分权理论研究表明,适度的分权是有利于资源的有效配置和制度创新的,能促进资源的有效配置和社会福利的最大化。

2. 关于地方税收权限

税权(taxation power)是指国家的税收管辖权,即国家在税收领域所拥有和行使的权力,主要由税收立法权、税收政策制定权和税收征管权所构成。税权的划分是分税制财政体制的核心内容,也是作为税权划分结果的地方税存在和发展的基石。税权在各级政府间的配置,形成了具有一定程度集权和分权特征的政府间税收安排。关于地方税权的划分,西方学者主要研究了各级政府的税收构成取决于哪些因素;各级政府的主体税种和主要财政收入来源;同一税种如何在不同级次政府之间划分;中央与地方政府分税的基本准则等问题。对这一问题的研究作出重要贡献的学者主要有:理查德·A.马斯格雷夫、查尔斯·E.麦克卢尔(Charles E. McLure)、罗纳德·C.费雪(Ronald C.Fisher)、华莱士·E.奥茨、巴尔(Bahl)等人。理查德·A.马斯格雷夫1959年在《公共财政理论》一书中明确提出了财政分税制

---

① Fornasari, F., Webb S. B., Zou, "The Macroeconomic Import of Decentralized Spending and Deficits: International Evidence," *Annals of Finance and Economics*, 2000, pp.430–433.

的思想。①他从财政的资源配置、收入分配与经济稳定三大职能出发,认为地方政府缺乏充足的财力和经济主体的流动性,后两个职能应由中央政府负责,而资源配置职能则应根据各地居民的偏好不同而有所差别,由地方政府负责更有利于经济效率的提高和社会福利水平的改进。他还指出中央政府和地方政府间必要的分权可以通过税种在各级政府间的分配固定下来,从而赋予地方政府相对独立的权力,这种分税制称为"财政联邦主义"。

罗纳德·C.费雪在《州和地方财政学》(2000)一书中验证和分析了联邦财政体制中的财政实践及问题,重点是州和地方政府的行为和政策。该书以美国的政治经济和社会结构为分析对象,从公共选择和财政联邦主义出发,分析研究了州和地方政府财政的重要性,州及地方政府的结构和它们的财政职能之间的关系,州和地方的各种税收,政府之间的收入转移等问题,是一部系统研究地方财政关系和地方财政体制的著作。②

3. 关于财产税(房地产税)问题

西方学者对财产税(房地产税是财产税的主要部分,以下指房地产税)的研究主要集中在房地产税的性质、房地产税归宿以及房地产税是否是地方政府的重要收入来源等问题。

(1)财产税的性质

关于房地产税的性质主要有两种对立的观点:一种被称为收益论,是由著名的蒂布特模型延伸而来的,其首先由汉密尔顿(Hamil-

---

① Richard A. Musgrave, *The Theory of Public Finance*, McGraw-Hill, New York, 1959.

② Ronald C. Fisher, *State and Local Public Finance*, Irwin Publishing House, New York, U.S., 2000.[美]费雪(Ronald C. Fisher)著,吴俊培总译校:《州和地方财政学(第二版)》,中国人民大学出版社 2000 年版。

ton,1975)、菲谢尔(Fischel,1975)和怀特(White,1975)提出,并由汉密尔顿(1983)、菲谢尔(1985、1992、1998、2001)进行了更深入的阐述;另一种观点被称为财产税的新论,是由米斯科斯基(Mieszkowski,1972)提出,并由左德罗(Zodrow,1983)和米斯科斯基(1986)拓展。①

有许多学者认为房地产税是一种受益税。在财产税制度安排所面临的众多选择中,按公共部门经济学理论,理想的取向就是把财产税作为收益税对待,即根据公共服务的受益程度分配税收负担。因为纳税人倾向于支持收益大于成本的公共项目,所以受益税能提高公共决策效率。该观点基于蒂布特(1956)的分析框架,假设消费者具有"以足投票"的完全流动性和地方政府间存在竞争,这样就确保了在各个地方社区内个人和地方对公共服务的需求水平趋同,因此在该框架下地方公共服务的提供总能保持在有效的水平上。②

但在现实情况下,财产税是地方政府最重要的收入来源。汉密尔顿(1975)将财产税作为地方最重要的筹资手段引入蒂布特模型,从而使蒂布特模型更具有现实意义。引入财产税的蒂布特模型假定地方政府用财产税而不是人头税来提供支出费用。汉密尔顿从四个方面对模型加以扩展:(1)假设地方公共服务提供的是满足私人需求的产品,因而公共服务的人均成本是固定的,地区规模与公共服务的有效性无关;(2)通过居住用财产税为地区服务筹资;(3)房屋市场模式明确,有足够的地区可以满足住房和公共服务需求,换言之,与理想的税收及支出对应的住房供给是完全有弹性的;(4)地方政府制定

---

① George R. Zodrow."对财产税新论和受益税的反思",载 Wallace E. Oates 编著,丁成日译:《财产税与地方政府财政》,中国税务出版社 2005 年版,第72—97页。

② Tiebout C.M.,"A Pure Theory of Local Expenditures," *Journal of Political Economy*, October 1956(64), pp.416-424.

了严密的分区(zoning)法规,能够确定地区内住房的最低价格。在上述情况下,个人不会因财产税的征收或提高而调整其房屋消费,个人按照对住房和公共服务的偏好选择居住地区,正如在最初的蒂布特模型中,配置到公共部门的资源是有效的,因为财产税作为一次性总付税,相当于支付地方公共服务的成本。此外,用于住房的资本配置是有效的,各家庭间不产生收入的分配效应。换言之,具有严格地区法规、能够保证同质住房以及财产税的完全资本化在房屋价格上体现出差异的居住用财产课税体系,相当于不具有扭曲效应的使用费。[1]

华莱士·E.奥茨(1969)根据纽约大城市地区的数据估算了房屋价值、赋税与教育支出三者之间的关系,发现相对财产税税率低的社区拥有较高的财产价值。这实际上是赋税与支出两者之间的差额被资本化了,变成住房价值的一部分,从而提高了住房市场价格。[2]英杰(Yinger,1988)通过大量的实证研究论证了财产税和地方公共服务支出之间的差额被资本化进房屋价值问题。他指出财政"资本化无处不在",而且这种资本化的存在足以使财产税对地方政府而言是一种收益税。他还进一步提出,接近80%的地方财产税都可以被合理地看做是受益税。[3]

---

[1] Hamilton, Bruce W., 1975a, "Property Taxes and the Tiebout Hypothesis: Some Empirical Evidence," in *Fiscal Zoning and Land Use Controls*. Edwin S. Mills and E. Oates Wallace, eds., Lexington, MA: Lexington Books, pp. 13 – 19.

[2] Wallace E. Oates, "The Effects of Property Taxes and Local Public Spending on Property Values: An Empirical Study of Tax Capitalization and the Tiebout Hypothesis," *Journal of Political Economy* (77) 1969, pp. 957 – 970.

[3] Yinger, John, Howard S. Bloom, Axel Boersch-Supan, and Helen F. Ladd, 1988, *Property Taxes and House Values: The Theory and Estimation of Intrajurisdictional Property Tax Capitalization*, San Diego, CA: Academic Press.

财产税是一种受益税的观点被菲谢尔(1992、1998、2001)①再次拓展,形成了著名的 Tiebout – Hamilton – Fischel 模型。在适当的分区法令存在时,菲谢尔进一步改进了蒂布特模型,将政治因素加入其中,地方税的资本化成为其主要研究的问题,并论证了分区模型是具有现实意义的。菲谢尔②提出地方公共项目带来的收益和这些项目在财产税中体现的成本将被"资本化"转入当地财产的价值中。在其他因素相同的前提下,人们愿意付更高的价格住在公共设施较好而税率又相对较低的社区内,因此那些社区的房价也会相对较高。

菲谢尔和怀特将这一方法扩展至对工业资本征收的财产税,假定企业在地区间具有较高的流动性,同样,在适当的地区法规下,工业财产税相当于为政府公共服务支付的费用。③

有些学者认为房地产税不是一种良税,即财产税新论。新论认为,对资产征税,扭曲了房地产市场的供需和地方财政决策。因为财产税税基既包括土地,又包括地上建筑物及其他附属设施,所以地方财产税增加了建筑物和其他附属设施的成本,减少了房屋和其他地面设施的建设,导致土地利用效率降低,资本与土地之间的比率太低。④

---

① Fischel, William A., "Property Taxation and the Tiebout Model: Evidence for the Benefit View from Zoning and Voting," *Journal of Economic Literature* (30)1992. pp. 171 – 177. *Zoning and Land Use Regulation. Encyclopedia of Law and Economics*, Cheltenham, UK: Edward Elgar Publishing Limited: University of Ghent.

② Fischel, William A., *The Home Voter Hypothesis: How Home Values Influence Local Government Property Taxation, School Finance, and Land-use Policies*, Cambridge, MA: Harvard University Press 2001.

③ George R. Zodrow, "对财产税新论和受益税的反思",载 Wallace E. Oates 编著,丁成日译:《财产税与地方政府财政》,中国税务出版社 2005 年版,第 72—97 页。

④ Wallace E. Oates 编著,丁成日译:《财产税与地方财政》,中国税务出版社 2005 年版,第 16 页。

新论以米斯科斯基(1972)提出的一般均衡分析为基础,它基于哈伯格(Harberger)的关于国家税负归宿的一般均衡模型。假设全国资本供给是完全无弹性的,并将整个经济中的行政区域分为两类,相对高税收的地区和相对低税收的地区。最终的结论是资本所有者作为一个团体负担了全国财产税负的平均负担。[1]

左德罗与米斯科斯基(1986)在考虑财产税用途的前提下,对原有模型进行了修改,主要体现在三个方面:(1)假设政府在模型中按照 Cournot-Nash 方式竞争(认为其他地区的财政政策和资本收益不变),因此地方税收和公共支出是内生的;(2)模型考虑地方公共服务对个人效用水平的影响,个人效用函数包括地方服务,允许个人对地方服务具有不同的需求(按照蒂布特和受益观点所强调的个人对地方公共服务需求不同,允许个人在地区间流动,每个地区中的个体在其对公共服务的需求方面是同质的);(3)模型包括一种简单的土地使用范围形式。其分析的结论是:引入蒂布特特征后,一般均衡分析的基本结论并未改变。只要资本随着地区间财产税的差异而在地区间流动,且资本供给在全国范围内固定,财产税归宿中就将包含利润税和货物税两方面的内容,而非受益论者所认为的土地资本化的收入。[2]新论认为,财产税是对地方资本使用所征收的扭曲性税收,财产税税率的差别导致了全国存量资本无效率的配置。

托马斯·J.内希巴(Thomas J. Nechyba, 2001)认为,新观点的受益

---

[1] Mieszkowski, Peter, 1972, "The Property Tax: An Excise Tax or a Profits Tax?" *Journal of Public Economics*, 1, pp. 73 – 96.

[2] Zodrow, George R. and Peter Mieszkowski. 1983, "The Incidence of the Property Tax: The Benefit View vs. the New View," in *Local Provision of Public Service: The Tiebout Model after 25 Years*, Zodrow, George ed., New York, NY: Academic Press, pp. 109 – 129.

特征与实际的受益观点之间的主要区别在于前者得到结论的过程与后者不同。按照新观点,地方要素和消费者的税收负担产生于因课税而导致的资本流出。对于受益观点和新观点的争论,一直以来从未停止。托马斯认为,既然财产税是一种地方税,那么在考虑地方财政支出时将其视为一种受益税显然更符合财政联邦制的概念——各级次的政府在其范围内提供公共服务,并自行为之付费。迪克·奈兹(Dick Netzer,2001)对财产税的理论和实践进行了全面的考察,认为"大约接近80%的财产税都可以视为受益税"。然而,这种受益税是相对意义上的,或者说是地区间或各政府级次间的受益税,而不是绝对意义上的个人间受益税。在绝对的受益税情况下,税收实际上成为一种使用者收费,即公共服务的价格,因而不产生超额负担,对资本市场没有扭曲效应,研究其归宿问题就显得毫无意义。而事实上财产税是一种相对意义上的受益税——从全国范围上看是累进的,从地区角度看则是累退。①

(2)房地产税的税负归宿

传统观点在分析中采用局部均衡方法,认为对房屋所征收的税属于累退税制。其将财产税划分为对土地课税和对建筑物课税两部分,认为财产税是对土地和建筑物课征的一种货物税,税收归宿取决于相关的供给和需求曲线。对于土地而言,只要数量无法改变,其供给就是完全无弹性的,因而全部税负由土地所有者承担。如果土地的供给不是固定的(例如城市土地供给可以扩展至毗邻农用土地的市郊地区;同样,通过填埋改造也可以增加土地的数量),那么税负则

---

① 托马斯·J.内希巴:"受益论和新论:25年争论之后,我们支持哪一个",载华莱士·E.奥茨编著,丁成日译:《财产税与地方政府财政》,中国税务出版社2005年版,第105—111页。

由土地所有者和土地使用者分担,比例取决于供给和需求的弹性。对于建筑物而言,由于建筑业在长期内可以按市场价格取得所需资本,因而建筑物的供给曲线是完全水平的。如果资本无法在建筑部门取得预期收益,就将转移至其他部门。因此,对建筑物征收的财产税能够向前转嫁给消费者。奈兹(1966)由此得出的基本结论是:由于财产税是基于住宅单位价值的百分比(或比率)税率,因为低收入家庭在住房支出上的比率较大,所以和高收入家庭相比,低收入家庭承担的财产税义务较重。①

另一些学者则认为,财产税是一种累进税,因为某一家庭的某一年度的收入高低对该家庭的住房消费影响不大,决定这一问题的是该家庭的长期收入预期,而不是某一年度的波动。采用永久性(或长期)收入的研究结果表明,住房消费大体上与永久性收入成比例。换言之,因为每个社区都对当地资产征税,高收入家庭的资产多,其因此承担的税负也多,财产税属于累进税制。②麦肯齐(McKenzie,1996)认为,当房地产由所有者占用时,财产税由房屋所有者支付,通常是不能转嫁的;当房屋出租时,房屋税经常转嫁给承租人。若提高财产税,如果市场供小于求,土地所有者会马上将提高的税收以较高的租金转嫁给消费者,若供过于求,提高的税收由土地所有者负担。③

(3)房地产税是地方政府的重要收入来源

菲谢尔、奥茨、麦肯齐以及马斯格雷夫等人认为房地产税是地方

---

① Netzer, Dick, 1966, *Economics of the Property Tax*. Washington, D. C.: Brookings. pp. 46 – 57.

② Peter R. Mieszkowski, 1972, "The Property Tax: An Excise Tax or a Profit Tax?" *Journal of Public Economics*, 1, pp. 73 – 96.

③ Dennis J. McKenzie, *Essentials of Real Estate Economics*, 4th. Edition. 经济科学出版社 2003 年版,第 247 页。

政府的重要收入来源。相对于中央财政,竞争性本身就是地方财政所具有的一个重要特征。正如财政联邦主义研究领域著名学者奥茨所作的解释,由于一个国家内存在着数量众多的地方政府,这就使每一个地方政府都面临由此而产生的竞争压力,"这种竞争压力将促使(地方政府)不得不采用最有效率的公共产品生产方式。例如,如果某个共同体中的政府官员发现了一个提供某种公共服务的特别有效的方式,相邻辖区的其他政府为了避免来自本辖区居民的严厉批评,就将被迫竭尽全力地采用相同的生产方式。相反,如果所有公共产品都是由一个没有竞争压力的中央政府所提供,那么我们可以预期,诱发创新和追求效率的动力将远为微弱"。通过征收财产税,可保障各个地方政府都有一个相对稳定的税源,并使各个地方政府均可按本地的条件设置财产税税率,这就可减少地方政府在税源上的竞争,而使各地方政府间的竞争更多地集中到提高公共产品的供应效率上。[1]马斯格雷夫(2001)指出,把财产税当做地方税使用符合联邦主义——不同级别的政府应该提供它们边界之内的服务便利并从内部为其筹资。[2] 巴尔和林(Bahl and Linn,1992)认为,"财产税是发展中国家最为重要的地方税种"[3]。

(二)国内相关文献评述

我国对政府间财政关系、财政分权、地方财政体制以及地方主体

---

[1] Wallace E. Oates, *Fiscal Federalism*. Ipswich Book Co., 1993.

[2] Richard A. Musgrave:《对地方财产税的理论与实践:一些反思的评论》,载 Wallace E. Oates 编著,丁成日译:《财产税与地方政府财政》,中国税务出版社 2005 年版,第 300 页。

[3] Bahl R. W. and Linn J. F., 1992, *Public Finance in Developing Countries*, Oxford University Press, Oxford.

税源等问题的研究起步较晚,始于20世纪90年代。随着我国经济体制改革特别是财政体制改革的不断深入,以及受西方现代财政理论的影响,我国学者对地方财政问题越来越关注,涌现了一些有影响的研究成果。

1. 关于地方税权问题的研究

地方税权问题在1994年实施分税制后引起了理论界广泛的关注。1994年以分税制为主要内容的财税改革实施以来,对确保财政收入和适度调控经济运行发挥了积极作用。但地方税收体系具有明显的过渡性,地方税收体系不健全和缺位,使地方税调控职能和保证地方财政收入的职能受到制约,严重影响了地方经济的发展。凡研究地方税收问题的学者,毫无例外地分析了地方税制存在的弊端以及如何完善地方税制。① 总体上看,地方税制的主要问题有:税权、事权、财权不统一;税收收入结构不合理;缺乏有效的主体税种,地方税收入规模偏小,难以保障地方财政经常性支出的需要;地方政府滥用收费权,且收费规模日益膨胀;税权高度集中,地方税收立法权缺位,削弱了地方税特有的功能。关于如何构建地方税收体系,确定地方主体税种,许多学者提出了具体的设想。杨之刚认为,在现有的地方税的基础上,按照分税体制的要求,事权和财权统一的原则,丰富

---

① 参见湖南省地方税务局课题组:"地方税制改革问题研究",《湖南税务高等专科学校学报》2000年第4期,第12—17页。安体富、翟景明、杜炎:"关于完善地方税收体系的研究",《成人高教学刊》2002年第5期,第7—10页。税权划分问题课题组:"关于税权划分问题的研究报告",《财贸经济》2001年第1期,第19—24页。苏明:"中国地方税税权的划分研究",《宏观经济研究》1999年第11期,第26—31页。杨志勇:"地方税系构建的基本理论分析",《税务研究》2000年第7期,第49—51页。苏明:《财政理论与财政政策》,经济科学出版社2003年版。靳东升:《依法治税:中央与地方税权关系研究》,经济科学出版社2005年版。江明融:"公共产品视角下的我国税权治理机制研究",《中央财经大学学报》2006年第9期,第6—10页。

地方税税种,尽快开征典型的地方税种,如遗产税、赠予税等。① 马克和认为,根据我国当前的经济发展水平和税制结构现状,借鉴国际上的成功经验,可考虑将财产税、营业税和个人所得税作为我国地方税的主体税种;逐步形成省级以营业税为财源支柱、市县级以财产税为财源支柱的基本格局。② 苏明通过分析国际经验以及结合我国的实际情况,探讨了地方税改革的近期目标和远期目标问题。他认为,近期目标是完善现行的以流转税为主体税类、以营业税为主体税种、其他税种相配合的地方税系;远期目标是在科学界定中央政府与地方政府事权与财权的基础上,确立地方政府的财权与税权,建立以财产税为主体税类,以房地产税、车船税、遗产税、耕地占用税为主要税种的财产税体系,并与营业税配合,形成以财产税、营业税为主体税(类)种,其他税种相配合的地方税税制结构和科学规范的地方税系。③ 孙开认为,由于以财产税为代表的税类具有较为突出的受益性和区域性特征,不易产生过度的税收竞争,有利于满足地方政府提供区域性公共产品的需要,因此,它应当成为地方的主体税种。④ 许多学者从财政分权的基本理论出发,认为地方应该有税收立法权。其代表人物有许善达、苏明、安体富、杨之刚、贾康等。许善达在《中国税权研究》一书中分析了下放税收立法权的必要性及可行性,研究了地方税收立法权的具体权限与监督机制,特别是从公共财政的视

---

① 杨之刚:"深化税制改革,适应经济社会发展",《财贸经济》1999 年第 12 期,第 19—24 页。
② 马克和:"完善我国地方税制的思路",《经济研究参考》2006 年第 79 期,第 26 页。
③ 苏明:"中国地方税税权划分的理论分析和改革方向",《福建论坛·人文社会科学版》2005 年第 3 期,第 8—13 页。
④ 孙开:"地方财政若干理论问题研究",《东北财经大学学报》2002 年第 2 期,第 3—7 页。

角分析了"研究中国税权问题必须统筹考虑税收和国家收费"问题,为赋予和规范地方税立法权提供了基本思路。① 苏明、安体富、杨之刚等人根据我国的政体以及地区经济发展不平衡的实际,认为应建立起以中央立法为主、地方立法为辅的立法格局,在坚持中央立法为主的前提下,赋予地方对某些地方性税种一定的税收立法权;地方人大应具有独立的地方税立法权,对地方税税基的计算、税率的制定以及征收办法等,地方人大应有一定的自主权;对于一些涉及面广、数额较大的地方税,其立法权可归全国人大,以避免不公平,但征收管理权限可留给地方政府;税源较为普遍、税基不易转移且对宏观经济影响较小的税种,如房地产税、城镇土地使用税等,中央只负责制定这些税种的基本税法,其实施办法、税目税率调整、税收减免及其征收管理等权限可赋予地方;对具有地方性特点的税源可以开征新的税种并制定具体征税办法。②

2. 关于房地产税(财产税)问题的研究

我国关于房地产税(财产税)能否成为地方税的主体税种的研究起步较晚,20 世纪 80 年代末 90 年代初,理论界才开始探讨和研究。作者于 1989 年提出了有关城市财政主体财源与房地产税制改革问题。③ 财政部财政科研所课题组 1997 年的《改进、健全省级以下分税

---

① 许善达:《中国税权研究》,中国税务出版社 2003 年版。
② 参见安体富、王海勇:"税权划分的国际比较与改革思路",《经济研究参考》2006 年第 58 期,第 24—31 页。杨之刚:《公共财政学:理论与实践》,上海人民出版社 1999 年版,第 570 页。苏明:"中国地方税税权划分的理论分析和改革方向",《福建论坛·人文社会科学版》2005 年第 3 期,第 8—13 页。
③ 邓宏乾:"关于城市土地有偿使用与财政体制改革",《财政研究》1989 年第 4 期。

制的探讨》研究报告中对此问题进行了研究。① 目前,财产税能否成为地方税的主体税种仍处于争论之中。一种观点认为,房地产税(财产税)短期内难以成为地方税收的主体税种。许多学者认为,我们在选择主体税种时,不能完全照搬国外做法,不能超越经济发展水平、收入分配水平、财富积累速度以及人民的接受能力,只能根据我国不同时期的国情以及地方经济发展变化,分阶段、动态地确定主体税种。现在省以下大宗税收收入是营业税,从长远看应该发展财产税,逐步形成省级以营业税为财源支柱、市县级以财产税为财源支柱的格局。近期则可通过改革个人所得税、营业税、城市维护建设税,开征社会保障税,统一内外财产税制等办法构造地方主体税种体系。② 姜爱华分析了影响地方税主体税种选择的因素,探究了我国缺少主体税种的原因及其造成的危害,进而提出要根据税制改革的实际进度,分阶段、分地区地确定相应时期的主体税种。近期目标:以营业税、地方企业所得税、城乡维护建设税为主体税种;中期目标:以地方企业所得税、个人所得税、财产税作为地方主体税种;远期目标:以财产税作为地方税主体税种。③ 冯菱君、王海勇分析了房地产税短期内不能成为地方政府的主体税种的原因。他们认为,一方面,房地产税占地方财政收入的比重低,1993—2000 年 8 年间房地产税占我国地方财政收入的比重,最低为 3.46%,最高不过 7.23%,平均也才 6%多一点,大大低于美国等发达国家的比重;另一方面,西方房地产

---

① 财政部财政科研所课题组:"改进、健全省级以下分税制的探讨",《财政研究》1997 年第 7 期。

② 中国税务学会"完善地方税问题研究"课题组研讨会观点综述。http://www.chinatax.gov.cn/2006-08-07。

③ 姜爱华:"北京关于我国地方税主体税种选择的思考",《中央财经大学学报》2002 年第 10 期,第 14—17 页。

税作用的凸显是与其在财政分权中的地位密不可分的。如果财政分权的现状没有改变,短期内房地产税就难以成为地方政府的主要税源。① 另一种观点认为,房地产税可以成为地方税收的主体税种。樊丽明、李文认为,地方税主体税种的选择应结合地方分税制改革的实施进行。一般而言,营业税适合充当省、市级财政的主体税种,财产税和城乡维护建设税适合充当市、县级财政的主体税种。② 作者在1999年的"城市财政主体财源:房地产租税研究"一文中论述了选择以房地产租税为主体构建城市财政体系的依据及可行性;并结合中国国情和市场化改革的总体目标,研究了城市财政主体财源——城市土地地租、房地产税制建设以及其分配、收入规模等问题。③ 作者在"基于税收目的的物业税改革分析"一文中提出,改革现有的房地产税制,将房地产税逐步培育成为地方政府财政收入的支柱税源,使房地产税收占地方财政收入50%—55%左右。④ 王国华等从国际地方税收经验以及我国的实际情况出发,分析了地方主体税种的选择是改革和完善地方税制并建立地方税收内生增长机制的关键;并认为财产税(一般财产税)应当成为我国地方税收的主体税种。⑤ 现有的研究成果对推动房地产税收改革以及地方主体税种的建设起到

---

① 冯菱君:"重构我国房地产税制的基本思路",《当代经济研究》2004年第11期,第53—57页。

② 樊丽明、李文:"论确立我国地方税主体税",《税务研究》2000年第7期,第44—48页。

③ 邓宏乾:"城市财政主体财源:房地产租税研究",《华中师范大学学报(人文社会科学版)》1999年第5期,第69—79页。

④ 邓宏乾:"基于税收目的的物业税改革分析",《华中师范大学学报(人文社会科学版)》2006年第3期,第58—62页。

⑤ 王国华、马衍伟:"财产税应当成为我国地方税的主体税种",《福建论坛·人文社会科学版》2005年第3期,第14—19页。

了积极作用,但至今还没有系统的研究成果,对许多问题还需要进行深入的探讨。

三 研究的基本思路与研究结构

(一)研究的基本思路

本书研究的线索主要是围绕政府间财政资源的分配这一财政关系的核心问题展开的,重点是研究城市财政的主体财源问题。城市财权是由城市政府所承担的职能所决定的,城市政府的职能主要是提供公共物品,城市政府的事权是明确城市政府支出责任的基础,财源的划分是由支出责任范围来决定的。本书循着公共财政理论所揭示的"事权的划分必须先于支出范围的划分,支出的划分必须先于财源的划分"的基本原则及其内在逻辑联系和逻辑顺序,分析研究了城市政府的支出责任范围,在此基础上对城市政府的主体财源进行了较全面的论述,试图解决如何选择城市主体财源的问题。通过实证分析和规范分析相结合、定量分析与定性分析、比较分析相结合的方法,从理论和实际两方面论述了城市房地产税收和城市土地地租是城市财政的主体财源,并提出了如何构建符合分税制要求的房地产税制和国有土地收益分配体系的基本设想。在研究过程中,作者力求研究结论贴近我国的实际以及社会主义市场经济体制改革的总体目标。

(二)研究结构

本书以公共财政理论和马克思地租理论为指导,全面研究了我国城市财政体制问题,重点是探讨了城市财政主体财源问题。对我国城市财政体制、房地产税及国有土地收益分配体制的演变、现状以及存在的问题进行了实证研究和分析,以财政分权理论和马克思地租理论为基础,并借鉴国际房地产税收的经验,对我国房地产税制建设与改革、国有土地收益分配改革、房地产税收和国有土地收益能否成为城市财政主体财源等问题进行较深入的论证,并给出了相应的对策建议。各章具体内容如下:

第一章主要是对国内外财政分权理论、房地产税收理论研究文献进行了梳理和评价。

第二章主要论述了构建城市主体财源的理论基础——财政分权理论和马克思地租理论。财政分权理论是指导中央与地方政府间财政关系的基础,政府间财政关系中,财政收入划分是最受关注的,并与政府间支出责任划分和财政转移支付制度密切相关。政府的财政收入中最主要的是税收,重点分析了税收如何在政府间进行分配。同时,介绍了马克思地租理论,马克思地租理论对我国城市土地使用制度改革与国有土地收益分配有着重大的现实指导意义。

第三章主要分析了我国城市财政体制的演变历程和城市财政体制存在的主要问题。通过对四个直辖市和五个计划单列市城市财政收入构成的实证分析,为构建以房地产租税为主体的城市财政奠定了基础。

第四章对城市财政主体财源的基础产业——房地产业进行了分析。全面分析了房地产业在国民经济中的地位和作用,重点研究了房地产业对GDP的贡献、房地产业投资效益、房地产税收以及房地产投资波动对国民经济的影响等问题。

第五章主要对我国房地产税收体制的演变进行了阐述,重点剖析了我国现行房地产税种、房地产税收结构及房地产税制等存在的问题。

第六章比较分析了国外房地产税收体系及其经验。从房地产保有税、房地产取得税和房地产收益税三个方面进行了比较研究,总结出了值得我国借鉴的基本经验。

第七章主要分析房地产税的特征及其优点,重点论述了我国房地产税制改革的基本原则、改革的基本思路以及土地增值收益与增值分享等问题,通过分析提出了房地产税制改革的近期方案和中长期方案。

第八章主要论述了我国土地非税收入分配政策的演进历程;土地征收、国有土地出让收益分配存在的问题;香港土地收益运作管理及其经验。在此基础上,对我国城市土地有偿使用及土地收益分配改革进行了探讨,提出了对农地征收转用土地补偿制度改革,城市经营性土地全面采取招标拍卖挂牌方式出让,非经营性用地全面征收年地租,建立国有土地收益基金,规范国有土地出让收入与支出管理等对策建议。

第九章主要分析了武汉市土地出让及其收益管理和深圳市房地产收益及其主要经验。

第十章主要论述了以城市房地产税与城市土地地租为主体构建城市财政体系的可行性,并建立模型,定量分析了房地产税占 GDP 的比重、房地产税的增长趋势、房地产税与国民经济增长之间的关系等问题。

四 可能的创新之处

在研究过程中,作者始终坚持理论联系实际,并将实证研究与规范研究、定量分析与定性分析、比较分析有机地结合起来,企望在以下方面取得一些突破和创新:

1. 国内还很少有学者涉足城市财政主体财源这一领域,系统的研究成果也少见。本书全面论述了城市财政主体财源的理论基础,比较分析了国外房地产税收体系及其经验,研究了我国房地产税制演进历程及现存问题、房地产税收体制及国有土地收益分配体制改革等问题,试图在理论分析的基础上全面、系统地论述以城市房地产税与城市土地地租为主体构建城市财政体系的依据及其可行性。

2. 通过建立数学模型分析了房地产业对 GDP 的影响、房地产投资波动对国民经济的影响、房地产税收在地方财政收入中的比重、房地产税收内部结构以及房地产税收与国民经济发展之间的关系等问题,试图为房地产税制及国有土地收益分配体制的构建提供科学的依据。

3. 对我国城市财政体制及房地产税制进行了大量的实证分析和研究,并在此基础上,提出了土地增值收益分配,房地产税制改革的近期方案和中长期方案,改革农地征收转用土地补偿制度,建立国有土地收益基金以及实施年地租制等对策建议,力图使研究成果符合中国的实际和具有可操作性。

第二章 城市主体财源:理论基础

政府间的财政关系主要由政府间各自的职能及其支出范围的划分、财政收入的划分以及转移支付制度等组成。政府间的财政关系的核心是财政资源的分配。政府间如何划分财权?从理论和实践上分析,城市财权由城市政府所承担的职能所决定,城市政府的职能主要是提供公共物品,其城市公共品的规模决定了城市政府的支出范围、支出规模以及财力规模。

一 城市主体财源:财政分权理论

(一)城市政府的事权

政府间不同的职能和事权划分是由具有不同受益范围的公共品属性决定的,公共产品理论是政府间划分事权和职能的理论基础,也是政府间财权划分的基本依据。"公共品"一词最早是由瑞典经济学家林达尔于1919年正式提出的。1954年美国经济学家萨缪尔森在其《公共支出的纯粹理论》[1]一书中明确界定了公共品的内涵及其特

---

[1] Paul A. Samuelson, "The Pure Theory of Public Expenditure," *The Review of Economics and Statistics*, Vol. 36, No. 4 (Nov. 1954), pp. 387–389.

征,认为公共品具有非竞争性与非排他性。

社会产品根据其产品在消费过程中的受益范围和对象来划分可分为:纯公共产品、准公共产品和私人产品。①

纯公共产品是指在消费过程中同时具有非竞争性和非排斥性的产品,它具有以下特征:(1)非竞争性。即某产品在消费过程中,不会因消费者的增加而使公众受益程度相应减少。"一个人的使用并不会使其他人能够消费的数量减少。换言之,将一固定量供应给另一个人的成本为零。"② 比如警察维护社会治安,保护了所有公民,但这种受益不会因某人的存在而发生变化。(2)非排斥性。是指在消费过程中任何消费者不可能独占和独享产品所提供的利益。"公共物品的效益牵涉到对一个人以上的不可分割的外部消费效果。"③ (3)集合性。纯公共产品本身是不可分的集合性产品,不管是谁都无法因为他们没有付费而将他们排除在这种产品的消费之外。比如国防、法院、警察等。(4)非价格性。是指产品在消费过程中消费者(受益者)不需要付费。纯公共产品主要有:国防、行政管理、法院、警察、公安、环境保护、水利等。

私人产品是与纯公共产品相对的概念,它是指在消费过程中具有竞争性和排斥性的产品。"如果一种物品能够加以分割因而每一部分能够分别按竞争价格卖给不同的个人,而且对其他人没有产生外部效果的话,那么这种物品就是私有物品。"④

---

① 蒋洪等著:《财政学教程》,上海三联书店 1996 年版,第 108 页。
② [英]安东尼·B.阿特金森等著,蔡江南等译:《公共经济学》,上海三联书店、上海人民出版社 1994 年版,第 620 页。
③ 保罗·A.萨缪尔森:《经济学》(下册),中国发展出版社 1992 年版,第 1994 页。
④ 同上。

准公共产品是指不同时具有非排斥性和非竞争性特征的产品，它是介于纯公共产品和私人产品之间的一种产品。准公共产品可分为两类：一种是具有非竞争性但具有排斥性的产品；一种是具有不充分的非竞争性和非排斥性的产品。[①] 准公共产品具有以下特征：(1)经济上的规模性。一般来说，准公共产品在经营上必须具有一定规模，以降低成本，提高效率。比如，公交部门提供公用交通等。(2)利益的外在性。"当生产或消费对其他人产生附带的成本或效益时，外部经济效果便发生了……更为确切地说，外部经济效果是一个经济人的行为对另一个人福利所产生的效果，而这种效果并没有从货币或市场交易中反映出来。"[②] (3)利益的不可计算性。

与产品性质相对应，其产品的提供方式主要有公共提供和市场提供。纯公共产品是公共部门免费供应给全体社会成员的物品和劳务，准公共产品是公共部门通过成本补偿方式或免费方式供应给全体社会成员的物品和服务。这类产品由于存在外部经济效果，若由市场提供便会导致经济上的缺乏效率以及损害公平。正是因为市场机制在公共产品的配置与分配方面存在着缺陷，因此，公共产品"只能由政府程序或公共选择来分配[③]"。

政府提供公共产品，必须通过特定方式筹措资金来补偿公共产品或服务的成本。那么税收便成为政府取得补偿费用的主要形式。首先，税收规模取决于向全体社会成员提供纯公共品所需要的收入规模。根据前面分析，纯公共品只能由政府提供，为了保证这些公共品能持续、稳定地得以提供，政府必须通过税收方式取得收入来补偿

---

① 蒋洪等著：《财政学教程》，上海三联书店1996年版，第109页。
② 保罗·A.萨缪尔森：《经济学》(下册)，中国发展出版社1992年版，第1193页。
③ 同上书，第1195页。

其生产成本。否则,社会就不可正常、有序地运转。税收收入至少要满足国防、行政管理(包括行政、警察、司法、消防、国际关系等)这些纯公共品的开支需要。税收收入规模的最低要求是能提供上述公共品的需要。其次,税收收入规模也取决于需要政府提供准公共品所需要的收入要求。准公共品在一定程度上兼有纯公共品和私人产品的性质,其中有一部分不适合由市场提供,或者市场提供效率不高,需要政府提供,比如中小学教育、经济发展、社会福利等。有一部分适合由政府和市场共同提供,比如高等教育的一部分成本由税收来补偿;一部分靠收取受益者的学费来弥补;环境保护的一部分成本由税收来弥补,另一部分通过对环境污染者收取费用来补偿。

因此,税收收入规模大小由纯公共产品和准公共产品中的一部分的开支来决定。提供的规模越大,其税收收入规模也就大一些。

公共品的受益范围具有空间层次性,有的公共品是一国全体国民受益,有的公共品是一部分消费者受益,由于公共品的受益范围呈现空间范围的不同,公共品可划分为全国性的公共品和地方性的公共品,地方性的公共品按其区域属性又可以划分为城市公共品和农村公共品。城市公共品是公共品在城市这样一个特定空间上的特殊界定,具体说就是在城市范围内具有一般公共品特征的、被全体市民享用(但非独享)的城市发展不可或缺的产品,它也分为城市纯公共品和城市准公共品。城市公共品的范围相当广泛,除了空间范围的差异外,与一般公共品的范围几乎没有什么不同。城市公共品主要包括行政管理、公共安全、消防、基础教育和文化事业、基础科学研究和卫生事业、城区绿化和环境保护、市政道路和桥梁等城市基础设施、城市大气污染治理等;城市准公共品包括高等教育、医疗保健、市政设施、供水、供电、供气、博物馆、电影院、公园、公共住房等。① 城市公共品除了具有一般公共品的特征外,因其处在城市这一特定的空间范围内,使城市公共品有其自身的特征:(1)受益范围的有限性。城市公共品属于地方性公共品的范畴,城市公共品分布于城市各个街区,分布得比较均匀,城市公共品的受益范围基本限定在城市区域内,基本上由城市辖区内的居民受益。(2)受益上的空间外溢性。城市空间具有扩散性,引起空间的相互作用,包括货物、资金、信息等在城市或地区间的流动,从而导致城市公共品效益向次一级地区或城市周边区域扩散,使本城市区域以外的区域不需要支付任何成本而受益。(3)城市公共品的密集程度高。城市是区域的政治、经济、文化中心,城市具有巨大的聚集效益,城市提供充足的公共品,是城市生存和发展的基础,也是规模经济和提高投资效率的客观需要。因此,城市较其他区域的公共品集中程度高。公共品的受益范围和利益归属是划分中央与地方以及地方政府之间在事权方面的一个自然界区,② 城市公共品应由城市政府主要通过地方税收筹集资金提供。

(二)城市政府的财政支出责任

政府间支出责任划分是政府间财政关系的基础,城市财政支出责任是由城市政府责任和其职能决定的。从前面分析可以看到,公共品提供的责任是政府间分工的基本原则。在中央与地方支出责任的划分问题上,许多经济学家作过分析和研究。20 世纪初,英国学

---

① 王晶:《城市财政管理学》,经济科学出版社 2002 年版,第 63—68 页。
② 蒋洪等著:《财政学教程》,上海三联书店 1996 年版,第 508—512 页。

者巴斯特布尔(Bastable)、查尔斯·F.(Charles F.,1917)提出了三项原则[1]:首先是受益原则。以各种事权支出项目受益对象和范围大小作为政府间财政支出的划分依据,当政府提供的公共品的受益对象为全国居民时,则此项支出应由中央政府承担;而当公共品受益对象仅及某一地区时,其支出则应划归地方政府。第二是行动原则,凡提供的公共品在行动上要求全国一致,需要统筹安排的,其支出应由中央政府承担;凡提供的公共品需因地制宜安排的支出划归地方财政。第三是技术原则,凡属复杂的支出项目应划归中央财政,一般性的而又需要适时进行监督且地方政府完全有能力独立支出的项目划归地方财政。美国经济学者E.R.A.塞利格曼(E.R.A.Seligman,1925)在强调以效率为标准划分支出的同时,还提出规模较大的支出归中央财政,规模较小的支出归地方财政。[2]美国财政学者罗纳德·C.费雪(2000)在分析地方财政支出时认为,外溢性较小和地方性较强的公共产品,包括基础设施、警察、消防等,更适合由地方政府提供。[3] 20世纪60年代经济学家奥尔森(Olson,1969)提出了著名的"对等原则",公共品的受益范围等于提供它的政府疆界时最有效率。[4] 从理论和实践上看,财政支出责任划分的基本原则主要有:(1)公共品受益范围原则。公共品的空间受益范围是划分政府间支出责任的一个基本准则,受益范围是全国性的公共品,应由中央政府提供;受益范

---

[1] Bastable, Charles F., *Public Finance*. London: Macmillan and Co., Limited, 1917. Third edition.

[2] E.R.A. Seligman, *Studies in Public Finance*, New York: Macmillan Co., 1925, p.131.

[3] Ronald C. Fisher, *State and Local Public Finance*, Irwin Publishing House, New York, U.S., 2000. 转引自郑坚:"完善地方税体系的研究",载《中国税收报告》(2006),人民出版社2006年版,第234页。

[4] 李萍:《中国政府间财政关系图解》,中国财政经济出版社2006年版,第227页。

围若是区域性或地方性的,则按其受益的空间范围的大小决定由哪级地方政府来提供。(2)效率性原则。财政支出在项目决策机制、实施进度、经济效益和社会效益等方面以效率为标准,由于公共品具有空间层次性,由此决定了其外溢性或外在效益,外在效益波及全国的公共品,由中央政府提供,其决策程序所需的时间短,投入效率更高;外在效益较小的公共品,如城市基础设施、消防等,由地方政府提供更有效率。(3)适宜性原则。涉及国家主权与社会稳定的公共品,如国防、外交、货币等事务由中央政府提供。①

当然,政府间财政支出责任的划分还与一国体制有关,如单一制国家地方政府支出责任与范围相对小一些;而联邦制国家的地方政府支出责任与范围大。世界银行1994年提出了政府间支出划分的一个建议框架(见表2-1)。

表2-1 政府间财政支出的基本框架

支出种类	责任归属		评述
	政策、标准与监督	管理和提供	
国防	F	F	全国范围内受益
外交	F	F	全国范围内受益
国际贸易	F	F	全国范围内受益
货币、银行及政策	F	F	全国范围内受益
州际商贸	F	F	全国范围内受益
个人转移支付	F	F	再分配
工商业补贴	F	F	地区开发,工业政策
移民	F	F	全国范围内受益

---

① 李萍:《中国政府间财政关系图解》,中国财政经济出版社2006年版,第227页。

失业保险	F	F	全国范围内受益
航空、铁路	F	F	全国范围内受益
财政政策	F、S	F、S、L	协作是可能的
管制	F	F、S、L	内部共同市场
自然资源	F	F、S、L	改善共同的市场条件
环境	F、S、L	S、L	受益和成本可能是全国、地区和地方
工业与农业	F、S、L	S、L	有明显的外溢效应
教育	F、S、L	S、L	可转移支付
健康	F、S、L	S、L	可转移支付
社会福利	F、S、L	S、L	可转移支付
警察	S、L	S、L	主要是地方受益
给水、下水和垃圾	L	L	主要是地方受益
消防	L	L	主要是地方受益
公园和娱乐	F、S、L	F、S、L	主要是地方责任
州际公路	F	S、L	共同受益
省级公路	S	S、L	省级范围内受益
地区间公路	S	S、L	地区范围内受益
地方公路	L	L	地方范围内受益
转移支出权利	F、S	F、S	财政转移支付实现

注:(1)资料来源:Anwar Shah,1994,"The Reform of Intergovernment Fiscal Relations in Developing & Emerging Market Economies," World Bank Policy and Research Series No.23, Washington, D.C.。

(2)F——联邦政府责任;S——州或省政府责任;L——地方政府责任。

(三)政府间税收划分

政府间财政关系中,财政收入划分是最受关注的,并与政府间支出责任划分和财政转移支付制度密切相关。一般来说,地方政府可支配的财力应与其承担的职能和支出相匹配。政府的财政收入中最主要的是税收,这里主要分析税收如何在政府间进行分配。

政府间如何划分税收?20世纪初经济学家就开始了探讨,如巴斯特布尔、查尔斯·F.、E.R.A.塞利格曼等对此有过论述。E.R.A.塞利格曼提出了税收划分的三个原则[①]:(1)效率原则,该原则是以征税效率为划分标准,如土地税,地方政府比中央政府更了解本地情况,对地价也较为熟悉,由地方政府征收效率更高。因此,土地税一般划归地方税。(2)适应原则,该原则以税基宽窄为划分标准,税基宽的税种归中央,税基狭窄的税种归地方,如增值税,税基广泛,应属于中央税;房产税的税基较为狭窄,应为地方税。(3)恰当原则,该原则以租税负担分配公平为划分标准。如所得税由全体居民负担是公平的,所以应划归中央。早期的有关税收划分的理论并没有得到理论界的认同,但对后来的税收划分的理论研究起到了一定的积极作用。美国著名经济学家理查德·A.马斯格雷夫(1983)根据公平和有效利用资源的准则,提出了分税的七大标准[②]:(1)以收入再分配为目标的累进税应归中央。因为对收入的再分配应该由中央政府在全国范围内调节,有利于实现社会公平目标;(2)作为经济稳定手段的税种归中央,这有利于中央政府更好地通过宏观调控实现稳定经济

---

① 毛程连:《西方财政思想史》,经济科学出版社2003年版,第418—419页。
② Richard R. Musgrave, 1983, "Who Should Tax, Where and What?" In C. E. McLure Jr. (ed.), *Tax Assignment in Federal Countries*.

的目标;而具有周期性稳定特征的税收应归地方;(3)税基分布不均衡的税源应归中央,否则会引起地区间税收收入不平衡;(4)课征于流动性生产要素的税收最好归中央征管,否则会引起资源在地区间流动,扭曲资源的配置;(5)依附于居住地的税收,如销售税、消费税适合归地方;(6)课征于非流动性的生产要素的税收最适宜归地方;(7)受益性税收及收费对各级政府都适用。理查德·A.马斯格雷夫据此提出了政府分税的一般模式(见表2-2),他的分税原则已被人们所接受,成为指导政府间税收划分的基本思想,对税收理论和实践产生了重要影响。

表2-2 政府间税种划分的一般模式

税种	税基的确定	税率的确定	税收的管理	备注
关税	F	F	F	国际贸易
个人所得税	F	F、S	F	再分配、要素流动、稳定工具
遗产税	F	F、S	F	再分配
公司税	F	F、S	F	要素流动、稳定工具
资源税	F、S	F	F	税基不均衡分布
销售税	S	S	S	与居民消费有关
增值税	F	F、S	F、S	与商品流通有关
国内消费税	S	S	S	与居民消费有关
财产税	S	L	L	完全不流动

注:F代表联邦(中央)政府,S代表州政府或省政府,L代表地方政府。

税种配置理论专家欧文斯(Owens)和诺里高德(Norregaard)就地方税制结构提出了如下判断标准:(1)税基不应具有很大的流动性,否则纳税人就会从税负高的地区转移到税负低的地区,并且税务当局调整税率的自由度也会受到限制;(2)采用的税种应能筹集足够的收入以满足地方政府需要;(3)税收收入的大部分应具有不可转移性,以免削弱地方税收与地方政府福利之间的对应关系(即税收收入不应很容易地转移给非居民个人);(4)纳税人应认为它是公平的;(5)地方税不应具有过分的累进,否则会使富有的纳税人迁移出该地区;(6)应便于管理。① 1994年世界银行提出了税收划分的基本准则(见表2-3)。

表2-3 政府税收划分的基本框架

税收种类	决定权		征收管理	评述
	税基	税率		
关税	F	F	F	国际贸易税
公司所得税	F	F	F	流动性、稳定工具
资源税	F	F	F	税基分布不均衡
版税、采掘税	S、L	S、L	S、L	受益税
自然资源保护税	S、L	S、L	S、L	保护地方环境
个人所得税	F	F、S、L	F、S	流动性、再分配
财富税(对资本、财富转移、赠与继承征税)	F	F、S	F、S	再分配
工薪税	F、S	F、S	F、S	社会保障性受益税
多环节销售税(增值税)	F	F	F	稳定工具
单环节销售税:				
A 选择	S	S、L	S、L	较高的执行费用
B 选择	F	S	F	能促进协调,较低的执行费用

---

① 郑坚:"完善地方税体系的研究",载《中国税收报告》(2006),人民出版社2006年版,第235页。

不良行为税:				
烟酒消费税	F	F	F	健康责任
赌博税	S、L	S、L	S、L	州和地方政府责任
彩票税	S、L	S、L	S、L	州和地方政府责任
赛马税	S、L	S、L	S、L	州和地方政府责任
公害品税收	F	F	F	反污染
BTU税收	F、S、L	F、S、L	F、S、L	污染可能影响全国、州和地方
燃油税	F、S、L	F、S、L	F、S、L	联邦、州和地方收取
营业税	S	S	S	受益税
消费税	S、L	S、L	S、L	基于居民征税
财产税	S	L	L	非流动性、受益税
土地税	S	L	L	非流动性、受益税

注:(1)资料来源:Anwar Shah,1994,"The Reform of Intergovernment Fiscal Relations in Developing & Emerging Market Economies,"World Bank Policy and Research Series No.23,Washington, D.C.。

(2)F——联邦政府责任;S——州或省政府责任;L——地方政府责任。

从税收划分理论及税收划分的一般原则分析,完全适合于地方政府税收的税种有:财产税、土地税、自然资源保护税、营业税等。上述税种具有非流动性、地方受益税的性质。

二 马克思的地租理论

马克思地租理论是马克思在英国古典政治经济学的基础上发展

起来的,是对古典政治经济学关于地租理论的批判和继承。马克思创立了绝对地租学说,发展了级差地租理论,丰富了地租理论的内容,对资本主义地租的形成原因、条件和形式以及相互之间的作用机制进行了深入的研究,形成了完整的理论体系,是人类经济史上的一笔财富,对我国社会主义市场经济的建设具有重大指导意义。

(一)马克思地租理论的基础和前提

马克思的地租理论是建立在劳动价值论、剩余价值理论、平均利润和生产价格理论的基础上的。"一切地租都是剩余价值,是剩余劳动的产物。地租在它的不发达的形式即实物地租形式上,还直接是剩余产品。"[①] 马克思认为劳动创造价值,地租是由劳动创造出来的,即使是法律意义上存在的土地所有权,但没有人类劳动投入其上,则地租也不可能产生。地租实质上是一种超额利润,它的产生是因为资本投入农业后,农业中的雇佣劳动者创造了农产品的个别生产价值超过社会平均生产价值的超额剩余价值,这种超额剩余价值形成了超额利润,而土地所有者凭借土地所有权的垄断,最终使这种超额利润由农业资本家转交给了土地所有者,形成了地租。

资本主义生产方式中的农业和与之相适应的土地所有权形式是马克思地租理论研究的前提。马克思所谓的资本主义生产方式是:资本的自由流动,土地是资本投资的要素,农业是社会生产的一个部门,工业主导农业,全社会的平均利润由工业部门决定,"资本的自由竞争、资本由一个生产部门转入另一个生产部门的可能性、同等水平

---

① 马克思:《资本论》第 3 卷,人民出版社 1975 年版,第 715 页。

的平均利润水平等等,都已经十分成熟。"① 在资本主义农业中,土地所有者垄断土地所有权,农业资本家与土地所有者签订契约,并通过支付一定年期的货币额获得土地的经营权。"这个货币额,不管是为耕地、建筑地段、矿山、渔场、森林等等支付,统称为地租。这个货币额,在土地所有者按契约把土地租借给租地农场主的整个时期内,都要支付给土地所有者。因此,在这里地租是土地所有权在经济上借以实现即增殖价值的形式。"② 土地所有者凭借对土地的所有权获取地租。所以,任何地租都是以土地所有权的存在为前提的。"而土地所有权的前提是,一些人垄断地球的一定部分,把它作为排斥一切人的、只服从自己个人意志的领域。在这个前提下,问题就在于说明这种垄断在资本主义生产基础上的经济价值,即这种垄断在资本主义生产基础上的实现。"③ 正是由于土地的所有者对土地所有权的垄断,土地所有权与经营权相分离,土地所有者才能凭借土地所有权向农业资本家收取地租。"土地所有权就取得了纯粹的经济形式。"④ 所以,地租产生的前提即是资本主义生产关系及其土地所有权的存在。

(二)马克思地租理论的基本内容

地租虽然来源于剩余劳动,由超额利润转化而来,但由于转化的条件不同产生了不同的地租形式,即级差地租、绝对地租和垄断地租。马克思除了讨论地租的形成原因、条件和形式以及相互之间的

---

① 马克思:《资本论》第3卷,人民出版社1975年版,第693页。
② 同上书,第698页。
③ 同上书,第695页。
④ 同上书,第697页。

作用机制外,也对土地价格的形成进行了研究。因而,作为一个完整的理论体系,马克思地租理论包括地租和地价理论。

1. 级差地租

级差地租是由于个别资本对自然力的垄断,使个别资本的个别生产价格低于该部门的社会生产价格,两者的差额所形成的超额利润。这种超额利润不是由于资本的应用所产生的绝对生产力的增加,而是与没有利用自然力的投资相比,产生的差额。"这种地租的产生是由于一定的投入一个生产部门的个别资本,同那些没有可能利用这种例外的、有利于提高生产力的自然条件相比,相对来说具有较高的生产率。"① 也就是说,自然条件的不同决定了生产率的差别。因此,一旦自然条件消失,或者利用自然条件产生的收益不大,则级差地租就会消失。自然力的不同,表现为生产率的高低,而生产率的高低又可表现为同面积土地上,等量资本所产生的不同的生产结果。等量资本不等的生产率产生的两种级差地租形态即是级差地租Ⅰ和级差地租Ⅱ。

面积相同的土地,施以等量的投资,由于土地的自然力和距离市场的位置的不同而产生不同的个别生产价格,与社会生产价格相比,肥力高并且距市场较近地块的个别生产价格将低于社会生产价格,获得超额利润,这种超额利润即是级差地租Ⅰ。因此,级差地租Ⅰ所考察的对象是面积相同、投资相同的土地,条件是自然肥力和位置不同。自然肥力和位置不同决定了土地上农产品的个别生产价格与社会生产价格的差异,也就决定了超额利润的大小。马克思认为自然肥力的差别主要是土地的养分和肥力被利用的程度,因而自然肥力

---

① 马克思:《资本论》第3卷,人民出版社1975年版,第728页。

在不同的阶段由于农业化学和机械化的程度不同会有所不同,但马克思在这里所考虑的自然肥力是指两块土地都处于相同的农业发展阶段,并且根据自然肥力的不同,土地有优劣的等级之分。在考察位置的时候,马克思认为地块的位置是相对变化的。随着经济的发展和社会生产的进步,原来距离市场较偏僻的地方由于新的市场的形成,或者由于采用交通工具的便利,级差地租会有所变化,但也可能由于农业与工业相分离,地区位置的差别反而扩大。在马克思看来,农业中的级差地租主要是自然肥力的因素,因此,只以自然肥力作为土地优劣等级的评定。级差地租 I 中假设最劣等地没有地租,最劣等地所生产的农产品的价格是市场价格,但这种市场价格并不是一成不变的,在供求不平衡,例如需求小于供给时,优等地块的农产品价格也会成为起调节作用的市场价格,但不论农产品的价格上升、不变或者下降,级差地租 I 都是由在最劣等地上的资本收益和投在较好土地的资本收益的差额决定的,各地块的等级不变,则级差地租 I 就始终是存在的。

级差地租 II 是等量的资本连续投在同一块土地上从而产生的超额利润,不管追加的投资是否能够提高生产率,"由于它们的产量不同,其中的一部分不会提供超额利润,而其他部分却会按照它的收益和不提供地租的投资的收益之间的差额提供超额利润。"[①] 也就是说,级差地租 II 实质上也是超额利润转化而来,但这种超额利润的大小由追加投资的生产率与劣等土地投资的生产率之间的差别决定。考察级差地租 II,其对象是同一块土地,对这块土地连续追加等量的投资,每一次投资后,土地生产的农产品的数量是不同的,由于

---

① 马克思:《资本论》第 3 卷,人民出版社 1975 年版,第 760 页。

最劣等地依然存在,最劣等地的生产价格是市场价格,因此,对上述地块施以连续投资,每次投资后都会有一次个别生产价格,最后,一块土地上连续投资的多个生产价格最终形成该土地追加总投资后的平均生产价格,这个平均生产价格与社会生产价格相比,其产生的超额利润才是级差地租Ⅱ。① 马克思详细讨论过社会生产价格不变、下降和提高的情况下,某一地块第二次追加投资的生产率分别在社会生产价格不同的情况下不变、提高和下降,由此产生的级差地租Ⅱ的运动规律,"对地租起作用的,不是绝对的收益,而只是收益的差额"②。也就是说,每次投资后的收益差别决定了总投资在该地块上的平均生产价格,也就直接决定了级差地租Ⅱ的大小,但不论怎样,级差地租Ⅱ的总额是增加的。

作为级差地租的两种形式,都是由超额利润转化而来,是等量的资本不等的生产率的结果。级差地租Ⅰ和级差地租Ⅱ分别反映了资本主义农业发展的不同阶段,在开始阶段,"并不是表现在资本在较小土地范围内的集中上,而是表现在生产规模的扩大,因而可以节约马的饲养费用及其他生产费用上,事实上并不是由于在同一块土地上使用了更多的资本。"③ 也就是说,资本主义农业的初始阶段是粗放式的经营,农业生产以不断扩大耕地面积来增加农产品的供给,土地自然肥力的大小对农产品的产量有直接影响。同面积土地上不同的自然肥力决定了级差地租Ⅰ的不同,所以级差地租Ⅰ正是反映这个阶段的生产特征。在资本主义农业进一步发展的阶段,随着对农

---

① 王珏、吴振坤、左彤:《〈资本论〉介绍》第三卷,中共中央党校出版社1982年版,第340页。
② 马克思:《资本论》第3卷,人民出版社1975年版,第815页。
③ 同上书,第761、762页。

产品需求的增加和土地肥力的耗减以及未耕地的减少,资本才集中在一定的土地上,施行集约经营。由此,出现了级差地租Ⅱ,级差地租Ⅱ的大小是在同一块土地上由于追加投资产生的不同生产率的结果,但级差地租Ⅱ只不过是级差地租Ⅰ的另一种表现形式,这是因为,在投资相等时,土地仍然显示出了不同的肥力,"在这里一个资本的不同部分相继投在同一块土地上所产生的结果,就是在级差地租Ⅰ的场合下社会资本各相等部分投在各级土地上所产生的结果。"[①]也就是说,在级差地租Ⅱ的场合中,在同一块土地上每一次追加投资后所产生的结果和级差地租Ⅰ的场合中等面积的不同肥力等级的地块所产生的结果是相同的,等量资本的不同的超额利润按同样的方式形成。所以,级差地租Ⅰ和级差地租Ⅱ,二者实质上是一致的。不仅如此,在分析级差地租运动的规律时,二者的假设前提也是相同的。二者均假设最劣等地上的农产品的生产价格是市场价格,因而最劣等地没有级差地租,级差地租Ⅰ的大小取决于土地各等级与最劣等地生产率的比较,而级差地租Ⅱ上追加投资产生的生产率仍然需要与最劣等地投资的生产率相比。所以,不论从历史上看还是从运动规律上看,级差地租Ⅱ都是以级差地租Ⅰ为基础的,[②] 二者实质上是一致的。

  级差地租Ⅰ和级差地租Ⅱ都是由超额利润转化而来,但考虑二者的转化过程,则显示出了区别。级差地租Ⅰ是很容易根据地区的平均肥力确定的,但级差地租Ⅱ的确定则是十分困难的。考察资本主义农业的生产方式,农业资本家对土地的追加投资发生在与土地

---

  ① 马克思:《资本论》第3卷,人民出版社1975年版,第763页。
  ② 王珏、吴振坤、左彤:《〈资本论〉介绍》第三卷,中共中央党校出版社1982年版,第332页。

所有者签订契约之后,所以连续追加投资的生产率在事前是不容易确定的,但地租却是在订立租约时就确定的。在租约内,农业资本家占有连续投资所产生的超额利润,"地租是在土地出租时确定的,地租确定后,在租约有效期内,由连续投资所产生的超额利润,便流入土地所有者的腰包"①。这样,土地所有者与农业资本家对租期的长短十分敏感。除此之外,由于连续的追加投资必然会改善土地肥力,级差地租会在前一次租约的投资基础上有所增加,并且不断的投资改良会提高地区的平均地租,从而要求与土地所有者签订新约的农业资本家有足够多的资本能取得平均地租所要求的投资。由此看来,级差地租 II 使超额利润的转化"限制在一方面更为狭小,另一方面更不稳定的界限内"②。

2. 绝对地租

由于土地所有权的存在,资本主义农业中耕种最劣等地也要缴纳地租,这种地租即是绝对地租。最劣等地不缴地租是考虑级差地租的前提条件,但这个条件仅仅是为了分析级差地租运动规律的方便,最劣等地也有地租并不影响级差地租的固有规律,但农产品的价格由最劣等地的农产品价格决定这个前提仍然是适用的。由于土地所有权的垄断,当最劣等地也能提供生产价格和平均利润时,也就是说可以实现正常的资本增殖时,租地农场主也未必能取得土地的经营权。"租地农场主不支付地租就能按普通利润来增殖他的资本这一事实,对土地的所有者来说,绝不是把土地白白租给租地农场主并如此善意地给这位营业伙伴以无息信贷的理由。"③ 所以,租地农场

---

① 马克思:《资本论》第 3 卷,人民出版社 1975 年版,第 760 页。
② 同上。
③ 同上书,第 846 页。

主不缴地租,就不能取得土地经营权这一事实表明,土地所有权的存在是绝对地租形成的原因,但绝对地租仍然是由超额利润转化而来的,其源泉仍然是剩余劳动,只不过超额利润的转化形式和级差地租有所不同而已。

考察超额利润转化为绝对地租,由于农业的资本有机构成低于工业的,即表现在农业的生产率低下,使用较多的活劳动,因而农产品的价值较工业产品的价值要高,在工业的各个部门中,工业品的生产价格是由商品价值的平均化产生的。商品价值的平均化,则是社会各个生产部门的总资本相互竞争的结果,以致每个部门的超额利润不是由个别的商品价值和生产价格的差额决定,而是由部门内的一般生产价格和个别生产价格之间的差额产生的。但是,当资本试图进入农业时,由于不缴地租就不能对土地进行经营,因而土地所有权造成资本投入土地的障碍。同时排斥了农业中剩余价值被平均利润化的社会资本,维持了农产品价格高于社会生产价格的超额利润,这种超额利润即转化为绝对地租,为土地所有者占有。所以,当农业资本的有机构成等于或高于社会平均资本构成时,农产品价值就不会再高于社会生产价格,超额利润就会消失,绝对地租的这种来源也就消失了,但是绝对地租仍然存在,只不过这时的绝对地租不是对农业工人的剩余价值的扣除,而是对全社会工人的剩余价值的扣除。① 正如马克思指出,"绝对地租的本质在于,不同生产部门内的各等量资本,在剩余价值率相等或劳动的剥削程度相等时,会按它们的不同的平均构成,生产出不等量的剩余价值。在工业上,这些不同的剩余

---

① 宗平:《地租理论及在社会主义社会的应用》,经济科学出版社1990年版,第48页。

价值量,会平均化为平均利润,平均分配在作为社会资本的相应部分的各个资本上。在生产上需用土地时,不论是用于农业还是用于原料的开采上,土地所有权都会阻碍投在土地上面的各个资本之间的这种平均化过程,并截取剩余价值的一部分,否则这一部分剩余价值是会进入平均化为一般利润率的过程的。"① 所以,土地所有权的存在是超额利润转化为绝对地租的原因。

至于超额利润在多大程度上转化为绝对地租,马克思也作了讨论。由于土地所有者要求农业资本家支付绝对地租才能取得土地的经营权,因而农产品的价格势必上涨,最终使价格等于价值或位于价值与生产价格之间,这种价格也就是马克思所谓的农产品的垄断价格。所以,绝对地租的存在是垄断价格产生的前提,但绝对地租是价值与生产价格的全部差额还是仅此一部分,是由市场的供求关系决定的。"农业上生产的超过一定平均利润的剩余价值,将在多大程度上转化为地租,或在多大程度上进入剩余价值到平均利润的一般平均化,这不取决于土地所有权,而取决于一般的市场状况。"② 如果市场上的农产品供不应求,市场价格不仅会高于生产价格,而且有可能等于它的价值,这时,绝对地租就可能等于农产品价值和生产价格的全部差额。相反,绝对地租只是价值和生产价格差额的一部分,差额的其余部分将会参加社会利润的平均化。市场的供求关系影响农产品的价格,但价格始终是高于生产价格的,也就是说绝对地租总是存在的。

---

① 马克思:《资本论》第3卷,人民出版社1975年版,第869、870页。
② 同上书,第861页。

3. 垄断地租

垄断地租是地租的特殊形式,垄断地租是因为垄断价格的存在而产生的地租。由于存在自然条件特别的土地,在其上生产的产品十分稀缺,供不应求。产品价格"不是由商品生产价格决定,更不是由商品的价值决定,而完全是由购买者的需要和支付能力决定的"①。完全由市场供求关系决定的价格即是垄断价格。产品的垄断价格与生产价格的差额即超额利润便形成垄断地租,由土地所有者拥有。因此,垄断价格是垄断地租形成的原因。"一个葡萄园在它所产的葡萄酒特别好时(这种葡萄酒只能进行比较少量的生产),就会提供一个垄断价格。由于这个垄断价格(它超过产品价值的余额,只决定于高贵的饮酒者的财富和嗜好),葡萄种植者将实现一个相当大的超额利润。这种在这里由垄断价格产生的超额利润,由于土地所有者对这块具有独特性质的土地的所有权而转化为地租,并以这种形式落入土地所有者手中。因此,在这里,是垄断价格产生地租。"② 产生垄断地租的垄断价格和绝对地租中的垄断价格是不同的,前者完全是由市场的需求决定的,后者则是指因为土地所有权的存在,而不能使农业的超额利润被平均化而产生的高于工业品的生产价格。因此,垄断地租是由于垄断价格的存在而产生,但绝对地租则是因为不缴地租就不能经营土地,所以地租产生垄断价格。正因为产生垄断地租的特别的自然条件不是普遍存在,因而马克思说垄断地租是地租的特殊形式,绝对地租和级差地租是地租的正常形式,但在非农业地租形式中,即建筑地段和矿山的地租中,由于垄断价格

---

① 马克思:《资本论》第 3 卷,人民出版社 1975 年版,第 861 页。
② 同上书,第 874 页。

起着很大的作用,所以垄断地租通常较高。例如,在建筑地段的地租中,由于人口的增加,对住宅的需求量增大,建筑地段的位置由于市场的需求而产生垄断价格,从而导致建筑地段有较高的垄断地租。除此之外,对珍贵矿产的矿山进行开采,也产生垄断价格,形成采掘工业中的垄断地租。①

4. 地价理论

地价理论也是地租理论的重要组成部分,马克思认为地价是地租的资本化,地价的计算公式即是地租与利息率的商数。土地之所以表现出价格,并不是因为土地本身有价值,土地不是劳动产品,但却因为土地上的劳动产品可以作为商品买卖,从而产生地租使土地产生收益。所以,土地的价格是若干年地租的价值,也就是取得一定年期地租收益权的价格,因而地租的存在是地价存在的前提。地租表现为土地所有者出租土地后每年都得到的货币额,这种收入对于土地所有者而言是十分稳定的,相当于一笔投资放入银行中每年所得的固定利息。因此,地租的高低和利息的多少是相当的,地租与利息率的比值就体现了土地的收益价格。不过,土地资本化的利息率比平均利润率的水平要低,② 这是因为购买土地是一项很稳定的投资,风险性较小,收益稳定,由此,收益率只相当于银行存款的基准利息率,"因为在一切古老国家都把土地所有权看作所有权的特别高尚的形式,并且把购买土地看作特别可靠的投资,所以,购买地租所根据的利息率,多半低于其他较长时期投资的利息率。"③ 马克思的地价理论,在现实中是很有意义的,土地等不动产的评估常常运用到这

---

① 朱剑农:《马克思地租理论概要》,农业出版社 1984 年版,第 52 页。
② 马克思:《资本论》第 3 卷,人民出版社 1975 年版,第 704 页。
③ 同上。

一思想。不过,随着经济的发展,地租的含义变得更加丰富,收益率也不仅仅是由利息率表示而已。一定年期的地价就是土地每年收益的折现,当年期足够长时,计算公式就简化为地租与收益率的比值了。

马克思除了讨论农业中的地租,也讨论了非农业中的地租,如矿山地租,建筑地段地租等。非农业地租的基础和农业地租的基础一样,也是由真正的农业地租调节的。① 无论是农业地租还是非农业地租,其中的绝对地租、级差地租、垄断地租并不是孤立存在的,地租总量中同时包含有地租的各种形式,只不过衡量各种地租所占的量的大小是有困难的。地租的各种形式以及地价之间是相互联系的,地价是由各种地租形式对应的地价的总和。② 马克思地租理论所揭示的经济规律不仅仅局限于资本主义的生产关系,对研究和分析我国地租问题仍然具有重要的理论意义和现实指导价值。"不论地租有什么独特的形式,它的一切类型有一个共同点:地租的占有是土地所有权借以实现的经济形式。"③ 在我国,存在着两种不同的土地所有权,即城市土地全民所有和农村土地集体经济组织所有;土地所有权和使用权的分离,实行土地有偿使用;存在着出租者和承租者之间的土地租赁关系,存在着商品经济和土地市场等,这些都是形成绝对地租和级差地租的社会经济条件,同样也是形成垄断地租的社会经济条件。绝对地租是土地所有权在经济上的实现形式,垄断地租同样是土地所有权在经济上的实现形式。级差地租来源于对土地经营权垄断所取得的超额利润的转化,垄断地租更突出地表现为对土地

---

① 马克思:《资本论》第 3 卷,人民出版社 1975 年版,第 871 页。
② 洪银兴、葛扬:"马克思地租地价理论研究",《当代经济研究》2005 年第 8 期。
③ 马克思:《资本论》第 3 卷,人民出版社 1975 年版,第 714 页。

经营权垄断所带来的收入。马克思地租理论已被广泛地应用到我国的经济建设中,对我国城市土地使用制度改革、土地产权市场的建立、土地价格的评估以及政府通过地租杠杆管理土地市场、合理分配地租收益等都具有重要的指导意义。

第三章 我国城市财政体制的演进与评价

自新中国成立以来,我国的财政体制经历了多次变革,从新中国成立之初的高度集权、统收统支的财政体制到目前的分税制分级财政体制,其演变轨迹可描述为由中央集权型"统收统支"体制——行政性分权型"财政包干"体制——财政分权型"分税制"和公共财政体制。1994年以来,为建立和完善社会主义市场经济体制,积极推进了财政体制改革,在建立与社会主义市场经济相适应的分税制财政体制和公共财政基本框架两方面取得了重大进展;但是,由于改革的渐进性和不完善性以及我国的财政级次过多,影响了分税制财政体制的正常运行,从而导致地方财政困难。

一 我国城市财政体制的演进

(一)我国城市财政体制的演变与发展

新中国成立以来,我国的财政体制经历了以下五个阶段的演变[①]:

[①] 参见贾康:"我国财政体制改革的回顾与评价",《财经科学》1999年第5期,第25—28页。刘佐:"中国税制改革50年",《当代中国史研究》2000年第5期,第65—73页。刘佐:"社会主义市场经济中的中国税制改革",《经济研究参考》2004年第2期。陈岐山等:"我国财政管理体制的变迁与原则",《经济纵横》2004年第10期,第24—26页。

1. 中央集权、统收统支阶段(1950—1952年)

新中国成立初期,为了迅速制止通货膨胀、发展生产、恢复经济、克服财政困难,我国实行了高度集中的财政管理体制。政务院发布了新中国成立后第一个关于国家财政体制的文件——《关于统一管理1950年财政收支的决定》,规定国家预算管理权和制度规定权集中在中央,收支范围和收支标准都由中央统一制定;财力集中在中央,各级政府的支出均由中央统一审核,逐级拨付,地方组织的预算收入同预算支出不发生直接联系,年终结余也要全部上缴中央。这种财政体制是高度集中的中央财政统收统支的体制,又称为收支两条线的管理体制。这种统收统支型的财政体制对恢复国民经济、平衡预算和稳定物价起到了重要作用。

2. 划分收支、分类分成阶段(1953—1957年)

1953年,我国开始实施第一个五年计划。为适应经济发展的需要,我国在财政管理上改变过去的统收统支制度,实行中央、省(市)和县(市)三级管理财政,并划分了各自的财政收支范围。1954年开始实行分类分成办法,将财政收入划分为固定收入、固定比例分成收入、中央调剂收入三大类。地方预算每年由中央核定,地方的预算支出,首先用地方固定收入和固定比例分成抵补,不足部分由中央调剂收入弥补。分成比例一年一定。这一时期的财政体制仍是中央集权为主、分级管理为辅的财政体制。

3. 划分收支、总额分成阶段(1958—1979年)

从1958年起实行的"以收定支,五年不变"财政体制,即把三种收入(地方固定收入、企业分成收入、调剂分成收入)划归地方,分类分成,收支挂钩。1958年的财政体制改革,是新中国成立以来传统体制下的第一次财政分权。但是由于财力下放过度,中央财政收支所占比重锐减,于是在1959年开始实行"收支下放,计划包干,地区调剂,总额分成,一年一变"的财政体制,即各地的财政收支相抵后,收不抵支的部分由中央财政给予补助,收大于支的部分按一定比例上缴中央财政。从1959年到1970年,以及后来的1976年到1979年,总额分成的管理体制共存续了16年。

4."分灶吃饭"、分级包干阶段(1980—1993年)

20世纪80年代初期以来,我国实行了"分权让利"的财政体制改革,实行中央政府与地方政府"包干制";大致经历二次重大变革,即由"划分收支、分级包干"的体制变革为"划分税种、核定收支、分级包干"的体制。第一次重大变革是1980年国务院在全国范围内实行"划分收支、分级包干"的体制,这一体制曾被形象地称做"分灶吃饭",其特点在于改变中央与地方之间的财政收入划分关系。第二次重大变革是1985年实行的"划分税种、核定收支、分级包干"的财政管理体制,该体制的特点在于改变中央与地方之间的财政收入划分关系,即按照第二步利改税后的税种设置,划分中央和地方的收入,其余基本是在原体制办法基础上作些调整。财政包干体制使地方政府成为相对独立的利益主体,但这种体制仍未摆脱集权型的财政分配模式,未从根本上解决中央与地方政府之间财力分配的约束机制与激励机制问题。

5.分税制财政体制和公共财政探索阶段(1994年至今)

1994年开始,我国实行了中央和地方分税制改革,按照"存量不动,增量调整",逐步提高中央的宏观调控,在上解和中央补助基本不变的前提下,实行"三分一返"的形式,即分支出、分收入、分设税务机构,实行税收返回。具体来说,主要包括:(1)根据财政与事权相结合原则,合理划分中央与地方收入。按照税制改革后的税种设置,将维护国家权益、实施宏观调控所必需的税种划为中央税;将适宜地方征管的税种划为地方税,并充实地方税税种。将与经济发展直接相联系的主要税种划为中央与地方共享税。在划分税种的同时,分设中央税务机构和地方税务机构,实行分别征税。中央税种和共享税种由国税局负责征收,其中共享收入按比例分给地方;地方税种由地税局征收。(2)中央财政对地方税收返还数额的确定。为了保持地方既得利益,中央财政对地方税收返还数额以1993年为基期年核定。按照1993年中央从地方净上划的收入数额(即消费税和75%增值税之和减去中央下划地方收入),1993年中央净上划收入全额返还地方,保证地方既得财力,并以此作为中央财政对地方的税收返还基数。1994年以后,税收返还额在1993年基数上逐年递增,递增率按全国增值税和消费税的平均增长率的1:0.3系数确定,即上述两税全国平均每增长1%,中央财政对地方税收返还增加0.3%。如若1994年以后中央净上划收入达不到1993年基数,则相应扣减税收返还数额。(3)原体制中央补助、地方上解及有关结算事项继续按规定处理。为顺利推行分税制改革,1994年实行分税制以后,原体制的分配格局暂时未变。

在推进分税制改革和完善过程中,1998年我国首次提出了建设公共财政制度并予以推行。自1998年以来,围绕公共财政建设的改革主要有:(1)财政收入管理制度改革。主要包括财税体制改革、所得税收入分享改革、税费改革、取消农业税、深化"收支两条线"管理改革、减少财政层级的试点等。(2)财政支出管理制度改革。包括基础性改革、技术性改革、机制性改革和结构性改革。其中,机制性改革主要包括实行部门预算、推行国库集中支付制度、推进政府采购制度。结构性改革的核心就是按照公共财政的要求,调整和优化支出结构,逐步减少对竞争性领域的直接投资,增加社会公共领域方面的支出,包括增加社会保障支出、增加对教育与科技财政投入、加大生态建设和环境保护投入等。2006年十六届六中全会通过的《中共中央关于构建社会主义和谐社会若干重大问题的决定》中指出,"完善公共财政制度,逐步实现基本公共服务均等化。健全公共财政体制,调整财政收支结构,把更多财政资金投向公共服务领域,加大财政在教育、卫生、文化、就业再就业服务、社会保障、生态环境、公共基础设施、社会治安等方面的投入。"这为我国公共财政体制的改革指明了方向。未来一段时间,中国财政改革与发展将从中国基本国情出发,坚持以公共化为取向,以均等化为主线,以规范化为原则,不断健全公共财政体制,完善基本公共服务体系,为全面建设小康社会和加快构建社会主义和谐社会提供坚实的物质和制度保障。

(二)1994年以来地方税收体系变化

1994年我国分税制按照征收管理权和税收收入支配权标准划分中央与地方税收,凡征收管理权、税款所有权划归中央财政的税种,属于中央税;凡征收管理权、税款所有权划归地方财政固定收入的税种,属于地方税;凡征收管理权、税款所有权由中央和地方按一定方式分享的税种,属于共享税。其划分框架为:中央税收——关税,消费税,海关代征的增值税、消费税,中央企业所得税,地方银行、外资银行和非银行金融企业所得税,铁道部门、各银行总行、各保险公司集中缴纳的营业税、所得税和城市维护建设税,个人利息所得税;地方税收——城镇土地使用税,耕地占用税,土地增值税,房产税,城市房地产税,车船使用税,车船使用牌照税,契税,屠宰税,筵席税,农牧业税及附加,地方企业所得税(不包括地方银行、外资银行和非银行金融企业所得税)、营业税、城市维护建设税、个人所得税(不包括列入中央税收的部分);中央与地方共享税收——增值税(中央分享75%,地方分享25%),资源税(海洋石油企业缴纳的部分归中央政府),证券交易税。

随着社会主义市场经济的发展,按企业隶属关系划分中央和地方所得税收入的弊端日益显现,客观上助长了重复建设和地区封锁,妨碍了市场公平竞争和全国统一市场的形成,不利于促进区域经济协调发展和实现共同富裕,也不利于加强税收征管和监控。为了促进社会主义市场经济的健康发展,进一步规范中央和地方政府之间的分配关系,建立合理的分配机制,防止重复建设,减缓地区间财力差距的扩大,2001年国务院发布了《所得税收入分享改革方案》,重新划分了所得税的归属,其后对部分税收也作了重新划分,取消了农业税。2002年开始,其税收划分框架为,中央政府固定收入包括:铁路运输、国家邮政、中国工商银行、中国农业银行、中国银行、中国建设银行、国家开发银行、中国农业发展银行、中国进出口银行以及海洋石油天然气企业缴纳的所得税,消费税(含进口环节海关代征的部分),车辆购置税,关税,海关代征的进口环节增值税等。地方政府固定收入包括:城镇土地使用税、耕地占用税、土地增值税、房产税、城市房地产税、车船使用税、车船使用牌照税、契税、烟叶税。中央政府与地方政府共享收入包括:(1)增值税(不含进口环节由海关代征的部分):中央政府分享75%,地方政府分享25%。(2)营业税:铁道部、各银行总行、各保险总公司集中缴纳的部分归中央政府,其余部分归地方政府。(3)企业所得税、外商投资企业和外国企业所得税:除铁路运输、国家邮政、中国工商银行、中国农业银行、中国银行、中国建设银行、国家开发银行、中国农业发展银行、中国进出口银行以及海洋石油天然气企业缴纳的所得税外,其余部分中央与地方政府按比例分享。分享比例是2002年所得税收入中央与地方各分享50%,2003年所得税收入中央分享60%,地方分享40%。(4)个人所得税:除储蓄存款利息所得的个人所得税外,其余部分的分享比例与企业所得税相同。2002年中央与地方各分享50%,2003年中央分享60%,地方分享40%。(5)资源税:海洋石油企业缴纳的部分归中央政府,其余部分归地方政府。(6)城市维护建设税:铁道部、各银行总行、各保险总公司集中缴纳的部分归中央政府,其余部分归地方政府。(7)印花税:证券交易印花税收入的94%归中央政府,其余6%和其他印花税收入归地方政府。所得税以2001年为基期,按改革方案确定的分享范围和比例计算,地方分享的所得税收入,如果小于地方实际所得税收入,差额部分由中央作为基数返还地方;如果大于地方实际所得税收入,差额部分由地方作为基数上解中央。

(三)现行省级以下财政管理体制框架

1994年实行分税制财政管理体制以来,各地比照中央对地方的分税制模式,陆续调整了省以下财政管理体制,但存在着不少问题。随着社会主义市场经济的发展,现行按企业隶属关系划分中央和地方所得税收入的弊端日益显现,制约了国有企业改革的逐步深化和现代企业制度的建立,客观上助长了重复建设和地区封锁,妨碍了市场公平竞争和全国统一市场的形成,不利于促进区域经济协调发展和实现共同富裕,也不利于加强税收征管和监控。为了促进社会主义市场经济的健康发展,进一步规范中央和地方政府之间的分配关系,2001年国务院下发了《关于印发所得税收入分享改革方案的通知》,调整了所得税的分配;同时要求各省、自治区、直辖市和计划单列市人民政府要相应调整和完善所属市、县的财政管理体制,打破按企业隶属关系分享所得税收入的做法。2002年国务院批转《财政部关于完善省以下财政管理体制有关问题意见》的通知中明确提出,合理界定省以下各级政府的事权范围和财政支出责任,各地要按照建立公共财政框架的基本要求,依法界定各级政府的事权范围,进一步明确省以下各级政府的财政支出责任;合理划分省以下各级政府财政收入等改革措施。经过几年的改革和完善,省以下的财政管理体制大体可分为二类。①

1. "省管县"财政管理模式

"省管县"财政管理模式是省级直接管理地市与县(市)财政,地方政府间在事权和支出责任、收入划分以及省对下转移支付补助、专项拨款补助、各项结算补助、预算资金调度等直接由省财政对地市与县(市)财政;地市不直接与县(市)发生财政关系。

截至2005年底,全国36个直辖市、省、自治区以及计划单列市中,有13个省区和5个计划单列市实行"省管县"财政管理模式。该模式具体有两种方式:一种是县(市)级财政完全由省直管。4个直辖市、5个计划单列市和浙江、安徽、湖北、黑龙江、福建、海南、宁夏、吉林、广西等9个省区采用该模式。二是非完全直管模式。县(市)级财政收支范围和体制上缴或补助数额由省政府核定,县级转移支付资金由省财政负责分配,地市级财政负责汇总报表,调度国库资金和进行业务指导。贵州、陕西、青海和新疆4个省区采用该模式。

---

① 参见张通:《中国省级以下财政管理体制现状及进一步改革思路》,中国财政部、加拿大国际开发署、世界银行2004年在云南主办的"地方财政建设国际研讨班"会议论文。

2."地市管县(市)"财政管理模式

"地市管县(市)"财政管理模式是指地市级政府管理县(市)财政。该模式也有两种方式:一种是县(市)财政完全由地市管理,山东、湖南、甘肃3省采用该方式。二是非完全地市管县(市)财政方式。县(市)财政的收支范围和体制上缴或补助数额由地市负责,但财政转移支付由省直接划拨到县,地市财政不进行调整。其余省区均采用该方式。

(四)我国城市财政收入的基本构架

我国现行城市财政收入的主要构成是税收和其他收入,其他收入中纳入预算的有规费收入、罚款收入和土地使用权有偿使用收入三种。

总体来看,属于城市财政收入的税收部分主要包括:(1)省级政府分享的地方企业缴纳增值税的一部分(省级政府分享25%),如湖北省为17%;(2)地方企业缴纳的企业所得税和个人所得税的25%;(3)除银行系统中央部分以外营业税的70%;(4)全部纳入城市财政收入的税收是收入基本稳定、税负较低的小税种,包括资源税、城市维护建设税、房产税、城镇土地使用税、车船使用税、印花税和契税等。

以湖北省为例,企业所得税、个人所得税、个人储蓄利息所得税、增值税25%部分、营业税,实行中央、省与市州分享。城市(县)的税收划分框架是:[①] (1)企业所得税。铁路运输、国家邮政、中国工商

---

① 参见《湖北省人民政府关于进一步调整和完善分税制财政管理体制的决定》(鄂政发[2002]29号)。

银行、中国农业银行、中国银行、中国建设银行、国家开发银行、中国进出口银行、中国农业发展银行以及海上石油天然气企业缴纳的企业所得税继续作为中央收入；中央核定的跨省经营、集中缴库的中央企业，其缴纳的企业所得税由中央与省级按比例分享，从2003年起，中央分享60%，省分享40%；其他驻湖北省的各级各类企业缴纳的企业所得税，按属地征收，中央、省、市州按比例分享，从2003年起，中央分享60%，省分享15%，市州分享25%。(2)个人所得税。地方税务局按《中华人民共和国个人所得税法》征收的个人所得税，由中央、省、市州按比例分享，从2003年起，中央分享60%，省分享15%，市州分享25%。(3)增值税。将原省级增值税全部下放市、州属地征管，国内增值税全部实行中央、省、市州按比例分享，具体分享比例为：中央分享75%，省分享8%，市州分享17%；省同时分享相应的税收返还增量。(4)营业税。铁道部缴纳的铁道营业税、各银行总行和保险总公司缴纳的全部金融保险营业税以及其他金融保险企业按超过原5%税率征收的金融保险营业税，继续作为中央收入，全部上缴中央财政；其他营业税全部为省与市州分享收入，按比例分别上缴省和市州财政。具体分享比例为：省分享30%，市州分享70%。(5)调整城市维护建设税、城镇土地使用税、印花税、资源税、耕地占用税和教育费附加等小税种年递增10%上交省财政的结算政策，从2001年起，改为定额上交省财政（武汉市以2001年实际入省库数为基数定额上交省财政）。

二 现行城市财政体制的主要问题

1994年分税制实施特别是2002年重新调整分税制政策以来，我国城市财政收入有了较大幅度的增长，2005年地级及以上城市财政收入为9 094.4亿元，占全国财政收入的61.1%，比2002年增长177%，2002—2005年年均增长21%。特别是35个省会城市和计划单列市财政收入增长较快，以2005年为例，财政收入为6 509.15亿元，占地级及以上城市财政收入的71.6%，2003—2005年年均增长15.18%。① 但地级以下城市(县)财政却日益困难，若任其发展，势必会严重影响社会主义市场经济的发展，进而危及社会的稳定，这个问题必须引起我们的高度重视。我们认为地方财政困难的直接原因是现行财政体制的缺陷。

(一)地方财政收入与支出总体描述

1994年分税制实施后，地方财政收入的比重不断下降，地方财政收入占国家财政收入的比重由1993年的78%下降到2005年的47.7%。自改革以来，地方财政收入的变化大体经历了四个阶段。(1)1978—1993年，地方财政收入占国家财政收入的比重约在70%，1978年最高，达84.5%，1993年达78%；(2)1994年最低，仅占44.3%；(3)1995—1997年，地方财政收入占国家财政收入的比重有所回升，1997年达51.1%；(4)1998年至今，地方财政收入占国家财政收入的比重开始下降，大体在45%—47%左右(见表3-1)。

中央财政收入比重提高，虽然增强了中央政府宏观调控和加大财政转移支付的力度，但扭曲了财政收入的初次分配关系，使地方财力难以履行其职能，导致了地方政府预算外收费项目、收费规模不断扩大，特别是城市政府盲目"圈地、批地"风日益盛行，导致过度依赖

---

① 根据《中国统计年鉴》2003—2006年的数据整理分析。

表3-1 1978—2005年中央和地方财政收入及比重

(单位：亿元)

年份	全国财政收入	中央财政收入	地方财政收入	中央所占比重(%)	地方所占比重(%)
1978	1 132.26	175.77	956.49	15.5	84.5
1980	1 159.93	284.45	875.48	24.5	75.5
1985	2 004.82	769.63	1 235.19	38.4	61.6
1989	2 664.90	822.52	1 842.38	30.9	69.1
1990	2 937.10	992.42	1 944.68	33.8	66.2
1991	3 149.48	938.25	2 211.23	29.8	70.2
1992	3 483.37	979.51	2 503.86	28.1	71.9
1993	4 348.95	957.51	3 391.44	22.0	78.0
1994	5 218.10	2 906.50	2 311.60	55.7	44.3
1995	6 242.20	3 256.62	2 985.58	52.2	47.8
1996	7 407.99	3 661.07	3 746.92	49.4	50.6
1997	8 651.14	4 226.92	4 424.22	48.9	51.1
1998	9 875.95	4 892.00	4 983.95	49.5	50.5
1999	11 444.08	5 849.21	5 594.87	51.1	48.9
2000	13 395.23	6 989.17	6 406.06	52.2	47.8
2001	16 386.04	8 582.74	7 803.30	52.4	47.6
2002	18 903.64	10 388.64	8 515.00	55.0	45.0
2003	21 715.25	11 865.27	9 849.98	54.6	45.4
2004	26 396.47	14 503.10	11 893.37	54.9	45.1
2005	31 649.29	16 548.53	15 100.76	52.3	47.7

注：(1)中央、地方财政收入均为本级收入。
(2)本表数字不包括国内外债务收入。
(3)资料来源：《中国统计年鉴2006》。

土地出让收入和收费弥补财力的不足,严重扭曲了国民收入分配秩序。

在市场化进程中,随着经济体制改革和社会变革的不断深化,地方政府承担着繁重的提供公共服务、发展公益事业、促进地方经济建设与发展的任务,贯彻落实宏观调控政策,特别是公共财政体制的推进,导致地方政府财政支出规模不断上升(见表3-2)。伴随计划经济向市场经济的转变以及中央政府集权向地方政府分权的进程,地方财政显而易见地比中央政府承担了更多的政治经济职能,与中央财政30%的支出比重相比,地方财政的支出规模均保持着70%左右的份额。但与之相矛盾的是,在1994年分税制财政体制改革后,财权却逐步向中央集中,中央财政占到财政总收入50%—55%,而地方财政收入比重只占40%—45%。其结果是明显导致了地方政府财力拮据问题凸显,财政收支缺口日益扩大。

地方财政自给率是反映地方政府财政状况的一个重要指标。分税制前,地方财政收入可以满足本级财政支出的需求,并且绝大多数年份还有盈余。1994年分税制后地方财政自给率急剧下降到0.57,此后基本上维持在0.6左右,最低年份仅为0.56。1994年分税制财政体制改革后,地方财政支出很大程度依赖中央财政补助来实现,中央财政对地方的补助2001年为6 001.95亿元,2002年为7 351.77亿元,2003年为8 261.41亿元,2004年为10 407.96亿元;地方财政支出对中央财政的依存度逐年上升,2001—2004年地方财政支出对中央财政的依存度分别为45.7%、48.1%、48%、50.5%。① 中央对地方的转移支付仅包括税收返还和体制补助,未包括结算补助、过渡期转移

---

① 根据《中国财政年鉴》2002—2006年的相关数据计算得出。

表3-2 1978—2005年中央和地方财政支出及比重

(单位:亿元)

年份	全国财政支出	中央财政支出	地方财政支出	中央所占比重(%)	地方所占比重(%)	地方财政自给率
1978	1 122.09	532.12	589.97	47.4	52.6	1.62
1980	1 228.83	666.81	562.02	54.3	45.7	1.56
1985	2 004.25	795.25	1 209.00	39.7	60.3	1.02
1989	2 823.78	888.77	1 935.01	31.5	68.5	0.95
1990	3 083.59	1 004.47	2 079.12	32.6	67.4	0.94
1991	3 386.62	1 090.81	2 295.81	32.2	67.8	0.96
1992	3 742.20	1 170.44	2 571.76	31.3	68.7	0.97
1993	4 642.30	1 312.06	3 330.24	28.3	71.7	1.02
1994	5 792.62	1 754.43	4 038.19	30.3	69.7	0.57
1995	6 823.72	1 995.39	4 828.33	29.2	70.8	0.62
1996	7 937.55	2 151.27	5 786.28	27.1	72.9	0.65
1997	9 233.56	2 532.50	6 701.06	27.4	72.6	0.66
1998	10 798.18	3 125.60	7 672.58	28.9	71.1	0.65
1999	13 187.67	4 152.33	9 035.34	31.5	68.5	0.62
2000	15 886.50	5 519.85	10 366.65	34.7	65.3	0.62
2001	18 902.58	5 768.02	13 134.56	30.5	69.5	0.59
2002	22 053.15	6 771.70	15 281.45	30.7	69.3	0.56
2003	24 649.95	7 420.10	17 229.85	30.1	69.9	0.57
2004	28 486.89	7 894.08	20 592.81	27.7	72.3	0.58
2005	33 930.28	8 775.97	25 154.31	25.9	74.1	0.60

注:(1)中央、地方财政支出均为本级支出。
(2)本表数字2000年以前不包括国内外债务还本付息支出和利用国外借款收入安排的基本建设支出。从2000年起,全国财政支出和中央财政支出中包括国内外债务付息支出。

(3)地方财政自给率=本级财政收入/本级财政支出。
(4)资料来源:《中国统计年鉴2006》。

支付和专项拨款等,如果全部考虑的话,其依存度更高。

1994年以来,在地方财力分配格局中,省级财政的集中度逐步上升,省级财政收入占地方财政总收入的比重由1994年的17.1%提高到2005年的24.6%,平均每年提高0.63个百分点;县(市)乡财政收入占地方财政总收入的比重由1994年的41.8%下降到2005年的38.6%[①](见表3-3)。县(市)乡级政府财政收入下降的同时,却要承担与财力不相匹配的财政支出。以2005年为例,省级财政占24.6%,地市级占36.7%,县(市)乡级占38.6%;而地方财政供养人口中,省、地市、县(市)分别为12.7%、17.4%、69.9%。

表3-3 1994—2005年省、地市、县(市)乡级财政所占比重

(单位:%)

年度	1994	1995	1996	1997	1998	1999	2000	2001	2002	2003	2004	2005
省级	17.1	18.2	19.7	20.9	20.8	21.2	22.4	23.4	26.0	25.2	24.9	24.6
地市	41.0	39.6	38.2	37.5	39.1	35.4	36.5	36.7	36.1	36.3	36.9	36.7
县(市)乡	41.8	42.2	42.1	41.6	40.1	43.4	41.2	39.9	37.9	38.5	38.1	38.6

资料来源:李萍,《中国政府间财政关系图》,中国财政经济出版社2006年版,第148页。

地方政府为了弥补财政的不足,采取了预算外收费,并且成为地方政府的主要财源之一。表3-4反映的是1990—2004年地方预算外收入及其相当于地方财政收入比重的情况。从中可以看出,地方预算外收入已实实在在成为"第二财政",1990—1992年地方预算外

---

① 李萍:《中国政府间财政关系图解》,中国财政经济出版社2006年版,第148页。

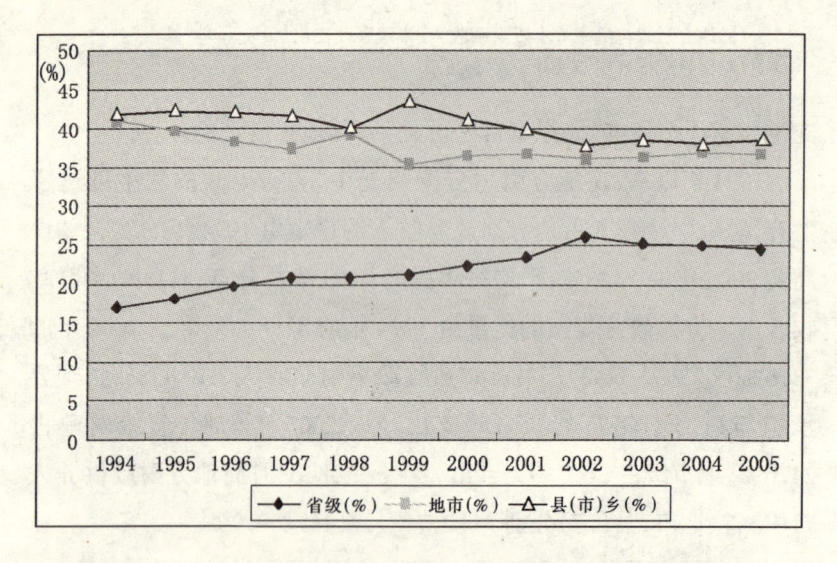

图 3-1　1994—2005 年省、地市、县(市)乡级财政所占比重变化情况

收入相当于地方财政收入的比重均超过了 80%，最高达 86%（1992年）。我国对行政机关和事业单位的收费先后进行了两次大的改革，一次是 1997 年取消了近百项不合理的收费项目；另一次是 2004 年 4 月国家发展改革委、财政部联合下发了《行政事业性收费标准管理暂行办法》（以下简称《暂行办法》），并规定 2006 年 7 月 1 日起开始执行。《暂行办法》根据收费的不同性质，明确了各类行政事业性收费的具体内涵和审核原则，取消了八类行政机关和事业单位收费。主要是：(1)部门"三定"方案已明确取消的行政审批(许可)职能，其相应的收费一律取消；(2)中央和省已明确取消的行政审批(许可)事项，其相应的收费一律取消；(3)有立法依据但不符合上位法规定的收费，按规定程序予以取消；(4)不符合建立统一市场的要求、歧视性的地方保护收费，一律取消；(5)在执行中企业、群众反映强烈的收费予以取消或降低收费标准或整顿规范；(6)行政许可事项及其收费均

表 3-4 1990—2004 年地方预算外收入情况

(单位:亿元)

年度	全国预算外收入	中央预算外收入	地方预算外收入	地方财政收入	地方预算外收入相当地方财政收入的比重(%)
1990	2 708.64	1 073.28	1 635.36	1 944.68	84
1991	3 243.30	1 381.10	1 862.20	2 211.23	84
1992	3 854.92	1 707.73	2 147.19	2 503.86	86
1993	1 432.54	245.90	1 186.64	3 391.44	35
1994	1 862.53	283.32	1 579.21	2 311.60	68
1995	2 406.50	317.57	2 088.93	2 985.58	70
1996	3 893.34	947.66	2 945.68	3 746.92	79
1997	2 826.00	145.08	2 680.92	4 424.22	61
1998	3 082.29	164.15	2 918.14	4 983.95	59
1999	3 385.17	230.45	3 154.72	5 594.87	56
2000	3 826.43	247.63	3 578.79	6 406.06	56
2001	4 300.00	347.00	3 953.00	7 803.30	51
2002	4 479.00	440.00	4 039.00	8 515.00	47
2003	4 566.80	379.37	4 187.43	9 849.98	43
2004	4 699.18	350.69	4 348.49	11 893.37	37

注:(1)1993—1995 年和 1996 年的预算外资金收入范围分别有所调整,与以前各年不可比。从 1997 年起,预算外资金收入不包括纳入预算内管理的政府性基金(收费),与以前各年也不可比。从 2004 年起,预算外资金收入为财政预算外专户收入。

(2)资料来源:《中国统计年鉴 2006》。

无法律、行政法规依据的,一律取消;(7)除法律、行政法规规定外,对行政审批(许可)事项进行监督检查的收费,一律取消;(8)行政机关

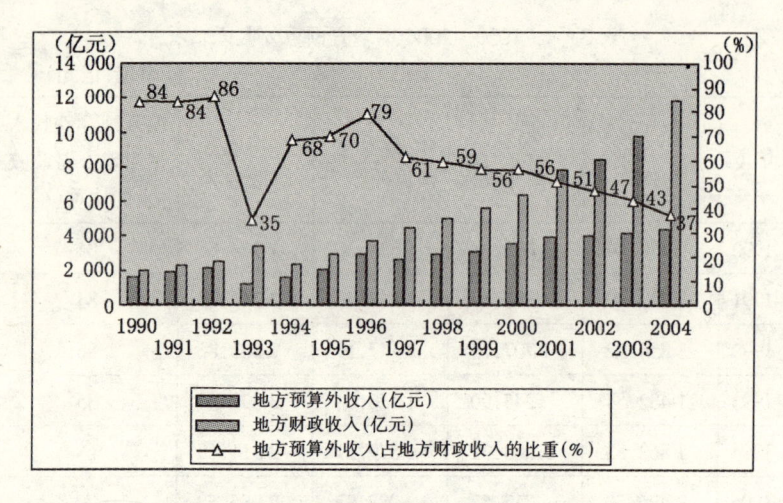

图 3-2　1990—2004 年地方预算外收入情况

提供行政许可申请书格式文本的收费,一律取消。即使这样,2004年地方预算外收入相当于地方财政收入的比重也达到了 37%。不规范的制度外收费,给我国的经济社会发展造成了严重的影响。第一,收费持续扩张,使预算内财政收入严重萎缩,大量侵蚀税收。税收负担人的承受能力是有限度的,一个国家的总税收负担率、财源和税源规模也是有限度的,税费此长彼消,收费规模的扩大,必然会抑制预算内收入的正常增长,影响了正常的分配秩序。第二,严重削弱了中央政府对经济的宏观调控能力。由于预算外收入不纳入预算管理,收费中除了一小部分"规费"收入上缴中央财政外,中央政府所占份额相当小,1997—2004 年约占 5%—9%,以 2004 年为例,中央政府仅占 7.5%,绝大部分留归地方政府,将税收职能大量外移,地方政府热衷于扩大税外收费来逃避中央政府的监督和管理,形成了中国特有的财力分配格局上的弱干强枝现象。第三,滋生了部门不正之风,严重损害了政府形象。

(二)政府间的事权划分不清,事权错位

政府之间事权的科学界定与划分,是建立科学合理财政体制和财权的基础。但是,1994年的分税制改革着眼点是调整政府间收入分配格局,而未对各级政府的事权加以界定和调整。由于我国宪法和有关法律、法规对政府间的事权划分只作了原则性规定,对各自的支出范围和责任未作出明确的界定,一般是由上一级政府根据其需要来决定下级政府的支出范围,由此造成政府间的事权与支出责任存在着严重的"错位、越位、缺位"现象。

1. 中央政府与地方政府的事权与支出责任错位

中央政府与地方政府的事权与支出责任错位主要表现在:(1)中央政府过多地承担了本属于地方政府承担的事权与支出范围。一些应当属于地方政府的支出范围,如地方能源、交通、环保、城市基础设施建设、文化等项目,中央通过各种专项资金进行补助。以2004年为例,中央的基本建设支出占中央财政支出的7.3%,对企业的支出占1.4%,分别占该项目支出的39.1%和21.2%。[1] (2)地方政府承担了本由中央政府承担的事权与支出范围。如社会保障、教育和医疗等。以2004年为例,中央财政对社会保障的支出为195.66亿元,对经济不发达地区的援助支出为8.39亿元,教育支出219.64亿元,分别仅占中央财政支出总额的10.7%、0.045%、12%,分别占该项目支出的12.8%、4.6%、6.5%。[2]

2. 省级以下政府间事权与支出责任划分模糊不清,严重"错

---

[1] 资料来源:《中国财政年鉴2005》。
[2] 根据《中国财政年鉴2005》的数据计算。

位"、"缺位"

表3-5 2002年省、地市、县(市)乡财政支出情况表

主要项目支出	各级政府的支出数额(亿元)				占全国财政支出的比重(%)		
	全国	省级	地市	县(市)乡	省级	地市	县(市)乡
基本建设	3 142.98	926.93	651.84	311.07	29.49	20.74	9.90
农业支出	954.47	240.36	169.90	451.28	25.18	17.80	47.28
教育支出	2 644.98	210.25	460.77	1 578.11	14.97	17.42	59.66
社会保障	1 017.13	55.81	369.36	187.99	40.71	35.33	18.48
行政管理	1 801.84	186.68	385.32	862.65	10.36	21.38	47.88
公检法支出	1 101.57	285.31	371.57	384.28	25.90	33.73	34.88
本级政府支出合计	22 053.15	4 330.92	4 637.28	6 313.25			

资料来源：刘海英，《地方政府间财政关系研究》，中国财政经济出版社2006年版，第56页。

中央与地方间存在的事权与支出范围交叉与错位的现象，在省级政府与省以下政府间表现得更为突出和严重，非规范化、非法制化的事权划分导致上级政府将大量的支出责任下移，与之同时又没有采取相应的财力保证措施，目前近50%的支出由县(市)级及以下政府承担，如基础教育、医疗卫生、社会保障等最基本的公共品由县(市)级及以下政府提供，县(市)级及以下政府的支出责任和支出范围过大，远超出其职责范围(见表3-5)。从表中可以看出，外溢性较强的公共品如基础教育、社会保障等支出，县(市)乡支出占全国财政支出的比重为59.66%、18.48%。

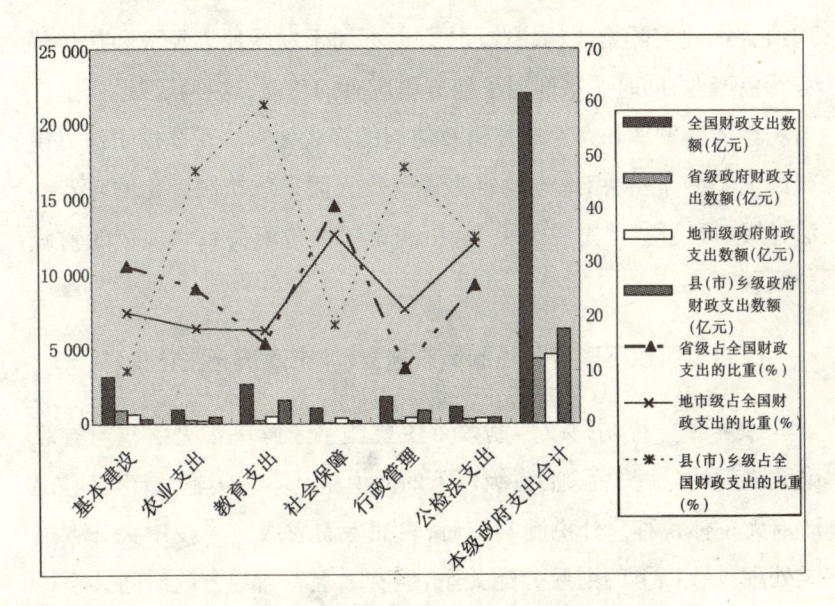

图 3-3　2002 年省、地市、县(市)乡财政支出情况

(三)地方税权高度集中于中央政府,严重削弱了地方税应有功能的发挥

分税制的实施是税权在原有框架下进行的,地方税权高度集中于中央,地方政府无独立的税权,1993 年国务院批转《工商税制改革实施方案》的通知中指出,"中央税和全国统一实行的地方税立法权集中在中央。"2002 年国务院批转《财政部关于完善省以下财政管理体制有关问题》的意见中,也没有对地方税收的立法权问题予以认可。地方政府无税权主要表现在:几乎所有的地方税种的立法权、开征权、解释权、税目税率调整权、减免权以及停征权等全部集中在中央,地方政府基本上无税收管理权限。地方政府有税无权的状况,不利于地方政府组织财政收入的积极性,不利于地方政府因地制宜处

理适合本地实际情况的税收问题,也不利于发展地方经济和扶持优势特色产业;同时严重削弱了地方税应有的功能,这种状况已不适应市场经济的发展和完善地方财政体制的客观要求。正是由于地方税权高度集中于中央,地方政府为筹措收入而采取非制度化的收费办法,导致费挤税,严重侵蚀税基,扭曲了财政分配关系和规范的财政分配秩序。

(四)省级以下政府分税制尚未建立,城市政府无主体税种

1994年分税制财政体制改革主要侧重于解决中央财政与省级财政之间的分配关系,而省级以下的分税制基本未实施,城市(地方)政府无主体税种。分税制实施后,表面上看省级政府按中央—省模式处理省级以下的财政分配关系,但实际上省与地方政府间共享税的范围扩大到几乎所有的税种。即使是税收较少的小税种如城镇土地使用税、耕地占用税、土地增值税、房产税、城市房地产税、车船使用税等,绝大多数省份也是采取了与县(市)地方政府分享的做法,地方政府无独立税源。2002年实施完善省以下财政管理体制改革后,情况也没有改变;特别是2004年国家取消农业税和除烟叶外农业特产税后,县(市)地方政府税源更少。从各省与县(市)地方政府对共享税的划分来看,大体有三种方式①:(1)按比例分享。全国有北京、天津、河北、山西、辽宁、吉林、黑龙江、河南、山东、湖北、广西、重庆、海南、陕西、甘肃等15个省、直辖市、自治区政府采用这种方式与县(市)地方政府共享收入;其共享比例有"五五"、"四六"、"三七"等。(2)按隶属关系划分。目前有浙江、安徽、江西3个省和上海市采用

---

① 李萍:《中国政府间财政关系图解》,中国财政经济出版社2006年版,第134页。

这种方式。(3)按比例和隶属关系划分。采用这种模式的有内蒙古自治区、江苏、福建、湖南、广东、云南、四川、贵州、西藏自治区、青海、宁夏回族自治区、新疆维吾尔自治区等12个省区。

在地方税收入结构中，营业税占的比重最高，全国平均为27.56%，其次是增值税为17.77%，第三是企业所得税为11.73%，而房地产税仅为10.69%，房地产税占地方税收总额10%以下的省区达16个，其中有8个省区在8%以下(见表3-6)。地方税收入较高的增值税和企业所得税，正是中央财政的主体税源，以2005年为例，中央税收中增值税7 931.35亿元，企业所得税3 204.03亿元①，分别占中央财政收入的47.93%和19.36%。

在城市税收结构中，其情况也大体相当，其主要税收来源具有趋同性，营业税是城市财政收入的"当家税种"，居城市财政收入的首位。在4个直辖市中，营业税占地方税收入的比重约为35%—45%，北京占的比重最高(2004年为44.97%，2005年为43.31%)；即使是最低的天津市，也占到地税收入的35%以上(见表3-7、表3-8、表3-9)。北京和上海市企业所得税构成地方税收第二税源；增值税是天津和重庆市的第二税源。

在计划单列市中，税种结构也呈相似性，营业税成为5个计划单列市的第一税源，且呈逐年上升趋势。如大连市从2001年的27.64%上升到2004年的38.41%，其他城市的情况也大致一样。企业所得税在2002年以前是城市税收的第二大税源，但2002年国家调整了企业所得税分享方案后，其所得税在税收收入中的地位开始下降，从过去的第二位降至第四位，排在房地产税收之后。如大连市

---

① 资料来源：《中国统计年鉴2006》。

表 3-6 2005年各省市自治区地方主要税种及占地方财政收入比重情况
(单位:亿元)

地区	收入合计	增值税 收入	（%）	营业税 收入	（%）	企业所得税 收入	（%）	房地产税 收入	（%）
地方合计	14 884.22	2 644.22	17.77	4 102.82	27.56	1 745.90	11.73	1 590.60	10.69
北京	919.21	97.60	10.62	383.76	41.75	164.76	17.92	102.31	11.13
天津	331.85	64.24	19.36	96.45	29.07	41.42	12.48	28.81	8.68
河北	515.70	121.03	23.47	105.28	20.41	53.37	10.35	34.02	6.60
山西	368.34	102.70	27.89	60.70	16.48	36.99	10.04	15.59	4.23
内蒙古	277.46	48.45	17.46	78.27	8.21	19.36	6.98	25.26	9.10
辽宁	675.28	113.06	16.74	164.68	24.39	72.20	10.69	83.16	12.32
吉林	207.15	39.53	19.08	47.59	22.97	13.92	6.72	20.33	9.82
黑龙江	318.21	85.02	26.72	59.56	18.72	18.58	5.84	25.59	8.04
上海	1 417.40	226.12	15.95	512.93	36.19	249.15	17.58	175.25	12.36
江苏	1 322.68	265.57	20.08	342.82	25.92	177.70	13.43	162.62	12.30
浙江	1 066.60	204.23	19.15	324.33	30.41	167.92	15.74	134.19	12.58
安徽	334.02	57.72	17.29	78.10	23.38	30.08	9.01	36.69	10.99
福建	432.60	73.13	16.90	124.61	28.80	54.26	12.54	48.09	11.12
江西	252.92	33.87	13.39	62.84	24.85	17.41	6.88	28.89	11.42
山东	1 073.13	193.00	17.99	217.79	20.30	110.83	10.33	159.80	14.89
河南	537.65	87.97	16.36	111.60	20.76	51.56	9.59	46.65	8.68
湖北	375.52	65.91	17.55	91.33	24.32	39.06	10.40	35.68	9.50
湖南	395.27	58.93	14.91	94.25	23.84	21.83	5.52	40.55	10.26
广东	1 807.20	323.59	17.91	555.77	30.75	236.45	13.08	183.44	10.15
广西	283.04	39.33	13.89	68.38	24.16	18.54	6.55	32.19	11.37
海南	68.68	9.74	14.18	23.68	34.48	4.53	6.59	7.78	11.33
重庆	256.81	33.65	13.11	70.20	27.34	13.98	5.44	28.02	10.91

四川	479.66	71.07	14.82	134.76	28.10	39.94	8.33	54.02	11.26
贵州	182.50	31.37	17.19	46.31	25.37	16.08	8.81	12.14	6.65
云南	312.65	56.02	17.92	67.64	21.64	33.35	10.67	22.38	7.16
西藏	12.03	1.18	9.83	4.87	40.50	0.89	7.38	0.39	0.33
陕西	275.32	55.34	20.10	69.27	25.16	20.59	7.48	19.73	7.17
甘肃	123.50	25.33	20.51	31.59	25.58	8.43	6.83	8.25	6.68
青海	33.82	7.84	23.17	10.02	29.62	2.54	7.51	18.95	5.60
宁夏	47.72	8.73	18.30	15.76	33.02	2.61	5.46	3.67	7.69
新疆	180.32	42.94	23.81	47.67	26.43	7.58	4.20	13.57	7.52

注：(1)资料来源：《中国统计年鉴2006》。
(2)房地产税包括房产税、城镇土地使用税、土地增值税、耕地占用税和契税；天津未征土地增值税。

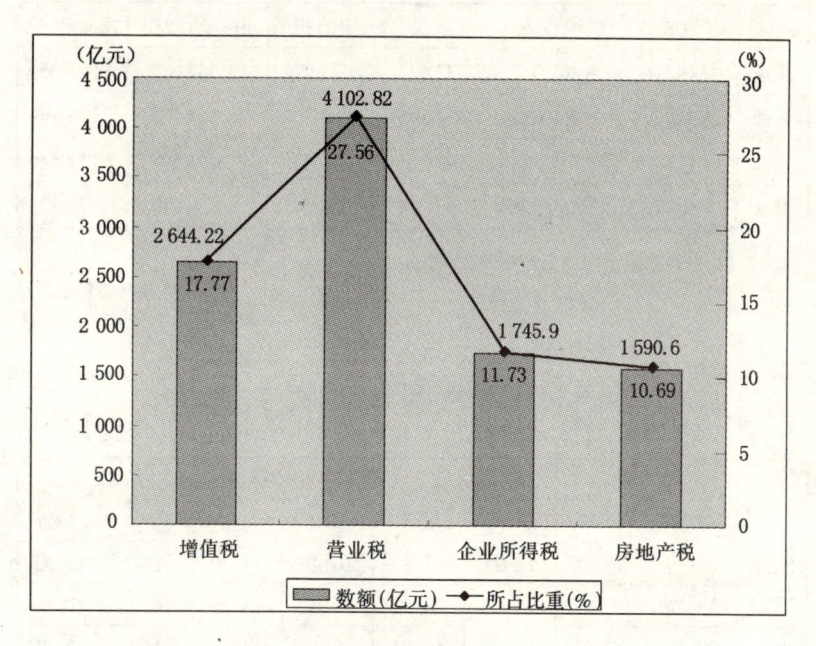

图3-4 2005年地方主要税种及占地方财政收入比重

增值税：2 644.22亿元，17.77%
营业税：4 102.82亿元，27.56%
企业所得税：1 745.9亿元，11.73%
房地产税：1 590.6亿元，10.69%

表 3-7 2004 年直辖市主要税种及财政收入情况

(单位:万元)

	财政收入	地税收入	营业税	增值税	企业所得税	房地产税
北京	7 444 874	7 408 099	3 331 645	831 922	1 216 973	826 160
天津	2 461 800	2 191 990	783 942	527 313	321 246	224 124
上海	11 061 932	11 268 976	4 424 582	1 993 832	2 049 897	1 295 313
重庆	2 006 241	1 483 220	585 417	293 187	111 487	185 624

注:(1)资料来源:《中国统计年鉴 2005》。
(2)房地产税包括房产税、城镇土地使用税、土地增值税、耕地占用税和契税。

表 3-8 2005 年直辖市主要税种及财政收入情况

(单位:万元)

	财政收入	地税收入	营业税	增值税	企业所得税	房地产税
北京	9 192 098	8 861 312	3 837 623	975 976	1 647 615	1 023 055
天津	3 318 507	2 708 037	964 545	642 377	414 157	288 149
上海	14 173 976	13 528 267	5 129 265	2 261 236	2 491 494	1 752 519
重庆	2 568 072	1 769 858	702 018	336 548	139 817	280 235

注:(1)资料来源:《中国统计年鉴 2006》。
(2)房地产税包括房产税、城镇土地使用税、土地增值税、耕地占用税和契税。

表 3-9 2004—2005 年营业税、增值税、
企业所得税、房地产税占地税收入的比重

(单位:%)

	营业税		增值税		企业所得税		房地产税	
	2004	2005	2004	2005	2004	2005	2004	2005
北京	44.97	43.31	11.23	11.01	16.43	18.59	11.15	11.55
天津	35.76	35.62	24.06	23.72	14.65	15.29	10.22	10.64
上海	39.26	37.92	17.69	16.71	18.12	18.42	11.49	12.95
重庆	39.47	39.67	19.77	19.02	7.52	7.90	12.51	15.83

企业所得税从2001年的20.46%下降到2004年的10.2%;房地产税收从2001年的8.61%上升至2004年的13.63%。深圳市的情况是例外,主要是因为深圳市未征收城镇土地使用税、土地增值税而使房地产税收总量减少;深圳市以土地使用费和土地增值费替代了城镇土地使用税、土地增值税,若将二费计算进去,其房地产税收占的比重会大大提高。有关5个计划单列市的情况见表3-10至表3-14。

表3-10 2001—2004年大连市主要税种及占财政收入比重情况

(单位:万元)

	财政收入	营业税		企业所得税		房地产税	
		数额	比重(%)	数额	比重(%)	数额	比重(%)
2001	951 615	263 020	27.64	194 745	20.46	81 914	8.61
2002	987 573	333 077	33.73	111 509	11.29	102 555	10.38
2003	1 105 405	385 413	34.87	96 637	8.74	123 145	11.14
2004	1 171 712	450 024	38.41	119 511	10.20	159 647	13.63

注:(1)根据《中国财政年鉴》2002—2005年的数据计算。
(2)房地产税包括房产税、城镇土地使用税、土地增值税、耕地占用税和契税。

表3-11 2001—2004年宁波市主要税种及占财政收入比重情况

(单位:万元)

	财政收入	营业税		企业所得税		房地产税	
		数额	比重(%)	数额	比重(%)	数额	比重(%)
2001	991 092	230 545	23.26	399 262	40.29	71 778	7.24
2002	1 118 368	82 352	28.55	232 835	20.82	122 628	10.96
2003	1 394 162	93 991	29.63	241 704	17.34	166 910	11.97
2004	1 517 490	114 733	36.91	343 684	22.65	221 593	14.60

注:(1)根据《中国财政年鉴》2002—2005年的数据计算。
(2)房地产税包括房产税、城镇土地使用税、土地增值税、耕地占用税和契税。

表 3-12 2001—2004 年深圳市主要税种及占财政收入比重情况

(单位:万元)

	财政收入	营业税		企业所得税		房地产税	
		数额	比重(%)	数额	比重(%)	数额	比重(%)
2001	2 624 944	893 731	34.05	646 174	24.62	100 677	3.84
2002	2 659 287	1 021 602	38.42	439 981	16.55	190 501	7.16
2003	2 908 370	1 184 728	40.74	380 418	13.08	207 054	7.12
2004	3 214 680	1 400 768	43.57	423 118	13.16	256 874	7.99

注:(1)根据《中国财政年鉴》2002—2005 年的数据计算。
(2)房地产税包括房产税、耕地占用税和契税;深圳市未征城镇土地使用税、土地增值税。

表 3-13 2001—2004 年厦门市主要税种及占财政收入比重情况

(单位:万元)

	财政收入	营业税		企业所得税		房地产税	
		数额	比重(%)	数额	比重(%)	数额	比重(%)
2001	635 864	167 156	26.29	151 047	23.75	57 375	9.02
2002	624 199	218 886	35.07	84 624	13.56	69 879	11.20
2003	701 456	228 026	32.51	91 361	13.02	82 272	11.73
2004	650 153	240 407	36.98	118 274	18.19	95 466	14.68

注:(1)根据《中国财政年鉴》2002—2005 年的数据计算。
(2)房地产税包括房产税、城镇土地使用税、耕地占用税和契税;厦门未征土地增值税。

我国省级、城市税收结构呈现高度的一致性和趋同性,且与中央税收结构基本相同。城市的主体税源为营业税、增值税、企业所得税和房地产税,实际上,增值税和企业所得税是中央与地方的共享税,二税占中央税收总额的 65% 以上,特别是 2002 年所得税分享方式调

表3-14　2001—2004年青岛市主要税种及占财政收入比重情况

（单位：万元）

	财政收入	营业税		企业所得税		房地产税	
		数额	比重(%)	数额	比重(%)	数额	比重(%)
2001	942 893	237 181	25.15	241 133	25.57	77 855	8.26
2002	1 007 193	306 369	30.42	129 225	12.83	114 040	11.32
2003	1 201 483	376 913	31.37	120 726	10.05	168 711	14.04
2004	1 305 136	418 990	32.10	175 130	13.42	246 953	18.92

注：(1)根据《中国财政年鉴》2002—2005年的数据计算。
(2)房地产税包括房产税、城镇土地使用税、土地增值税、耕地占用税和契税。

整后，二税难以支撑地方财源。营业税占省级税收的比重较高，以2005年为例，占省级财政的27.56%，应当是省级财政的主体税种；同时营业税的征税范围有限，征增值税的领域不征营业税，它是作为增值税改革后在某些领域继续保留的一个税种，税收缺乏可持续性和弹性，随着分税制的逐步完善，营业税将从城市政府主体税种中退出。城市主体税种的选择是完善我国分税制的一个重要方面，如何选择城市主体税种？一是税基稳定且具有非流动性；二是税收具有适度的弹性和持续性。因此，应将房地产税（财产税）培育成城市财政的主体税种。但是，目前房地产税制结构不合理，房地产税收体系还很不完善，在城市财政收入中所占的比重还较低。考察5个计划单列市房地产税收（主要分析直接来源于房地产的税收）情况，房地产税收占地方财政收入的比重仅为7.12%—14.68%（见表3-15至表3-19），房地产税收占地方财政收入最高的是青岛市，2001—2004年分别为8.26%、11.32%、14.04%、18.92%。其他城市一般占10%左右。以房地产税收收入较高的2005年为例，最高的是青岛市为

18.92%,最低的是深圳市仅为7.99%(深圳市未开征土地使用税、土地增值税,降低了房地产税收收入)。5个计划单列市2005年房地产税收占地方财政收入平均为13.37%。同时,耕地占用税是一次性征收的税收,每年随耕地征收转用的数量而不同,具有不稳定、难以持续增长的特征,如果不计算耕地占用税的话,房地产税收占地方财政收入的比重则更低。随着财政体制的改革,城市财政必须有其固定的且能持续增长的地方税种,根据国际经验和我国的实际,应对房地产税收进行改革和完善,并将其逐步培育为地方主体税种。

表3-15 2001—2004年大连市房地产税收及占财政收入比重

(单位:万元)

	财政收入	房产税	土地使用税	土地增值税	契税	耕地占用税	房地产税合计	占财政收入的比重(%)
2001	951 615	47 524	7 320	688	25 317	1 065	81 914	8.61
2002	987 573	58 243	8 068	4 155	30 029	2 060	102 555	10.38
2003	1 105 405	59 656	9 559	9 797	39 571	4 562	123 145	11.14
2004	1 171 712	66 373	9 865	16 989	59 495	6 925	159 647	13.63

资料来源:《中国财政年鉴》2002—2005年数据。

表3-16 2001—2004年宁波市房地产税收及占财政收入比重

(单位:万元)

	财政收入	房产税	土地使用税	土地增值税	契税	耕地占用税	房地产税合计	占财政收入的比重(%)
2001	991 092	24 611	2 594	366	32 883	11 324	71 778	7.24
2002	1 118 368	29 586	3 067	2 254	65 697	22 024	122 628	10.96

2003	1 394 162	33 449	3 781	6 781	92 395	30 504	166 910	11.97
2004	1 517 490	40 380	5 352	25 553	103 757	46 551	221 593	14.6

资料来源:《中国财政年鉴》2002-2005年数据。

表3-17 2001—2004年深圳市房地产税收及占财政收入比重

(单位:万元)

	财政收入	房产税	土地使用税	土地增值税	契税	耕地占用税	房地产税合计	占财政收入的比重（%）
2001	2 624 944	67 162	0	0	32 886	629	100 677	3.84
2002	2 659 287	84 628	0	0	105 000	873	190 501	7.16
2003	2 908 370	101 579	0	0	105 000	475	207 054	7.12
2004	3 214 680	126 029	0	0	130 000	845	256 874	7.99

注:(1)资料来源:《中国财政年鉴》2002—2005年数据。
(2)深圳市未开征土地使用税、土地增值税。

表3-18 2001—2004年厦门市房地产税收及占财政收入比重

(单位:万元)

	财政收入	房产税	土地使用税	土地增值税	契税	耕地占用税	房地产税合计	占财政收入的比重（%）
2001	635 864	31 194	4 143	0	20 384	1 654	57 375	9.02
2002	624 199	37 476	4 451	0	25 208	2 744	69 879	11.20
2003	701 456	40 373	4 997	0	34 655	2 247	82 272	11.73
2004	650 153	42 876	5 690	0	42 509	4 391	95 466	14.68

资料来源:《中国财政年鉴》2002—2005年数据。

表 3-19 2001—2004 年青岛市房地产税收及占财政收入比重

(单位:万元)

	财政收入	房产税	土地使用税	土地增值税	契税	耕地占用税	房地产税合计	占财政收入的比重(%)
2001	942 893	37 849	14 994	4 374	15 530	5 108	77 855	8.26
2002	1 007 193	47 536	17 530	9 704	27 268	12 002	114 040	11.32
2003	1 201 483	55 446	23 540	22 019	47 961	19 745	168 711	14.04
2004	1 305 136	61 732	30 115	24 680	86 704	43 722	246 953	18.92

资料来源:《中国财政年鉴》2002—2005 年数据。

第四章 城市主体财源的基础：房地产业分析

房地产业是国民经济的先导性、基础性产业，关联度高，带动力强，在国民经济发展中具有重要的地位和作用。在许多发达国家和地区，房地产业是国民经济的支柱产业，房地产业是城市财政收入的主要来源。

一 房地产业的地位和作用

(一)房地产及其特征

房地产是指土地、房屋及其附属物以及它们内含的各种财产权益。房地产主要有土地、房屋、房地合一的综合房地产三种存在形态，房地产价值主要用流量和存量方式来衡量，流量是指每年竣工的新建筑物价值减去因毁损或废弃而灭失的房地产价值；存量是指所有的建筑物和土地的价值之和，是国民财富的主要构成部分。而土地是不可再生资源，其价值只能用存量而不能用流量指标来表示。房地产具有不同于其他财产的特性，主要有：(1)自然特性。首先，房地产具有空间位置不可移动性。正由于此，房地产通常也称"不动产"。其次，使用期限长。土地具有不可毁灭性，在使用上具有永续性;房屋的使用期限也相当长,房地产的寿命耐久性,可以给其所有者或占有者带来持续不断的利益。最后,稀缺性和有限性。土地是大自然赋予人类的,具有不可再生的特点,其面积是有限的,这决定了房地产的有限性。(2)经济特性。首先,房地产价值具有累积性。房地产价值是一个不断累积的过程,正如马克思所指出的那样,"因为土地本身是作为生产工具起作用的……土地的优点是,各个连续的投资能够带来利益,而不会使以前的投资丧失作用。"[1] 其次,具有投资和消费的双重性质。房地产作为投资品,其价格是由资产市场决定的,即由房地产使用市场上的租金水平(投资回报率)决定的;房地产作为消费品,是由人们的收入水平或支付力来决定的。最后,具有保值、增值的特性。房地产的保值性是指投入房地产的增值速度能抵消货币贬值速度;房地产的增值性是指房地产利用或交易过程中发生的房地产价格上升或超额利润的增加。房地产保值、增值是呈螺旋形上升的,并不是呈直线上升的。(3)社会特性。房地产的社会特性主要表现在社会财富性。房地产是衡量一个国家富裕程度的重要标志,如美国房地产占社会总财富的38.9%,世界的平均水平为50%。[2] 房地产产业增加值对国内生产总值的贡献也较大,以经济合作与发展组织成员国家(OECD)为例,房地产业的增加值占整个GDP的5%—9%,而这些相关服务的最终消费占整个GDP的5%—12%。以2003年为例,美国12.1%,英国和韩国11.8%,日本10.3%,加拿大10%。

---

[1] 《马克思恩格斯全集》第25卷,人民出版社1975年版,第879—880页。
[2] 查尔斯·E.温茨巴奇著,任淮秀等译:《现代不动产》,中国人民大学出版社2001年版,第14页。

(二)房地产业及其特征

房地产业是指从事房地产投资、开发、经营、管理和服务的行业。它可分为房地产投资开发业和房地产服务业;房地产服务业又分为咨询、价格评估、房地产经纪和物业管理等。其中,房地产咨询、价格评估和经纪归为房地产中介服务业。1986年联合国修正的《全部经济活动产业分类的国际标准》中,把经济活动分为十大类,其中房地产业被列为第八类,由出租和经营房地产、进行土地功能分区和房地产开发、通过合同或收费方式经营的租赁、买卖、管理、评估房地产的代理人、经理人和管理几个部分组成。在我国国民经济产业体系中,房地产业归属第三产业,这是根据社会生产活动发展的顺序对产业的分类。

房地产业作为国民经济中的一个独立产业部门,有其自身的内在运行规律和产业特征。(1)房地产业具有地域性。由于房地产是不动产,空间位置不可移动,决定了房地产的生产、流通、消费等都是在同一地点完成,房地产市场是一个区域性强的市场,房地产业的规模、发展速度、价格等因受本地区社会经济发展水平的影响而产生较大的地区差别。(2)房地产业具有周期性。房地产业属于基础性行业,其投资属固定资产投资领域,房地产业与宏观经济运行的周期一样,在其发展过程中也客观存在着周期波动规律。(3)房地产业关联度高。房地产业与国民经济其他部门有着密切的联系,房地产产业链相当长,它的发展能带动建筑业、建材业、化工、金融保险业及家电业等许多部门的发展。

(三)房地产业的地位及作用

房地产业在国民经济和社会发展中具有相当重要的地位和作用,它的发展与国民经济发展紧密相关。房地产业的健康、有序发展,能推动国民经济可持续发展和社会的进步;社会经济的发展对房地产业的发展有巨大的促进作用。房地产业在国民经济和社会发展中具有相当重要的地位和作用,主要表现在:(1)房地产业是国民经济的基础性产业。首先,房地产业是社会生产和社会生活必不可少的物质条件。房地产是社会经济中重要的生产要素,人们无论从事任何经济活动,都需要以房地产为依托。同时,房地产业的投资规模、结构和效益直接决定并影响国民经济各部门、各行业的规模、速度和效益。其次,房地产业是城市经济发展的重要物质基础。房地产业的发展能优化城市空间结构和产业布局,提高城市集聚效益;房地产业的发展能提高资源的配置效率,改善投资环境,促进城市经济的可持续发展。最后,房地产业的发展能为国民经济发展积累资金。房地产业是一个高附加值的产业,政府通过城市土地垄断、土地出让以及对房地产征税积累大量的财政资金,为国民经济的发展提供财力支持。(2)房地产业是国民经济支柱性产业。一是房地产业对国民经济的贡献度大。在国外,房地产税是国家财政收入的重要来源。房地产税在 16 个经济合作发展组织成员国家中占 GDP 的 1.44%,在 23 个发展中国家中占 GDP 的 0.42%,在转型国家中占 GDP 的 0.54%。房地产税占地方政府本级财政收入的比重也较高,16 个经济合作发展组织国家中占 17.9%;发展中国家占 19.1%;转型国家中占 8.8%。如澳大利亚 60%,加拿大 53.3%,日本 45.3%,阿根廷

35%,美国29%,南非21%,德国15.5%,墨西哥13%。[1] 二是房地产业关联度高。房地产业的发展对建筑业、建材业及金融业等行业有巨大的拉动作用。据统计,房地产业的发展对相关产业的拉动系数为1:1.7至1:2.2。[2] (3)健康发展的房地产业具有社会"稳定器"的作用。房地产是人类生存和发展必备的物质资料,人们只有"安居",才能"乐业","居者有其屋"是构建和谐社会的重要前提;同时,房地产业属劳动密集型产业,房地产业不仅具有稳定增长的直接吸纳就业能力,而且具有引致间接就业的乘数效应,能吸纳更多的劳动者就业。房地产业的发展对促进社会的稳定和和谐具有相当重要的作用。

二 我国房地产业效益分析

(一)房地产业对国民经济的贡献

房地产业是国民经济的先导性、基础性产业,其产业关联高,带动力强,在国民经济发展中是有重要的地位和作用的。我国的房地产业从20世纪90年代初至今有了飞速的发展,尤其是近几年房地产业在国民经济中的分量越来越重,对经济增长的贡献也越来越明显。因此,需要将房地产业对国民经济的贡献进行量化分析,以更好地认识房地产业的发展。本书主要研究了房地产业对国民经济的直接贡献,采用房地产业增加值占GDP的比重和房地产业增加值对GDP的贡献度两个指标进行分析。

---

[1] 丁成日:"房地产税与'三大关系'",《中国财经报》2006年1月24日(07)。
[2] 田敏:"房地产产业化对相关产业的带动研究",《西南民族大学学报》(人文社科版)2004年第12期。

1. 房地产业增加值占 GDP 的比重

国内生产总值(GDP)指按市场价格计算的一个国家(或地区)所有常住单位在一定时期内生产活动的最终成果。国内生产总值有三种表现形态,即价值形态、收入形态和产品形态。增加值是指生产货物或提供服务的过程中创造的新价值及固定增产折旧,它是以货币形式表现的一个行业经济活动的最终成果。由于 GDP 包括三次产业在内的所有行业和部门,在价值形态上等于国民经济各部门生产的增加值之和,因此,增加值占 GDP 的比重是衡量产业在国民经济中的地位的重要指标。

1996 年至 2004 年房地产业增加值占 GDP 的比重稳定在 1.69%—2.03%,从 1998 年至今,房地产业增加值占 GDP 的比重开始上升,到 2003 年达到了 2.03%(见表 4-1)。这期间,国家在 1998 年下半年停止住房实物分配,逐步实现住房分配的货币化,使房地产向商品化、市场化发展,在这一过程中,住宅业成为新的经济增长点和消费热点,极大地推动了房地产业的迅速发展,拉动了整个国民经济的增长。但是,从总体上看,房地产业增加值占 GDP 的比重明显偏低,离支柱产业的标准还有很大距离。

表 4-1 1996—2004 年房地产业增加值占 GDP 的比重

年份	1996	1997	1998	1999	2000	2001	2002	2003	2004
GDP(亿元)	67 885	74 462.6	78 345.2	82 067.5	89 468.1	97 314.8	105 172.3	117 390.2	136 876
产业增加值(亿元)	1 149.3	1 258.8	1 452.6	1 528.4	1 690.4	1 885.4	2 098.2	2 377.6	2 712
占 GDP 的比重(%)	1.69	1.69	1.85	1.86	1.89	1.94	2.00	2.03	1.98

数据来源:《中国统计年鉴》1997—2006 年的数据。

房地产业的增加值占 GDP 的比重明显偏低,主要是因为我国房地产业的增加值核算体系不科学。我国现行房地产业核算的基础资料主要反映的是房地产开发经营企业,未包括房地产管理业和房地产中介业;同时居民自有住房的消费也没有计入至房地产业增加值。

根据以上分析,不少专家学者认为我国房地产业增加值应至少低估了 3—4 个百分点。在此,借鉴有关学者[①] 的研究思路,对 1997—2003 年的相关数据进行了调整,调整的基本思路为:假设有关学者[②] 研究的 1996 年房地产业的增加值占 GDP 的比重 5% 是合理的,则以 1996 年的数据为基准,以其他年份与 1996 年房地产业增加值占 GDP 的相对比重对其他年份房地产业的增加值占 GDP 的比重进行调整,计算公式如下:

第 i 年调整的房地产业的增加值占 GDP 的比重

$$= \frac{\text{第 i 年未调整的房地产业的增加值占 GDP 的比重}}{\text{1996 年未调整的房地产业的增加值占 GDP 的比重}} \times 5\%$$

调整后,1997 年至 2004 年房地产业的增加值占 GDP 的比重稳定在 5%—6%,其中 1996 年和 1997 年维持在最低水平 5%,2003 年的比重最高,为 6%,调整后的比重比调整前上升了 3 个百分点,更能准确显示房地产业在国民经济中的分量(见表 4-2)。从第一次全国经济普查的统计数据可以证明,房地产业增加值 2004 年修正后达到了 7 174 亿元,与修正前的 2 712 亿元相比,足足提高了 4 462 亿元,修正后房地产业增加值占 GDP 的比重也由 1.99% 上升到了 4.49%,提高了 2.5 个百分点,这说明以前房地产业对国民经济的贡献被大大低估。

[①] 况伟大:"公共政策与我国房地产业的发展",《税务研究》2004 年第 9 期。
[②] 许宪春、李文政:"中国房地产业核算的现状、存在的问题和改革设想",《研究参考资料》1999 年第 54 期。

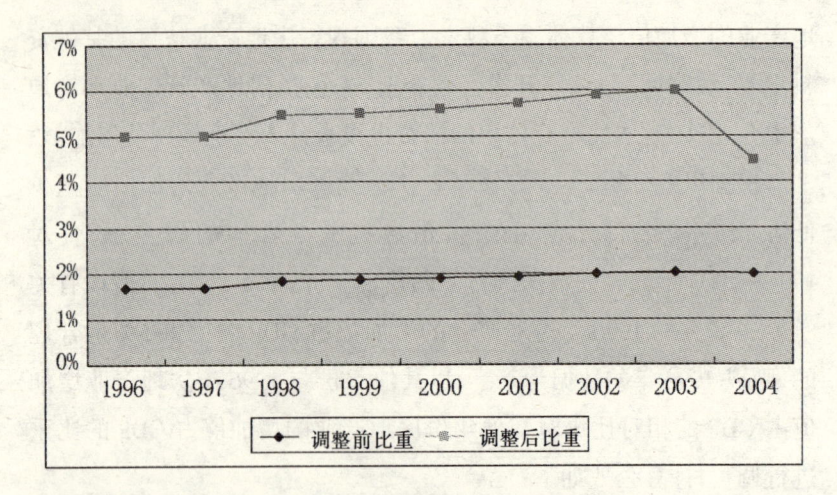

图 4-1　1997 年至 2004 年调整前后中国房地产业增加值占 GDP 的比重

表 4-2　1997—2004 年房地产业增加值占 GDP 的比重

年份	1997	1998	1999	2000	2001	2002	2003	2004
GDP（亿元）	74 462.6	78 345.2	82 067.5	89 468.1	97 314.8	105 172.3	117 390.2	159 878
房地产业增加值（亿元）	1 258.8	1 452.6	1 528.4	1 690.4	1 885.4	2 098.2	2 377.6	7 174
占 GDP 的比重(%)	5.0	5.47	5.5	5.59	5.73	5.92	6.0	4.49

注：(1)数据来源：《中国统计年鉴》2000—2006 年的数据；《第一次全国经济普查主要数据公报》(2006)。

(2)房地产业增加值占 GDP 的比重采用调整后的数据；为保证数据的一致性，1997—2003 年采用未修正的数据，2004 年采用第一次全国经济普查后修正的数据。2004 年房地产业增加值占 GDP 的比重未作调整。

2. 房地产业增加值对 GDP 的贡献

房地产业增加值对 GDP 的贡献度是用来衡量房地产业的增长率与经济增长率之间的关系，贡献率越高，说明房地产业的增长对国民经济的增长影响越大。我国从 1998 年全面推行住房分配货币化改革至今,房地产业快速发展,房地产业增长是经济增长的重要力量。

根据奎因(Syrquin,1986)总增长率与产业增长率之间的模型,某产业部门对 GDP 的增长贡献率为该产业的增长率乘以该产业在 GDP 中所占的比重。由此可知,房地产业对 GDP 的增长贡献率即为其增加值的增长率与增加值在 GDP 中所占的比重之积。据此分析了 1998 年至 2004 年房地产业对经济增长的贡献率,分析表明,GDP 增长率与房地产业的贡献率大致表现出正向相关的关系,1999 年 GDP 的增长率为 7.1%,房地产业的贡献率为 0.58%,2004 年 GDP 的增长率为 9.5%,房地产业的贡献率为 0.85%。房地产业对 GDP 的贡献率逐年上升。

表 4-3 1998—2004 年房地产业对经济增长的贡献率

(单位:%)

年份	1998	1999	2000	2001	2002	2003	2004
GDP 增长率	7.8	7.1	8	7.5	8.3	9.5	9.5
房地产业贡献率	0.63	0.58	0.62	0.64	0.66	0.68	0.85

注:(1)数据来源:《中国统计年鉴 2006》。
(2)房地产业增加值占 GDP 的比重采用调整后的数据。
(3)为保证数据的一致性,1997—2004 年采用未修正的数据。

(二)房地产开发企业经营效益分析

1. 房地产企业总体情况

截至 2004 年末,全国共有房地产业企业法人单位 12.9 万个,年末就业人员 396.3 万人,占全国就业人员的比重为 1.8%;房地产业个体经营户3.8万户,就业人员9.1万人。其中分行业看,房地产开发经营企业比重最大,其法人单位数和从业人数在房地产业中所占比重分别为45.7%和40%。

2004年末,房地产业企业法人单位资产合计为69 774.7亿元,负债合计为50 653.0亿元,所有者权益合计为19 121.7亿元。房地产业企业法人单位的资产负债率为72.6%,分行业看,房地产开发经营业为74.1%,物业管理业为62.5%,中介服务业为54.9%,其他房地产业为61.0%。

2004年,房地产业企业法人单位主营业务收入为14 740.6亿元,利润总额1 225.5亿元。房地产业个体经营户营业收入为51.9亿元。房地产业内部分行业情况见表4-4。

表4-4 2004年末房地产企业情况表

	法人单位(万个)	就业人数(万人)	资产合计(亿元)	负债合计(亿元)	所有者权益合计(亿元)	主营业务收入(亿元)	利润总额(亿元)
合计	12.9	396.3	69 774.7	50 653.0	19 121.7	14 740.6	1 225.5
房地产开发经营	5.9	158.5	61 790.0	45 784.1	16 005.9	13 315.0	1 035.2
物业管理	3.2	143.4	2 779.6	1 736.1	1 043.5	682.1	41.2
房地产中介服务	2.0	23.5	718.3	394.1	324.2	211.1	46.6
其他房地产活动	1.8	70.9	4 486.8	2 738.7	1 748.1	532.4	102.5

数据来源:《第一次全国经济普查主要数据公报》(2006)。

2. 房地产开发企业经营效益分析

从房地产企业经营效益看,2000年扭转了全面亏损状况,销售利税率、投资利税率逐年提高(具体见表4-5、表4-6)。以2005年为例,分别达到13.23%和12.28%。但与房地产投资占GDP、固定资产投资的比重不相称,经营效益增长大大低于房地产投资增长幅度,这说明房地产开发投资的效益还较低。

表4-5 房地产开发企业(单位)经营情况

(单位:万元)

年份	经营总收入	土地转让收入	商品房屋销售收入	房屋出租收入	其他收入	经营税收及附加	营业利润	销售利税率(%)
1999	30 260 108	1 032 492	25 550 245	627 408	3 049 963	1 453 611	-350 926	3.64
2000	45 157 119	1 296 054	38 968 215	953 237	3 939 613	2 145 704	732 836	6.37
2001	54 716 555	1 889 894	47 294 194	1 173 453	4 359 014	2 734 549	1 254 738	7.29
2002	70 778 478	2 251 311	61 457 990	1 445 728	5 623 449	3 701 458	2 529 148	8.80
2003	91 372 734	2 797 200	81 536 881	1 643 335	5 395 318	4 937 227	4 303 655	10.11
2004	133 144 608	4 100 917	117 522 041	3 055 765	8 465 884	4 130 409	8 579 651	9.95
2005	147 693 468	3 414 314	133 167 682	2 902 876	8 208 596	8 452 536	11 091 896	13.23

注:(1)经营总收入=土地转让收入+商品房屋销售收入+房屋出租收入+其他收入,2004年未包括经营税金。
(2)资料来源:《中国统计年鉴》2000—2006年的数据。

表4-6 房地产开发投资利税率

(单位:亿元)

年份	房地产投资总额	经营税收及附加	营业利润	房地产投资利税率(%)
1999	4 103.2	145.36	-35.09	2.69
2000	4 984.05	214.57	73.28	5.78
2001	6 344.11	273.45	125.47	6.29
2002	7 790.92	370.15	252.91	8.00
2003	10 153.8	493.72	430.37	9.10
2004	13 158.3	413.04	857.97	9.66
2005	15 909.25	845.25	1 109.19	12.28

资料来源:《中国统计年鉴》2000—2006年的数据。

(三)房地产业税收分析

我国房地产税种主要包括:房产税、城镇土地使用税、契税、土地增值税、房地产税(对外商征收)以及与房地产有关的营业税及附加、企业所得税和个人所得税等(因房地产企业所得税和个人所得税资料的缺失,故在分析中未计算房地产企业所得税和个人所得税)。表4-7、表4-8反映的是1999—2005年房地产税收情况。

表4-7 1999—2005年房地产税收表

(单位:亿元)

	1999	2000	2001	2002	2003	2004	2005
营业税	1 696.5	1 885.7	2 084.7	2 467.6	2 868.9	3 583.5	4 231.4
城市维护建设税	315.3	352.1	384.4	470.9	550.0	674.0	796.0
合计	2 011.8	2 237.8	2 469.1	2 938.5	3 418.9	4 257.5	5 027.4
按12%计算	241.42	268.54	296.29	352.62	410.27	510.9	603.29
房产税	183.5	209.6	228.6	282.4	323.9	366.3	435.9
城镇土地使用税	59.1	64.9	66.2	76.8	91.6	106.2	137.3
土地增值税	6.8	8.4	10.3	20.5	27.3	75.1	140.0
契税	96.0	131.1	157.1	239.1	358.1	540.1	735.14
耕地占用税	33.03	35.32	38.33	57.34	89.9	120.09	141.85
总计	619.85	717.86	796.82	1 028.76	1 301.07	1 718.69	2 193.48
地税	3 312.1	3 733.7	4 716.3	5 308.7	6 303.6	7 863.7	9 531.3
税收总收入	10 315.0	12 665.8	15 165.5	16 996.6	20 466.1	25 718.0	30 865.83
占税收总收入比重(%)	6.01	5.67	5.25	6.06	6.36	6.68	7.11
占地税收入的比重(%)	18.71	19.23	16.90	19.38	20.64	21.86	23.01

注:(1)营业税、城市维护建设税二税按12%计算,根据重点税源监管资料,房地产业缴纳的营业税及附加平均约为营业税及附加总额的12%。

(2)资料来源:《中国统计年鉴》2000—2006年的数据。

从房地产税收情况分析,房地产税收占全国税收总收入的比重大体在 5.25%—7.11%,最高年份达 7.11%(2005 年);占地方税收入在 17% 以上,2002—2005 年分别为 20.64%、21.86% 和 23.01%,房地产税正在成为地方税收的重要税源。由于营业税、城市维护建设税受房地产交易额的影响较大,具有不确定性,若扣除营业税、城市维护建设税后,直接来源于房地产的税收(房产税、城镇土地使用税、土地增值税、契税和耕地占用税)占全国税收总收入的比重约下降 2 个百分点,约占 3.3%—5.15%;占地方税收入的比重下降了 7 个百分点,约占 10.61%—16.68%。1999 年以来房地产税收逐年增长,房地产税收占 GDP 的比重从 1999 年的 0.42% 上升到 2005 年的 0.87%,说明房地产税收与 GDP 的增长保持正相关。

表 4-8 房地产五税占税收收入及 GDP 的比重

(单位:亿元)

	1999	2000	2001	2002	2003	2004	2005
房地产五税	378.43	449.32	500.53	676.14	890.8	1 207.79	1 590.19
占税收总收入比重(%)	3.67	3.55	3.30	3.98	4.35	4.70	5.15
占地税收入的比重(%)	11.43	12.03	10.61	12.74	14.13	15.36	16.68
GDP	89 677	99 215	109 655	120 333	135 823	159 878	182 321
占 GDP 的比重(%)	0.42	0.45	0.46	0.56	0.66	0.76	0.87

资料来源:《中国统计年鉴》2000—2006 年的数据。

三 房地产开发投资波动效应的实证研究

投资一直被认为是经济波动的主要原因,也是宏观调控的主要对象。凯恩斯经济周期理论在解释经济周期产生的原因时,就强调资本存量边际效率冲击的重要性,并利用乘数—加速器模型解释投资波动如何引起经济波动,通常把投资波动冲击称为"凯恩斯冲击"。房地产开发投资是投资的重要组成部分,据统计,2002年—2005年房地产投资占GDP和固定资产投资的比重分别为6.47%、7.48%、8.23%、8.64%和17.9%、18.3%、18.7%、17.8%。[①] 房地产开发投资作为房地产业发展的一个重要内生因素,它也是影响房地产业波动的重要因素,它对国民经济具有拉动效应。因此本书通过建立房地产开发投资、固定资产投资与国民经济之间的向量自回归模型(VAR),研究变量间的因果关系,分析房地产开发投资对国民经济的影响,为房地产业的可持续发展以及保障房地产业与国民经济协调发展提供一定的理论依据。

(一)数据与数据分析

1. 基础数据

研究选取的名义国内生产总值(GDP)、固定资产投资(FI)和房地产开发投资(HI)时间序列数据均来自中经网,时间区间均为1992年第1季度—2005年第4季度(见表4-9)。研究数据的时间演化趋势,不难发现GDP、FI和HI时间序列均呈现出很强的季节波动规律,且存在明显上升趋势,因而需要对各指标数据序列经过X-11季节调整,并且用消费者物价指数(CPI)定基指数(1990年=100)平减得到实际值,这样使得数据中的季节波动性状得到明显调整,整体呈现上升的趋势。以剔除了通货膨胀因素并且取对数得到调整后的

---

① 根据《中国统计年鉴2006》的数据计算。

国内生产总值(lnGDP)、固定资产投资(lnFI)和房地产开发投资(lnHI)的实际季度趋势数据作为本书研究的基础数据,探讨三者之间在统计角度上的数量关系。

表4-9 1992年第1季度—2005年第4季度的名义国内生产总值、
固定资产投资、房地产开发投资和消费价格指数

季度	名义国内生产总值	固定资产投资	房地产开发投资	消费价格指数(上季=100)	消费价格指数(1990=100)
1992Q1	4 869.5	256.8	29.04	105.4	109.98
1992Q2	6 355.0	914.18	83.61	105.5	109.77
1992Q3	7 122.1	1 021.09	109.19	106.2	111.06
1992Q4	8 291.5	2 429.12	262.91	108.3	114.16
1993Q1	6 285.9	516.32	71.71	111.1	122.19
1993Q2	7 938.9	1 399.88	202.64	113.9	125.03
1993Q3	8 964.6	1 579.33	245.14	116.1	128.94
1993Q4	12 144.6	3 687.46	618.84	117.8	134.48
1994Q1	8 649.6	676.1	124.52	122.3	144.98
1994Q2	10 827.7	1 940.66	270.25	122.0	150.43
1994Q3	12 210.2	2 339.38	426.32	123.3	156.36
1994Q4	16 510.5	4 602.24	787.3	124.1	162.26
1995Q1	11 159.7	1 117.85	165.83	122.6	177.75
1995Q2	13 639.7	2 645.9	361.7	121.1	182.17
1995Q3	15 104.4	3 128.08	519.67	119.1	186.23
1995Q4	20 890.2	13 127.43	1 784.2	117.1	190.01
1996Q1	13 249.8	1 298.71	284.1	109.4	194.16

1996Q2	15 885.3	3 367.77	655.37	109.2	198.16
1996Q3	16 995.6	3 602.97	683.24	108.8	201.13
1996Q4	25 046.3	14 704.58	2 202.58	108.3	202.93
1997Q1	14 838.7	1 478.17	298.65	105.2	204.09
1997Q2	17 723.3	3 813.25	610.28	104.1	205.03
1997Q3	18 220.8	3 790.14	662.0	103.4	205.38
1997Q4	28 190.2	16 236.44	1 535.47	102.8	204.97
1998Q1	15 674.3	1 618.16	326.21	100.3	204.29
1998Q2	18 437.7	4 209.7	715.15	99.7	203.56
1998Q3	19 093.5	5 035.75	830.33	99.3	202.88
1998Q4	31 196.5	17 542.56	1 707.89	99.2	202.17
1999Q1	16 570.4	2 022.83	444.06	98.6	203.17
1999Q2	19 186.0	4 663.74	881.44	97.9	199.49
1999Q3	20 244.2	5 077.6	962.34	99.2	198.35
1999Q4	33 676.4	18 090.54	1 722.33	98.6	200.62
2000Q1	17 882.0	2 235.36	534.5	99.8	203.38
2000Q2	21 047.2	5 302.25	1 088.1	100.5	199.68
2000Q3	22 231.9	5 932.87	1 238.0	100.0	198.88
2000Q4	38 053.9	19 447.25	2 041.13	101.5	202.49
2001Q1	19 828.9	2 560.19	677.2	100.8	204.73
2001Q2	23 043.9	6 367.84	1 445.3	101.4	202.81
2001Q3	24 179.3	6 991.41	1 636.32	99.9	200.45
2001Q4	42 602.9	21 294.05	2 486.66	99.7	202.22

2002Q1	21 192.6	3 263.69	922.35	99.2	203.50
2002Q2	24 806.2	7 839.83	1 898.93	99.2	200.64
2002Q3	26 368.1	8 684.61	2 041.41	99.3	198.92
2002Q4	47 966.1	23 711.78	2 873.73	99.6	200.94
2003Q1	23 856.2	4 478.58	1 285.1	100.9	204.51
2003Q2	27 217.3	10 594.06	2 531.71	100.3	201.99
2003Q3	29 347.7	11 439.94	2 678.2	101.1	200.58
2003Q4	55 401.8	29 054.03	3 611.11	103.2	206.30
2004Q1	27 262.0	7 058.48	1 820.4	103.0	210.17
2004Q2	31 780.7	14 785.49	3 103.29	105.0	210.87
2004Q3	34 452.5	16 184.37	3 433.08	105.2	211.14
2004Q4	66 382.8	20 591.94	4 801.48	102.4	212.82
2005Q1	37 957.4	9 036.68	2 323.57	102.8	216.12
2005Q2	42 024.5	18 930.32	3 869.49	102.3	215.68
2005Q3	44 802.8	20 774.49	4 184.51	102.0	215.29
2005Q4	57 536.3	26 354.99	5 381.73	101.8	216.68

2. 时间序列数据的统计检验

模型的建立必须考虑时间序列数据的平稳性,以及非平稳序列之间的协整关系。首先考察 lnGDP、lnFI 和 lnHI 序列数据,对其以及它们的差分序列进行平稳性检验,并且分别记它们的差分序列对应的经济变量为 DlnGDP、DlnFI 和 DlnHI。由于 lnGDP、lnFI 和 lnHI 序列数据存在明显上升趋势,ADF(Augment Dickey-Fuller)检验也证明了数据的非平稳性,但 DlnGDP、DlnFI 和 DlnHI 通过了 ADF 检验,即 lnGDP、lnFI 和 lnHI 均为 1 阶单整序列(见表 4-10)。

表4-10 序列及其1阶差分序列的平稳性检验

变量	ADF检验值	1%临界值	5%临界值	变量差分	ADF检验值	1%临界值	5%临界值
$lnGDP_t$	0.9512	-3.5654	-2.9199	$DlnGDP_t$	-5.4764	-3.5654	-2.9199
$lnFI_t$	-1.2624	-3.5627	-2.9188	$DlnFI_t$	-3.9696	-3.5627	-2.9188
$lnHI_t$	-0.5516	-3.5683	-2.9211	$DlnHI_t$	-3.6768	-3.5683	-2.9211

在序列1阶单整的基础上,根据JJ(Johansen-Juselius)检验序列相互之间的协整关系。利用SC(Schwarz Criterion)信息准则,对房地产开发投资与国内生产总值序列之间采用滞后9阶的协整方程,对固定资产投资与国内生产总值序列之间采用滞后5阶的协整方程形式进行检验,JJ检验显示两组序列分别存在协整关系。对三个序列之间的关系,参考实际影响的滞后期数与SC信息准则,以模型的稳健性和稳定性确定滞后阶数,JJ检验结果显示存在1个协整向量,即变量之间存在长期的均衡关系(见表4-11)。

表4-11 序列间协整关系的Johansen-Juselius检验

变量	模型形式 $m(c,t,k)^*$	原假设 H0	备择假设 H1	特征值 λ_i	最大特征根值检验		迹检验	
					λmax	临界值	迹统计量	5%临界值
$lnFI$ - $lnGDP$	m $(c,0,5)^{**}$	$r=0$	$r=1$	0.4196	27.1986	15.8921	31.8591	20.2618
		$r\leq1$	$r=2$	0.0890	4.6605	9.1645	4.6605	9.1645
$lnHI$ - $lnGDP$	$m(c,t,9)$	$r=0$	$r=1$	0.5068	32.5139	19.3870	38.0920	25.8724
		$r\leq1$	$r=2$	0.1142	5.5781	12.5180	5.5781	12.5180
$lnHI$ - $lnFI$ - $lnGDP$	m $(c,0,3)^{***}$	$r=0$	$r=1$	0.4321	29.4180	21.1316	46.9256	35.1928
		$r\leq1$	$r=2$	0.2154	12.6168	14.2646	17.5077	20.2618
		$r\leq2$	$r=3$	0.0898	4.8909	3.8415	4.8909	9.1645

注:$m(c,t,k)^*$表示模型带有截距、趋势项以及滞后阶数;**表示根据SC准则选择滞后阶数;***表示参考相关准则,最后根据模型的稳定性选择滞后阶数;未注明的模型根据LR检验确定滞后阶数。

(二)实证分析

1. Granger 因果检验

洪永淼(Yong miao Hong,2002)总结了格兰杰(Granger)给出的检验因果关系的基本框架①,定义为:如果 y_1 能用于估计另一个变量 y_2,就认为 y_1 可以 Granger 引起 y_2;若变量为平稳序列,直接使用 VAR 模型 $y_t = A_0 + A_1 y_{t-1} + \cdots + A_p y_{t-p} + \varepsilon_t, t = 0,1,\cdots,T$ 来检验变量的 Granger 因果关系;其中 y_t 是 $k(k=2)$ 维内生变量,p 为滞后阶数,T 为样本个数,$A_i(i=1,2,\cdots,k)$ 为待估的 $k \times k$ 维系数矩阵,冲击向量 ε_t 是白噪声向量;但恩格尔、格兰杰(Engel,Granger,1987)②指出如果变量之间存在协整关系,VAR(p)模型可以改写为向量误差修正模型(VEC):

$$\begin{aligned}\Delta y_t &= c + \alpha\beta' y_{t-1} + \sum_{i=1}^{p-1} \Gamma_i \Delta y_{t-i} + \varepsilon_t \\ &= c + \alpha^* ecm_{t-1} + \sum_{i=1}^{p-1} \Gamma_i \Delta y_{t-i} + \varepsilon_t \end{aligned} \quad (1)$$

其中每个单方程都是误差修正模型;$ecm_{t-1} = \beta' y_{t-1}$ 是误差修正项,$\alpha(i,j)$ 反映偏离第 i 个长期均衡方程时,第 j 个误差修正模型调整到均衡状态的调整速度;$\Gamma_l(i,j)$ 反映变量 j 滞后 l 阶的短期变动对被解释变量 i 的短期影响。则在它们构成的 ecm 项当中,因果关系可以通过两个渠道产生:一是通过回归元滞后项变化的短期影响;二是通过误差修正项 ecm 的长期影响。如果不考虑第二种渠道,则传统的 Granger 因果检验会因为未包括 ecm 项而产生偏误。

假定变量 y_1、y_2 为 1 阶单整序列,且两者之间存在着一个协整关

---

① Yong miao Hong,"Granger Causality in Risk and Detection of Risk Transmission Between Financial Markets,"working paper,2002.
② Engel R.F.,Granger C.W.J,"Co-integration and Error Correction:Representation Estimation,and Testing",*Econometrica*,1987,(35):251 - 252.

系,此时变量个数 $k=2$,协整方程个数为 $i=1$。如果 $\alpha(1,1)$ 显著异于 0,那么我们认为存在 y_2 到 y_1 的长期单向因果关系。如果 $\alpha(2,1)$ 显著异于 0,那么我们认为存在 y_1 到 y_2 的长期单向因果关系。如果 $\alpha(1,1)$ 和 $\alpha(2,1)$ 同时显著异于 0,那么我们认为存在 y_1 到 y_2 的长期双向因果关系。如果 $\Gamma_l(1,2),(l=1,2,\cdots,p)$ 是总体上显著异于 0 的;而 $\Gamma_l(2,1),(l=1,2,\cdots,p)$ 是总体上等于 0 的,那么我们认为存在 y_1 到 y_2 的短期单向因果关系,即 y_1 是 y_2 的短期 Granger 原因。同理,如果 $\Gamma_l(1,2),(l=1,2,\cdots,p)$ 是总体上显著等于 0 的;而 $\Gamma_l(2,1),(l=1,2,\cdots,p)$ 是总体上显著异于 0 的,那么我们认为存在 y_2 到 y_1 的短期单向因果关系,即 y_2 是 y_1 的短期 Granger 原因。如果 $\Gamma_l(1,2)$、$\Gamma_l(2,1)$ 的系数总体上都异于 0,则存在短期双向 Granger 的因果关系。

根据 VEC 模型给出 Granger 因果检验的形式(1),我们利用 Eviews5.0 软件提供的检验功能对变量进行因果检验,详细结果如表 4-12 所示。根据表 4-12,HI、FI 分别与 GDP 之间的相互影响关系是有区别的。GDP 与 HI 之间存在短期 Granger 双向因果关系,即我国 HI 与 GDP 的关系是增量上的互动关系;尽管长期上,GDP 是 HI 增加的原因,但 HI 却不是 GDP 增长的原因,表明我国房地产业依然处于发展阶段,一定程度上说明房地产业还没有真正成为国民经济的支柱产业,但同时要预防房地产市场存在的潜在投资风险。FI 与 GDP 之间在长期方面存在 Granger 双向因果关系,GDP 增长在短期上也能解释 FI 的变化,但并不存在 DlnFI→DlnGDP 方向上的短期因果关系,说明我国 FI 存在一定的短期投资冲动,而目前短期内盲目的固定资产投资并不有利于经济的增长。

第四章 城市主体财源的基础:房地产业分析 103

表 4 – 12 GDP – FI, GDP – HI 变量之间的 Granger 因果检验

H0:不存在 Granger 因果关系	Chi 方检验值	H0:不存在 Granger 因果关系	t 检验值
DlnGDP→DlnFI 短期因果关系	15.073 9*	lnGDP→lnFI 长期因果关系	3.493 4*
DlnFI→DlnGDP 短期因果关系	8.426 2	lnFI→lnGDP 长期因果关系	0.961 4*
DlnGDP→DlnHI 短期因果关系	56.902 3*	lnGDP→lnHI 长期因果关系	3.990 42*
DlnHI→DlnGDP 短期因果关系	18.558 5*	lnHI→lnGDP 长期因果关系	1.851 2

注:*表示在5%显著水平下显著。

2. 投资的动态效应分析与比较

由于三个变量之间存在一个协整向量,即三者存在长期均衡关系;尽管短期内由于随机干扰,这些变量可能偏离均衡值,但这种偏离是暂时的,最终会回到均衡状态。要衡量投资对经济的传递作用,比较固定资产投资与房地产开发投资对经济各自的贡献度,我们需建立式(1)中的 VEC 模型。而以 VEC 模型为基础,作脉冲响应分析,必须检验模型的稳定性,否则某些结果将不是有效的(如脉冲响应函数的标准误差)。参考相关信息准则,选取滞后阶数为3,通过演算 AR 特征多项式根,被估计的 VEC 模型所有根的模小于1,位于单位圆内,因此模型是稳定的。

利用 Eviews5.0 软件处理数据,首先给出协整方程(或误差修正模型),$ecm_t = \ln GDP_t - 0.35\ln FI_t - 0.72\ln HI_t - 4.53$,可得如下 VEC(3) 模型的估计:

$$\begin{pmatrix} D\ln GDP_t \\ D\ln FI_t \\ D\ln HI_t \end{pmatrix} = \begin{pmatrix} 0.009 \\ 0.011 \\ 0.029 \end{pmatrix} + \begin{pmatrix} -0.03 \\ 0.013 \\ 0.34 \end{pmatrix} ecm_{t-1} + \begin{pmatrix} 1.37 & -0.09 & 0.07 \\ 0.81 & 0.76 & 0.06 \\ -0.38 & 0.23 & 0.94 \end{pmatrix} \begin{pmatrix} D\ln GDP_{t-1} \\ D\ln FI_{t-1} \\ D\ln HI_{t-1} \end{pmatrix} +$$

$$\begin{pmatrix} -1.09 & 0.07 & -0.10 \\ -0.30 & -0.65 & -0.33 \\ -0.15 & -0.13 & -0.68 \end{pmatrix} \begin{pmatrix} D\ln GDP_{t-2} \\ D\ln FI_{t-2} \\ D\ln HI_{t-2} \end{pmatrix} + \begin{pmatrix} 0.24 & 0.07 & 0.01 \\ -0.02 & 0.46 & 0.01 \\ -0.79 & 0.23 & 0.03 \end{pmatrix} \begin{pmatrix} D\ln GDP_{t-3} \\ D\ln FI_{t-3} \\ D\ln HI_{t-3} \end{pmatrix}$$

此时模型(方程略)中尽管一些参数不显著,但三个方程的拟合优度分别为 $R_1^2 = 0.821, R_2^2 = 0.699, R_3^2 = 0.773$,$F$ 统计量分别为 $F_1 = 21.38, F_2 = 10.81, F_3 = 15.89$,说明模型是有效的,我们可以作下一步分析。

(1)对国内生产总值的广义脉冲响应分析比较

在向量自回归模型中,某一变量 t 时刻发生扰动后,通过变量之间的动态联系,对 t 时刻以后的各变量将产生一连串的连锁动态效应。一般的脉冲响应函数的缺点在于 VAR 模型中变量顺序的不同会导致分析结果出现较大的差异,利用广义脉冲响应函数分析得到的结果跟 VAR 模型中变量的顺序无关。如果变量之间存在着协整关系,应当使用 VEC 模型来进行脉冲响应分析。

根据 VEC(3)模型的估计,分别给国内生产总值、固定资产投资和房地产开发投资一个单位大小的冲击,得到关于 GDP、FI 和 HI 的广义脉冲响应函数图,如图 4-2(旨在比较,略去 FI 冲击响应图)。由于数据都经过对数处理,若单位冲击是指变量变动 1%,则图中的响应函数值为变量增长率的变动百分比,故图中,横轴表示冲击作用的滞后期数(单位:季度),纵轴表示 GDP 对各变量冲击的反映程度(单位:%),曲线表示脉冲响应函数,即被解释变量对各变量冲击反应的敏感程度。

图 4-2 中,最上方的那条线为 lnGDP 对自身的冲击响应线。从图 4-2 可以看出,当在本期给 lnGDP 一个正冲击后,GDP 立即产生正向反应,并随着期数的增加,经济增长率呈现波浪式的上升,其后渐渐趋向稳定,冲击效应较大。位居最下方的曲线是 lnFI 冲击响应线。根据响应曲线,给予 FI 一个正向冲击,GDP 立即产生反应,尽管开始会对 GDP 产生负面作用,但第 3 期后转变为正向冲击,其冲击

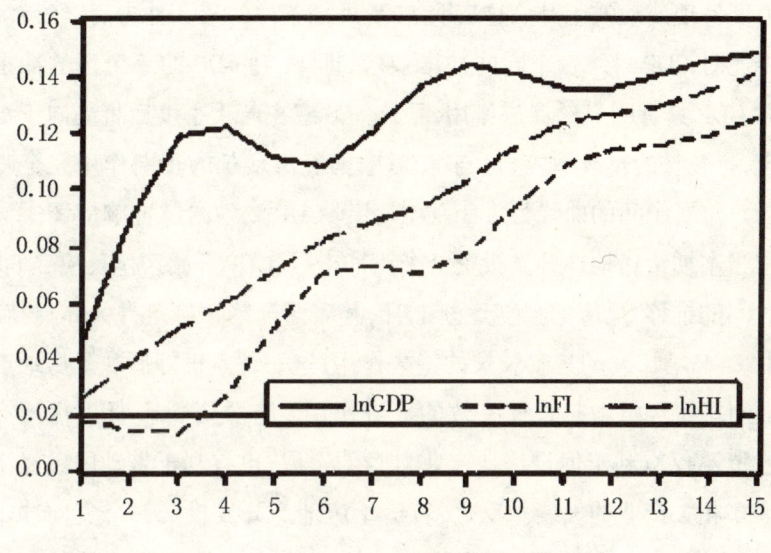

图 4−2　lnGDP 对各变量冲击的响应曲线

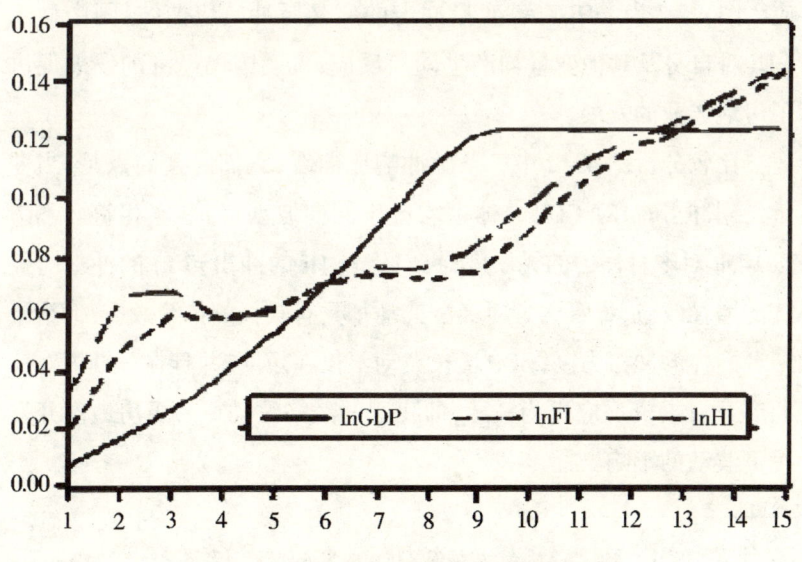

图 4−3　lnHI 对各变量冲击的响应曲线

力度呈现波动式上升。这表明 FI 受外部条件的某一冲击后,经市场传递对 GDP 最终带来同向冲击效应,即 FI 对 GDP 的一个正的冲击对 GDP 具有明显的促进作用,且这一效应在若干季度后将趋向于稳定,有较长的持续效应,这与 FI 对中国经济增长的正向作用完全吻合。位居中间的曲线为 lnHI 冲击引起 GDP 波动的脉冲响应图。同样当本期给房地产开发投资一个正冲击后,GDP 开始产生反应,随着时间的推移,反应的强度逐渐上升,其后渐渐趋于稳定并大体保持,对 GDP 增长波动具有较长的持久作用,这一特点正好反映了房地产业对国民经济增长长期有效的促进作用。有关资料表明[①],房地产投资不仅有利于促进房地产业自身的发展,也有利于带动国民经济许多相关产业的发展。反之,若给予房地产开发投资一个负向冲击(如投资政策变动使投资下降),将使 GDP 产生较为严重的负面效应。图 4-3 为 lnHI 对各变量冲击的广义脉冲响应曲线,图中显示 lnHI 对自身及其他变量均产生同向反应,说明国民经济的发展促进了房地产业的发展。

比较分析图 4-2 中三条脉冲响应曲线,它们的共同点是,当变量受到冲击时,对 GDP 总体上均产生同向波动,与事实相符。不考察 GDP 对本身冲击的灵敏度,我们比较 HI 的冲击与 FI 的冲击对经济的增长效应;尽管两者对经济波动都具有较长的持续效应,但给予两者同样的冲击力度,GDP 增长波动不仅在短期,并且在长期内对房地产开发投资反应更为敏感,即我国的经济波动更易受房地产开发投资波动的影响。

---

① 王飞等:"房地产业对经济发展促进作用的实证分析",《经济学动态》2005 年第 7 期。

(2)预测均方误差分解

预测均方误差分解方法由西姆斯(Sims)于1980年提出,与脉冲响应函数相比较,方差分解提供了另外一种描述系统动态的方法。脉冲响应函数是追踪系统对一个内生变量的冲击效果;相反,预测均方误差分解则是将系统的预测均方误差(mean square error)分解成各变量冲击所作的贡献。

由于预测均方误差分解对变量的顺序比较敏感,因此分别变换lnGDP、lnFI和lnHI的顺序,利用上述的VEC(3)模型对GDP的预测均方误差分解。毋庸置疑,lnGDP本身对自己贡献度最高,重点比较lnFI、lnHI分别对lnGDP的贡献度,如表4-13所示,按照变量的几种顺序进行GDP的预测均方误差分解。如按照HI-FI-GDP顺序,到第6期时HI对GDP本身的贡献高达20.47%,FI的贡献只占4.74%;从lnFI、lnHI分别对lnGDP顺序的预测均方误差分析比较(如表4-13),在HI-FI-GDP、HI-GDP-FI这两种顺序中,lnHI对lnGDP

表4-13 lnGDP预测均方误差分解

期数	HI-FI-GDP		HI-GDP-FI		GDP-FI-HI		FI-HI-GDP	
	lnFI	lnHI	lnFI	lnHI	lnFI	lnHI	lnFI	lnHI
2	8.84	7.65	0.28	7.65	0.04	0.32	0.49	16.00
6	4.74	20.47	4.06	20.47	9.49	0.79	7.74	17.47
10	2.53	30.11	7.14	30.11	18.20	1.16	15.04	17.60
11	2.86	32.90	8.40	32.90	21.57	1.33	18.15	17.61
12	3.29	35.05	9.62	35.05	24.53	1.42	20.91	17.43
13	3.57	36.67	10.51	36.67	26.70	1.49	22.93	17.31
14	3.76	38.10	11.16	38.10	28.45	1.58	24.54	17.32
15	3.98	39.45	11.77	39.45	30.11	1.68	26.10	17.33

的贡献率显著高于 lnFI 对 lnGDP 的贡献率。

因此根据表 4-13 的 lnGDP 预测均方误差分解的分析,国民经济的波动成分,房地产开发投资波动比固定资产投资波动对国民经济波动的解释力强,基本与脉冲响应分析的结论一致:在相同的冲击力度下,房地产开发投资波动对经济波动的影响总体上要大于固定资产投资对经济波动的影响。

(三)结论

根据以上实证研究,可以得出如下主要结论:

第一,HI 与 GDP 之间的影响关系不同于 FI 与 GDP 之间的影响关系,因而在实施紧缩性宏观调控时,对 HI 和 FI 应从不同的角度加以调控。FI 在投资总量上(即长期效应)与 GDP 总量上存在互动效应,验证了投资是我国经济增长的主要因素;但短期上,FI 增幅变动并没有促进经济增长,表明目前我国 FI 存在一定程度膨胀,对经济可能产生不利的影响,因而对 FI 应从融资渠道、产业政策等入手继续强化对固定资产投资的调控。而 HI 与 GDP 之间存在投资增量(短期上)之间的互动关系,说明当前房地产业是通过投资增幅波动来带动国民经济的波动;从长期来看,国民经济的发展能进一步推动房地产业的发展,但 HI 的总量并不是经济增长的原因,表明我国的房地产业处于发展阶段,规范房地产市场秩序及市场主体行为是房地产业健康发展的关键。尽管短期上两者存在 Granger 双向因果关系,但当投资增幅变化没有有效需求来支撑时,可能会导致经济的剧烈波动;因而对 HI 的调控,应通过机制创新,健全房地产业长期、健康发展所需的制度保障体系、市场监管体系,通过金融、税收、土地等政策引导 HI 满足市场的有效需求,如加大普通住宅、经济适用房等的投资,以保持房地产业的健康、有序发展。

第二,HI、FI 与 GDP 之间的冲击响应关系显示,投资波动与经济波动是一种同向波动关系,因而在调控时,不管是直接调控投资增幅还是间接调控投资增幅,都应保持适度的原则。根据脉冲响应分析,给予 HI 或 FI 一个正向冲击,都带来 GDP 的同向反应,并具有较长的持久效应;反之,给予投资反向冲击将导致经济趋向萧条状态;冲击越大则经济反向波动越大,易产生经济的大起大落现象。

第三,HI 与 FI 对经济的作用程度不同,调控时的调控力度应有所区别。根据 GDP 对 HI 和 FI 的脉冲响应比较分析,在给予两者同样冲击时,GDP 对 HI 的敏感程度明显高于对 FI 的敏感程度;对 GDP 波动的方差分解中,也进一步证实 HI 的贡献率大于 FI 的贡献率。为了防止经济出现异常波动,根据分析结论,对 HI 与 FI 的调控力度应区别对待,对房地产开发投资调控的力度开始时要小于对固定资产投资的调控,随后逐步强化。据统计,2002—2005 年房地产投资占 GDP 和固定资产投资的比重分别为 6.47%、7.48%、8.23%、8.64% 和 17.9%、18.3%、18.7%、17.8%,[①] 局部城市出现了房地产过热现象(如上海、杭州等)。始于 2003 年的宏观调控,特别是 2005 年、2006 年,国家出台了《关于切实稳定住房价格的通知》、《加强房地产市场引导和调控的八条措施》和《关于调整住房供应结构稳定住房价格的意见》等一系列调控政策,通过土地、金融和产业政策三大政策工具适度压缩投资需求增长起到了一定的作用。对房地产投资进行适度遏制,尤其是对房地产投资结构的调整,保持其合理的增长,是保证房地产业与国民经济协调发展的关键。根据国际经验,房地产开发

---

① 根据《中国统计年鉴 2006》的数据计算。

投资占全社会固定资产投资比重一般为 10%,占 GDP 的比重约在 5%左右是合理的。根据我国的实际情况,房地产业处于高速发展时期,房地产开发投资占全社会固定资产投资比重控制在 15%,占 GDP 的比重控制在 6%—7%是适当的。

四 房地产业发展对策研究

经过近二十年的发展,我国房地产业已具有相当的规模,对提高居民住房水平、改善居住质量、推动国民经济持续发展起到了重要作用。2003 年国务院《关于促进房地产市场持续健康发展的通知》中明确指出,房地产业"已经成为国民经济的支柱产业"。但是,房地产业还存在着住房供求的结构性矛盾较为突出、房地产价格上涨过快、房地产投资效率不高、房地产市场秩序比较混乱、房地产市场服务体系尚不健全等问题。为了保证房地产业持续、稳定发展,必须以科学发展观为指导,充分发挥市场机制在房地产市场中配置资源的基础性作用,建立资源节约型、环境友好型的房地产业发展模式。

(一)制定中长期房地产业发展规划,引导房地产业持续、健康发展

政府通过制定科学的房地产业发展规划,明确房地产业发展的总体目标、实施步骤、重点以及政策,给各级政府、房地产开发企业、居民家庭或个人以明确的房地产业政策框架,实现对房地产业的有效调控,是保证房地产业健康、稳定发展的必备条件。政府应制定长期不变的政策规划,放弃短期的政策规划的变动,因为政策的多变性对于经济的长期稳定和发展弊大于利。房地产业发展规划包括房地

产业和住宅业建设的规模、增长速度、结构等基本指标。政府在确定房地产业发展目标时,应当以住宅产业发展为重点,制定住宅产业发展计划、土地供应计划和旧城改造计划,以保障住宅产业发展的优先地位。房地产业的发展必须与人口增长、土地资源、环境及生产力发展等方面相适应,达到人口、资源、环境、经济的协调发展。房地产业发展离不开土地,而我国是一个人多地少的国家,截至2005年底,全国耕地12 208.27万公顷(18.31亿亩)①,人均耕地只有1.4亩,不到世界平均水平的40%。随着城市化的加速和经济的发展,耕地负荷的人口压力日趋严重,面对土地资源有限的现实以及社会发展的需要,政府应当根据当地经济发展水平及住宅与房地产市场需求,制定科学的、合理的建设用地计划,建设用地的供给重点是利用城市存量土地,严格控制增量土地的供给,切实保护耕地,提高土地资源利用效率。

在制定房地产业发展规划的同时,应当结合城市化进程,编制科学的城镇发展规划。同时,应当注重各地、各城市之间的社会经济差异对房地产业和住宅产业的影响,由于房地产市场是一个典型的区域性市场,当地经济发展水平、居民收入水平、城市规模等因素直接决定房地产市场发展的空间和潜力。因此,房地产业发展至少应当分三个层次:第一层次是特大城市和大城市;中等城市为第二层次;小城市为第三层次。第一、第二层次城市,可以把房地产业作为重点来发展。第三层次的城市应适应城镇化的发展,适度地发展房地产业。各地在制定和实施房地产业发展战略时应切合本地实际,避免趋同化。

---

① 参见国土资源部:《2005年中国国土资源公报》。

(二)以科技创新为动力,大力推进住宅产业化

住宅产业现代化不仅能提升住宅质量,提高住宅生产力,而且也是房地产业持续、健康发展的必经之路。但是我国住宅产业现代化与先进国家相比还存在着较大差距,一是住宅建设基本上仍是粗放型,科技贡献率低,如传统、陈旧的技术被大量采用,造成目前我国科技进步对住宅产业发展的贡献率不到 30%(国际惯例,超过 50% 才算是集约内涵型的发展产业);二是住宅建筑标准化滞后,如住宅标准化设计文件、建筑模数标准、住宅部件产品标准等体系不规范、不健全,大多数局限于结构形式或施工技术,没有从建筑整体出发,进行成套技术开发;三是住宅部件标准化和通用化程度低,如部件的配套性、通用性差,生产规模小,住宅与住宅部品的模数难以协调;四是住宅科技含量偏低,如节电、节能、节水等的先进环保技术尚不能有效地得以推广,新材料、新部品的优越性未充分发挥。住宅产业化程度低,极大地影响了房地产投资的效率,也是房地产业对国民经济的贡献率低的重要原因之一。从国外发达国家住宅产业的发展过程来看,住宅产业化的发展水平和程度与经济增长、城市化率是高度相关的。因此,我们必须大力推进住宅产业化,提高房地产投资效率,保持房地产业可持续、健康发展。一是以建设节能省地型住宅为目标,以"四节(节能、节水、节材、节地)一环保"为重点,推进住宅产业化。国家应通过制定住宅产业技术政策、经济政策,引导和扶持住宅产业化发展,着手组建一批住宅企业集团,形成集住宅及部品研究、设计、制造和房地产开发于一身的大型企业集团,使之成为行业中的"龙头",建立住宅产业化创新机制。同时,政府应充分引导这批企业进行技术创新,并从融资、技术创新、技术转化等方面给予政策扶持,使之

成为推动住宅产业现代化的骨干和支柱。二是建立若干个住宅产业基地。国家在推动住宅产业现代化的过程中,准备着手组建若干个住宅产业基地,进行住宅产业现代化的基础技术和关键技术的研究,重点是加强新型结构技术的开发研究和新材料、新工艺、新技术的研究,逐步扩大标准化、系列化、专业化生产规模,提高科技含量,加快实现住宅生产方式由粗放型向集约型转变的步伐,提高住宅质量和性能,逐步实现住宅产业集约化和高度化,提高住宅产业的投资效率,从而带动国民经济相关产业的发展。

(三)调整住宅供给结构,完善房地产市场监管体系

住宅产业的发展速度是否与国民经济的发展速度相适应,住宅市场的供需是否保持动态平衡,是房地产业发展是否健康的两个主要指标。政府要切实发挥"看得见的手"的宏观调控功能,以弥补市场这只"看不见的手"的缺陷:(1)调整住宅产品结构,重点加大普通住宅的供给。政府应从规划、土地、税收和金融等方面给予政策优惠,引导开发商增加中小户型普通住宅的供给。在调整住宅供给结构时,通过实施有区别的税收、信贷政策,引导和调节住房需求。对中低收入者,购买自住住房时实行低首付、优惠贷款利率,月偿还住房抵押贷款额可从个人收入中扣减,免征个人所得税,或实行财政贴息等政策,以增强中低收入家庭购买自住住房的能力,引导居民建立合理的住房消费理念。(2)完善房地产市场监管体系。一是完善房地产市场预警监测系统,统一房地产价格指数,提高房地产价格指数的时效性和权威性,为引导社会预期和政府房地产市场宏观调控决策提供重要的基础;二是完善房地产市场的统计与信息披露制度,建立、健全房地产价格指数、城镇基准地价及地价指数、经济适用住房

价格、廉租住房租金标准、房地产交易、各类住房供给与需求等信息系统和信息发布制度,增强房地产市场信息透明度,充分发挥房地产市场信息系统在市场监测、监管和宏观调控中的作用。

(四)改革房地产业核算体系

在国民经济核算体系中,房地产业(又叫住房服务业)的核算方法具有一定的独特性。西方发达国家是以城镇居民住房市场房租价格的平均值为基础,得到所有城镇居民住房按市场价格计算的房租收入,以此收入作为城镇居民住房服务总产出,计算出居民住房服务业增加值。它包括对自有住房服务的虚拟住房服务测算和对住房租赁市场的实际住房服务测算两部分,房地产业在国民核算中占有相当高的比重。以 OECD 国家为例,房地产业的增加值占整个 GDP 的 5%—9%,而这些相关服务的最终消费占整个 GDP 的 5%—11%。以 2003 年为例,美国 12.1%,英国和韩国 11.8%,日本 10.3%,加拿大 10%。我国房地产业增加值核算目前采用的是生产法和收入法相结合的方法,但由于受资料来源等条件的限制,导致中国房地产业增加值低估,不能准确反映中国房地产业在国民经济中的重要地位。因此,应改革我国房地产业核算体系和方法,逐步按国际通行的方法来核算房地产业增加值,正确估算房地产业的增加值。房地产业增加值核算范围包括四个部分[1]:(1)房地产开发与经营业,包括各类房地产开发、经营、房地产交易和房地产租赁等活动。(2)房地产经纪与代理业,包括房地产咨询、代理、营销、策划、估价、交易等。(3)

---

[1] 杨慎:"核算体系不健全,房地产业贡献率明显低估",《中国房地产报》2006 年 1 月 23 日。

房地产管理业。(4)自有住宅的虚拟租金(以住房市场房租价格的平均值为基础计算)。

第五章 城市主体财源：房地产税（Ⅰ）
——我国房地产税制的演变及发展

旧中国的房地产税制是伴随近代房地产业的发端、兴起而逐步建立的，房地产税收成为国家财政收入的重要来源之一。新中国建立以后，其税收制度经历了一个建立和发展的过程，房地产税收制度也几经变化。了解我国房地产税收制度的产生、发展历史，对建立符合市场经济运行规律的房地产税收制度是很必要的。

一 1949年以前房地产税制评述

在旧中国，土地是私有的，城市土地地租及土地增值收益完全归土地所有者私人所独占。政府主要是通过税收方式参与土地收益分享。土地税收在我国已经有两千多年的历史，不过土地税收基本上是以农业用地为课征对象的，其税种为"田赋"。田赋起源于夏朝，夏朝的田赋征收有两种：一种是按田地的农产品产量征收定额的田赋；一种是根据各地的特产，强行规定贡纳土特产品。① 而真正以城市土地为对象征收捐税，则是1866年由上海公共租界首开先例。② 此

---

① 孙翊刚等主编：《中国赋税史》，中国财政经济出版社1987年版，第11页。
② 赵津：《中国城市房地产业史论》，南开大学出版社1994年版，第128页。

后,旧中国慢慢建立了一套房地产税收体系,并使房地产税收成为国家财政收入的主要来源之一。

(一)1949年以前房地产主要税种

1. 契税

契税,是专门对房屋、土地等不动产的买卖、典行为所课征的一种税。契税起源于唐朝,在清朝则较为完善了。清末1903年颁布的《写契税章程》中规定:"凡民间买置田房,自立契之日起,限一年内投税。典契十年满照例纳税,逾期不交,发觉照律责追。"契税税率为"契价一两,征税三分三厘",即3.3%。中华民国建立后至新中国成立前夕,仍沿袭了清末的做法,均开征房地产契税,只不过是税率有所调整。1914年北洋政府颁布《契税条例》,所定税率为9.6%,1915年,买契税税率调整为6%,典契税税率3%。北洋政府的契税类税收包括契税(正税)、不动产费、验契费和契税附加四类。前三项为中央税收,然后,由中央政府返还,契税附加则是地方财政收入,由各地征收和支出。① 北洋时期的年度契税收入占财政收入约为2.17%—2.87%。(见表5-1)。

国民党统治时期,开征的契税包括正税,附加和验契费三部分。其税率也几次变化。1937年买契税税率为7%,典契税4%;1942年,买契税税率提高至9%,典契税税率为5%;1945—1948年,买契税税率为7.5%,典契税税率为3%。同时,对契税附加作了限定,最高不得超过正税的25%。② 国民党统治时期,每年实际征收的契税

---

① 孙翊刚等主编:《中国赋税史》,中国财政经济出版社1987年版,第333页。
② 同上书,第421页。

收入超过3 118万元,① 约占财政总收入的0.3%—4.6%。

表5-1　北洋时期的契税收入及在财政收入中所占比重

年度	契税收入总额(元)	财政收入总额(元)	契税收入所占比重(%)
1917	8 984 661	413 396 833	2.17
1918	9 511 522		
1919	10 792 580	375 807 154	2.87
1920	11 490 493		

资料来源:(1)贾士毅:《民国续财政史》(七),商务印书馆1934年版,第90—91页,转引自《中国赋税史》,第333页。

(2)吴兆莘:《中国税制史》,商务印书馆1937年版,第138页,转引自《中国赋税史》,第314页。

2. 地价税

地价税是按政府核定的地价向土地所有者征收的一种税。1866年上海公共租界首先开征地捐税,按地价的2.5‰征收,1919年上升为7‰。此后,上海、天津、青岛、杭州、广州、汉口等许多城市相继开征了地价税,税率在5‰—1%不等。国民党政府1930年公布的《土地法》中将地价税分为比价税和土地增值税两种,按期征收。比价税税率为:市改良地10‰—20‰;市未改良地为15‰—30‰;市荒地30‰—100‰;乡改良地10‰;乡未改良地12‰—15‰;乡荒地为10‰—100‰。② 土地增值税按土地增值的实际数额计算,在土地所有权转移时或虽未转移而届满15年时征收,采取超额累进税率。其税率为:土地增值额为原地价的50%以内的,税率为20%;超过原地价50%,但未超过100%的,税率为40%;超过原地价100%,但未超过200%的,税率为60%;超过原地价200%,但未超过300%的,税率

---

① 孙翊刚等主编:《中国赋税史》,中国财政经济出版社1987年版,第421页。
② 吴兆莘:《中国税制史》,商务印书馆1937年版,第168页。

为80%；超过原地价300%以上的部分,全部征收。① 1946年,国民党政府修订了《土地法》,对地价税税率(比价税)进行了调整,并采用累进税率。基本税率为15‰,超过起征点的地价部分,最低累进税率为2‰,最高为5‰,累进至50‰为止。②

3．房捐

房捐是按照房产价值或房租收入的一定比例征收的一种税。自1915年开征房捐以来,无论是商业用房,还是住宅；无论是自用还是出租,一律征收。1941年以前,房捐税率各地不同,大致在3%—15%。1941年5月,国民党政府公布《房捐征收通则》后,房捐税率开始趋于统一。1943年,国民党政府颁布了《房捐条例十四条》,规定：凡未依《土地法》征收土地改良物税的县市和商业繁荣地区,住房聚居三百户以上者,其房屋均应征收房捐。其税率为：营业用房出租者征收全年租金的20%,自用者按房屋现值的2%征收。③ 房捐是近代中国地方政府财政的重要来源,1928—1932年内,天津市年平均房捐收入为466 645元,占年度税收总额的12.34%；1931年度上海市的房捐收入为1 909 010元,占年度财政收入总额的23%。④

4．房地产所得税

中华民国建立之初,就提出开征所得税,但一直未实施。直到1936年,国民党政府才开征所得税。1943年,国民党政府对《所得税法》进行了修改。规定：一般营利之所得税起征点为所得额满资本实

---

① 王先强：《中国地价税问题》,附录《土地法》,神州国光出版社1931年版,转引自赵津：《中国城市房地产业史论》,南开大学出版社1994年版,第133页。
② 赵津：《中国城市房地产业史论》,南开大学出版社1994年版,第133页。
③ 孙翊刚等主编：《中国赋税史》,中国财政经济出版社1987年版,第423页。
④ 赵津：《中国城市房地产业史论》,南开大学出版社1994年版,第133页。

额10%开始征税;超过30%以上的,采取累进税率,累进税率最高为20%;一时营利之所得起征点为200元;所得额超过1.8万元以上的,采取累进税率,最高税率为30%。[1]同时,新开征了财产租赁出卖所得税,以土地、房屋等财产的租赁所得和出卖所得为课征对象。其征收标准为:财产租赁所得超过3 000元的,征收财产租赁所得税,采用超额累进税率征收,税率为10%—80%;财产出卖所得,农业用地价值超过10 000元的,其他财产超过5 000元的征税,采用超额累进税率,税率为30%—50%。[2]

5. 资本利得税

资本利得税是以具有投机性质的资产利得为课征对象的一种税。国民党政府于1938年开征利得税,称为非常时期过分利得税。非常时期过分利得税主要分为两类:一类为营利事业利得税,一类为财产租赁利得税。利得税与所得税同时征收,属于中央税收。其税率见表5-2、表5-3。1943年取消了财产租赁利得税,1947年取消了营利事业利得税,代之以特种过分利得税。

表5-2 营利事业利得税税率表

税级	利得额	税率
一	15%—20%	10%
二	20%—30%	15%
三	30%—40%	20%
四	40%—50%	30%
五	50%—60%	40%
六	60%以上	50%

---

[1] 孙翊刚等主编:《中国赋税史》,中国财政经济出版社1987年版,第412—413页
[2] 同上。

表5-3 财产租赁利得税税率表

税级	利得额	税率
一	12%—20%	10%
二	20%—30%	15%
三	30%—40%	20%
四	40%—50%	30%
五	50%—60%	40%
六	60%以上	50%

除上述几种主要税种外,旧中国(国民党统治时期)还开征了遗产税、营业税、印花税等税收。

(二)1949年以前房地产税收征管体系

1.1949年以前房地产税收体系

中华民国成立后,北洋政府开始构建税收体系,并将税收按税负划分为直接税和间接税两大类。国民党统治时期,几经税制修订,逐步形成了较为系统的直接税和间接税体系。房地产税收体系中,属于直接税的税种主要有:土地税、土地改良物税(房捐)、所得税、利得税、遗产税;属于间接税的税种主要有:契税、营业税、印花税等。国民党统治时期的房地产税收体系见图5-1。

2.1949年以前房地产税收管理体制

中华民国建立后,北洋政府开始划分国税与地税,实行中央和地方分享税制,这在中国税收管理体制上首开先河,应当说是我国税制史上的一次创新。1913年,北洋政府正式划分国家税和地方税。房地产税收也实行中央和地方分享税制,属于中央税种的有:田赋、契税、所得税、登录税、营业税、继承税、印花税;属于地方税种的有:田

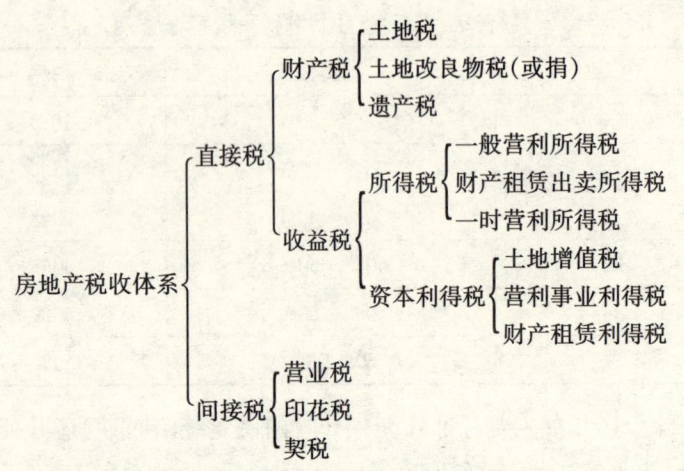

```
                    ┌ 财产税 ┌ 土地税
                    │        │ 土地改良物税(或捐)
                    │        └ 遗产税
           ┌ 直接税 │        ┌ 所得税 ┌ 一般营利所得税
           │        │        │        │ 财产租赁出卖所得税
           │        │ 收益税 │        └ 一时营利所得税
房地产税收 │        │        │        ┌ 土地增值税
  体系     │        │        │ 资本利得税 ─ 营利事业利得税
           │        │        │        └ 财产租赁利得税
           │        ┌ 营业税
           └ 间接税 │ 印花税
                    └ 契税
```

图 5-1　国民党统治时期房地产税收体系

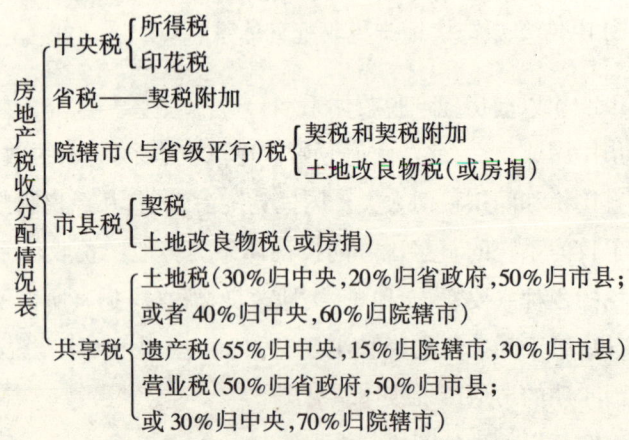

```
           ┌ 中央税 ┌ 所得税
           │        └ 印花税
           │ 省税──契税附加
房地产 │ 院辖市(与省级平行)税 ┌ 契税和契税附加
税收分 │                       └ 土地改良物税(或房捐)
配情况 │ 市县税 ┌ 契税
  表   │        └ 土地改良物税(或房捐)
           │        ┌ 土地税(30%归中央,20%归省政府,50%归市县;
           │        │   或者40%归中央,60%归院辖市)
           └ 共享税 │ 遗产税(55%归中央,15%归院辖市,30%归市县)
                    │ 营业税(50%归省政府,50%归市县;
                    └   或30%归中央,70%归院辖市)
```

图 5-2　国民党政府房地产税收在各级政府之间的分配情况[①]

赋附加税、房捐、房屋税、所得附加税等。[②] 国民党政府进一步明确

---

① 参见吴兆莘:《中国税制史》,转引自孙翊刚等主编:《中国赋税史》,中国经济出版社 1987 年版,第 314 页。

② 参见孙翊刚等主编:《中国赋税史》,中国财政经济出版社 1987 年版,第 338 页。

了国家(中央)、地方政府的收支范围,并于 1928 年划分中央税和地方税,制定和实施了《划分国家收入地方收入标准案》、《划分国家支出地方支出标准案》,中央和地方分享税制得以进一步确立。房地产税收也划分为中央和地方分享,属于中央税种的有:所得税、印花税;属于地方税种的有:契税及契税附加、土地改良物税(房捐);中央与地方共享的税种有:土地税(中央分享 30%,省、市县分享 70%)、遗产税(中央分享 55%,省、市县分享 45%)、营业税(中央分享 30%,院辖市分享 70%)。国民党统治时期,房地产税收在中央省、市县之间的具体分配见图5-2。

(三)1949 年以前房地产税制评价

1949 年以前房地产税制对国家财政收入以及政府抑制过分的房地产投机曾起过一些积极作用。当时的一些做法对于我们现在构建房地产税制仍然有值得借鉴的地方。

1. 房地产税收是国家财政收入的重要来源

近代中国房地产税收在财政收入中占的比重较大,是国家和地方财政收入的主要来源。

北洋政府时期,仅年度征收的契税收入占财政收入的比重就达 2.17%—2.87%。年度征收的田赋(此时还没有土地税)收入在财政收入中所占比重较大,约占 15%—23%(见表 5-4)。

国民党政府时期,由于实行中央与地方分税制,源于房地产业的税收绝大部分划归地方政府,因此,全国有关房地产税收情况没有确切的统计资料。但可以从某些地方政府的税收情况来反映其在财政中的地位和作用。就房捐收入而言,天津市在 1928—1932 年间,年平均房捐收入为466 645元,占年度税收收入的 12.34%;杭州市 1931

表5-4 北洋政府田赋收入及在财政中的地位情况表①

年份	岁入总额(银圆)	田赋收入额(银圆)	田赋收入所占比重(%)
1913	557 296 145	82 403 610	14.79
1916	473 947 710	97 553 513	20.58
1917	413 396 833	86 475 764	20.92
1919	375 807 154	87 085 294	23.17
1925	443 202 929	87 515 719	19.75

表5-5 上海市公共租界地捐收入占财政收入的比重

(单位:银圆)

年份	总收入	地捐收入	地捐收入所占比重(%)
1927	15 610 898	3 570 123	22.87
1929	17 445 164	4 103 590	25.52
1932	21 216 158	5 411 604	25.50
1933	22 111 660	6 044 485	27.34
1935	23 914 458	6 914 976	28.92
1936	23 651 711	6 914 537	29.23

资料来源:张薰华,《土地经济学》,上海人民出版社1987年版,第352页,转引自赵津,《中国城市房地产业史论》,南开大学出版社1994年版,第134页。

年房捐收入为473 263元,占全年财政收入的47%。② 1935年,预算的契税收入,湖北省为80万元,占年度财政预算收入的4%;广东省为160万元,占年度财政预算收入的4.1%;福建省为70万元,占年度

---

① 根据孙翊刚等主编:《中国赋税史》,中国经济出版社1987年版,第441—442页整理。
② 赵津:《中国城市房地产业史论》,南开大学出版社1994年版,第136页。

预算收入的 3.63%。① 上海市房地产税收在城市财政收入中所占比例最大,1931 年房捐收入为1 909 010元,占年度总收入的 23%,1935 年房捐、地捐收入占年度总收入的 75.2%。② 表 5-5 反映的是上海市公共租界地捐收入情况,从中可略见一斑。

2. 初步确立了以房地产税收为主体的地方财政体制

中华民国建立后,北洋政府开始划分国税、地税,实行中央和地方分享税制,但由于军阀混战,国税地税分税制未能真正实现。国民党政府建立后,逐步统一了财政,确立了中央和地方分享税制,并付诸实施,形成了中央、省(院辖市)、市县三级财政税收体制。同时,依据国家地方财政的支出范围,确立了地方政府的税种税源。国民党政府将来源于房地产上的税收绝大部分划归地方,这主要包括:契税及契税附加、土地改良物税(房捐)、70% 的土地税、45% 的遗产税,从而保证了省、市县地方政府有独立的税源。另外,还建立了转移支付制度,以扩大地方政府的财力。比如,中央政府将遗产税的 15% 划拨给院辖市,30% 划拨给市县地方政府,省政府将营业税的 50% 划归市县地方政府。从而逐步建立了以房地产税收为主体的地方财政体制。

3. 政府运用房地产税收杠杆,调节房地产业的发展

税收作为国家取得财政收入的一种分配工具,具有组织财政收入、调节经济和监督管理等职能作用。旧中国政府运用房地产税收杠杆,主要目的是为剥削阶级利益服务,强化其统治地位。但撇开其超经济剥削关系,他们的某些做法仍值得借鉴。1930 年国民党政府

---

① 参见孙翊刚:《中国赋税史》,中国财政经济出版社 1987 年版,第 427 页。
② 赵津:《中国城市房地产业史论》,南开大学出版社 1994 年版,第 136 页。

颁布的《土地法》,规定对土地一律征税,并对未改良地和荒地实行比改良地更高的地价税政策,试图通过高税率政策使土地资源得到充分利用;通过开征土地增值税、资本利得税等使地价增价部分收归政府,抑制了囤积土地、不劳而获等土地投机现象,在一定程度上保证了房地产市场的正常运行。

二 1949年以后房地产税制评述

(一) 1949年以后房地产税制的演变

自新中国成立以来,我国税收制度经历了一个建立、改革和发展的过程,房地产税制作为整个税收制度的一个组成部分,是与我国整个税制相伴而生的。整个税制的演变大致可以划分为五个阶段:第一阶段是新中国成立之初至1957年,主要是统一全国税政,建立新税制;第二阶段是1958—1972年,主要是在原税负基础上简化税制;第三阶段是1973—1978年,主要是合并税种,简化征收方法;第四阶段是1979—1993年,主要是重塑税收的功能和作用,由单一税制转变为复合税制;第五阶段始于1993年,统一税法、公平税负、简化税制,建立符合社会主义市场经济要求的分税制。

1. 1949—1957年的税制变革

新中国建立后,为了统一财政收支管理,恢复和发展国民经济,客观需要统一全国税政,建立一套适合我国国情的统一的新税制。1950年1月,政务院公布了《全国税政实施要则》,规定全国暂设中央和地方工商税收共13种,即货物税、工商业税(包括营业税和所得税)、盐税、薪给报酬所得税、存款利息所得税、印花税、遗产税、交易税、屠宰税、房产税、地产税、特种消费行为税、使用牌照税。在上述税种中,除了薪给报酬所得税和遗产税未开征外,其他税收陆续开征。① 后来,税制又先后进行了一些调整。根据当时多种经济成分并存的状况,这一时期实行的是以多种税、多次征为特征的复合税制。至此,新中国税制开始初步建立。这一时期,涉及房地产领域的税种主要有:房产税、地产税、② 契税、印花税和工商业税。

2.1958—1972 年的税制改革

社会主义改造基本完成以后,生产关系和经济结构发生了重大变化,社会主义制度在我国已经基本建立起来,原来实行的多种税、多次征的复合税制已不适应,因此 1958 年实行了工商税制改革。这次改革的基本方针是:"在基本保持原税负的基础上简化税制。"其主要内容是:实行"四税合一"的工商统一税(即将商品流通税、货物税、营业税和印花税合并为工商统一税)、实行"税利合一"、"统一全国农业税制"等。1958 年税制改革后,经 60 年代中后期的几次调整,我国税制共设 12 种税:即工商统一税、工商所得税、盐税、契税、城市房地产税、屠宰税、文化娱乐税、车船使用牌照税、牲畜交易税、集市交易税、农业税、关税。

3.1973—1978 年的税制改革

"文化大革命"开始以后,已经相当简化的税制被批判为"繁琐哲学","税收消亡论"、"税收无用论"盛行,否定税收的经济杠杆作用。在极"左"思想的影响下,1973 年进行了"在基本保持原税负的前提下,合并税种,简化征税办法",以达到国营企业只交纳一种税的税制

---

① 参见:"全国税政实施要则",《经济研究参考》1994 年第 17 期,第 3 页。
② 1950 年 7 月,房产税和地产税合并为"城市房地产税"。

改革目的。其主要内容是:对国营企业和集体企业实行"五税合一",即把工商统一税、盐税、城市房地产税、车船使用牌照税、屠宰税合并为工商税。改革后,对国营企业只征收工商税,对集体企业只征收工商税和工商所得税这两种税。改革后,我国共设 10 种税收:即工商税、工商所得税、城市房地产税、车船使用牌照税、屠宰税、牲畜交易税、工商统一税、关税、农业税和契税等。

这次税改,使我国的税制建设受到了很大的破坏,否定了税收对国民经济的调节作用。首先,很多税种名存实亡,税制结构极不合理。比如城市房地产税、车船使用牌照税、屠宰税这三种税仅对个人和外侨征收,且许多地区已实际停征;工商统一税仅对外征收。从表面上看,虽然仍存在 10 种税,是一种复合税制,但实际上是一种单一的税制体系。仅工商税一个税种就占了全部税收收入 90% 以上,它实质上是一个综合性税种。① 其次,税率按行业设计,同一产品在不同行业生产经营适用不同税率,造成税负不均。再次,税政管理严重削弱,税收管理权限层层下放,造成混乱无序的状况。

在这一阶段,房地产税制也同样受到了严重冲击。税改后,虽然仍保留房地产税和契税,但是就房地产税而言,由于城市土地所有权属于国家,城市土地使用者仅仅拥有按规定的使用方向使用土地的权利,土地使用权不许流转,因而房地产税的课征对象仅为房产;同时企业不用交纳房地产税,而是合并到工商税中统一征收,实际上房地产税仅对个人和外侨征收,城市房地产税的征收范围相当小。就契税而言,由于实行城市土地国有、农村土地集体所有、限制城市房屋个人所有的政策,土地一律不准买卖和出租,房屋基本上退出了商

---

① 董庆铮:《国家税收》,东北财经大学出版社 1988 年版,第 108 页。

品流通领域,几乎不存在城市房地产交易行为(包括买卖、典当、互换等),事实上以房屋和土地为课征对象的契税已经名存实亡了。

4. 1979—1993 年的税制改革

党的十一届三中全会作出了把工作重点转移到社会主义经济建设上来的战略决策,此后,围绕着"改革、开放、搞活"的方针,在经济领域实施了一系列的改革,我国社会主义建设进入了一个新的历史时期。与此同时,对税收制度进行了全面改革,我国的税制建设从此步入了新的轨道,进入了一个新的发展阶段。

这次税制改革的指导思想是,贯彻执行"调整、改革、整顿、提高"的方针,合理调节各方面的经济利益,充分发挥税收作用,促进国民经济的发展。改革的主要目的是,重塑税收的功能和作用,建立多种类、多层次的复合税收体系。为了实现这一目的,这次税收大致经历了以下几个步骤:①第一步利改税。国务院决定从1983年起对国营企业征收所得税,即把国营企业上缴给国家利润的较大部分,改为征收所得税。②第二步利改税。1984年9月,国务院发布了《中华人民共和国国营企业所得税条例(草案)》和《国营企业调节税征收办法》,对国营企业全面征收所得税和调节税,由"税利并存"逐步过渡到"以税代利",税后利润归企业,使企业逐步成为"自负盈亏,独立经营"的法人。在国营企业利改税第二步改革的同时,将原来的工商税"一分为四",即废除工商税,开征产品税、增值税、营业税、盐税。③从1985年起,国家颁布了一系列税收法律、法规,陆续开征了城市维护建设税、印花税、城镇土地使用税、外商投资企业所得税和外国企业所得税等税收。

从1979到1993年,我国税制改革取得了明显的成效,基本建立了以流转税、所得税为主,其他税种相配合的复合税制体系。这个体

系主要包括 6 个税类，32 种税收：①

(1)流转税类：主要包括产品税、增值税和营业税等 3 种税。

(2)资源税类：主要包括资源税、盐税和城镇土地使用税等 3 种税。

(3)所得税类：包括国营企业所得税、国营企业调节税、集体企业所得税、私营企业所得税、城乡个体工商业户所得税和个人收入调节税等 6 种税。

(4)特定目的税类：包括奖金税、国营企业工资调节税、固定资产投资方向调节税、城市维护建设税、烧油特别税、筵席税和特别消费税等 7 种税。

(5)财产和行为税类：包括房产税、车船使用税、印花税、屠宰税、集市交易税、牲畜交易税等 6 种税。

(6)涉外税类：包括外商投资企业和外国企业所得税、个人所得税、工商统一税、城市房地产税、车船使用牌照税等 5 种税。

这一时期，也是我国房地产税制建设取得实质性进展的时期，国家先后拟定了一些房地产税收法规，陆续开征了一些房地产税收。主要有：①重新开征房产税。1984 年，国营企业第二步利改税，废除了原来的工商税，因此，国务院决定开征房产税，并于 1986 年颁布了《中华人民共和国房产税暂行条例》。②开征固定资产投资方向调节税。1987 年，国务院颁布了《中华人民共和国建筑税暂行条例》，决定开征建筑税。1991 年，改建筑税为固定资产投资方向调节税，并颁布了《中华人民共和国固定资产投资方向调节税》。③开征城镇土地使用税。1988 年，国务院颁布了《中华人民共和国城镇土地使用

---

① 参见："全国税政实施要则"，《经济研究参考》1994 年第 17 期，第 9—10 页。

税暂行条例》,决定对全国城镇土地开征土地使用税。④开征土地使用权转让及出售建筑物的营业税。1990年8月,财政部发布了《关于营业税增设"土地使用权转让及出售建筑物"和"经济权益转让"税目的通知》,正式对土地使用权的转让及建筑物的出售开征营业税。这样,截至1993年,直接的房地产税种主要有:房产税、城镇土地使用税、①契税、耕地占用税;与房地产紧密相关的税种有:城市维护建设税、固定资产投资方向调节税、营业税、印花税、企业所得税、外国投资企业和外国企业所得税等。

5. 1993年的税制改革

原有税制突破了我国传统的计划经济体制下统收统支的分配格局,基本适应了社会主义初级阶段多种经济成分、多种经营形式、多种流通渠道并存的经济状况,强化了税收的经济杠杆作用。但是,原有税制仍存在着许多问题,特别是与发展社会主义市场经济的要求不相适应,主要表现在:①税负不均,不利于企业平等竞争;②国家和企业的分配关系犬牙交错,很不规范;③中央与地方在税收收入与税收管理权限划分上,不能适应彻底实行分税制的需要;④税收调控的范围和程度不能适应生产要素全面进入市场的要求,税收对土地市场和资金市场等领域的调节远远没有到位;⑤内外资企业分别实行两套税制,矛盾日益突出。② 因此,为了克服上述问题和矛盾,使税制符合建立社会主义市场经济体制的需要,1993年进行了新中国成立以来规模最大、范围最广泛、内容最深刻的一次税制改革。

---

① 房产税、城镇土地使用税是对内资企业和个人开征的,对外仍征收城市房地产税。

② 参见国家税务总局:《中华人民共和国工商税收基本法规汇编》,经济科学出版社1994年版,第2页。

1993年税制改革是围绕:"统一税法,公平税负,简化税制,合理分权,理顺分配关系,保障财政收入,建立符合社会主义市场经济要求的税制改革"这一指导思想来展开的。改革的主要内容是:①改革企业所得税。统一内资企业所得税,税率由55%降为33%;取消了国营企业调节税、国家能源交通重点建设基金和国家预算调节基金。在此基础上,逐步统一内外资企业所得税。②改革个人所得税。将

表5-6 我国现行工商税制体系

税类	税种	税率
一 流转税类	增值税 消费税 营业税	13%、17% 3%—45% 3%、5%、20%
二 所得税类	企业所得税(内资企业) 外商投资企业和外国企业所得税 个人所得税适用于工资、薪金所得 个人所有税适用于个体工商户	33% 15%、24%、33% 5%—45% 5%—35%
三 资源税类	资源税 城镇土地使用税	从量定额税率 幅度定额税率
四 特定目的税类	城市维护建设税 固定资产投资方向调节税 土地增值税	营业税税额的7%、5%、1% 0%、5%、10%、15%、30% 30%、40%、50%、60%
五 财产、行为税类	房产税 车船使用税 印花税 遗产税 证券交易税 屠宰税	从价计征,1.2% 从租计征,12% 定额税率 0.3‰—1‰ 法规待制定

个人所得税、个人收入调节税和城乡个体工商业户所得税合并为统一的个人所得税。③改革流转税。取消了原有税制中的产品税,增设了消费税,改革后的流转税类由增值税、消费税和营业税组成。同时取消了对外资企业征收的工商统一税,实行内外资企业统一的流转税制。④增设了"土地增值税"。⑤改革地方税制,建立地方税体系,提高地方税收比重。1994年1月,我国开始全面实施新税制,改革后我国工商税制中的税种由原来的32种减少到18种,税制结构趋于合理。我国现行工商税制体系见表5-6。

在这次税制改革中,房地产税制建设得到了加强,新开征了土地增值税。至此,房地产税制体系已初步建立。

(二)1949年以后主要房地产税种演变历程

1. 房产税

房产税是向房屋产权所有人征收的一种财产税。新中国成立之初,为了适应当时政府财政的需要,把新中国成立前所征收的房捐、地价税、土地增值税等捐税加以改造,予以沿用征收。1950年,政务院颁布的《全国税政实施要则》中规定,在全国范围内开征房产税。1951年,又颁布了《城市房地产税暂行条例》,将房产税和地产税合并为"城市房地产税"。1973年税制改革,将城市房地产税并入工商税,城市房地产税仅对城市房地产管理部门、拥有房地产的个人或外侨征收。实际上从1978年起,城市房地产税仅对外侨征收。1986年9月,国务院发布了《中华人民共和国房产税暂行条例》,再次将房产税从工商税中分离出来,单独开征此税。此后,房产税一直沿用至今。

房产税的计税标准、税率也几经变化。1951年颁布的《城市房地产税暂行条例》中规定了房产税的税率:①房产税依标准房价按年计征,税率为1%;②标准房价与标准地价不易划分的城市,依标准房地价合并按年计征,税率为1.5%;③标准房地价不易求得的城市,依标准房地租价按年计征,税率为15%。1953年修正税制时对房产税税率作了调整,将原税率依次分别调整为1.2%、1.8%和18%。1956年,房产税的计税标准改依评定的标准价格计征为按账面价格计征。1966年"文化大革命"开始后,由于限制居民个人拥有房屋,居民个人的房地产基本上都交由房地产管理部门,由房地产管理部门收取租金,房产税也统一由房地产管理部门按房租收入的10%交纳。① 1986年,房产税的计税依据分为从价计征和从租计征两种形式,其税率分别为:从价计征的,按房产原值一次扣减10%—30%后的余值计征,税率为1.2%;从租计征的,按房产出租的租金收入计征,税率为12%。

2. 城镇土地使用税

城镇土地使用税是以土地为课征对象的一种税。新中国成立初期,政务院颁布的《全国税政实施要则》中规定了"地产税",并在全国开始征收。1951年,将地产税和房产税合并为"城市房地产税",并规定了地产税的税率:①地产税依标准地价按年计征,税率为1.5%;②标准房价与标准地价不易划分的城市,依标准房地价合并按年计征,税率为1.5%;③标准房地价不易求得的城市,依标准房地租价计税,税率为15%。1953年,将地产税税率调整为1.8%。1956年,对地产税的征收进行了改革:改以地价为基础征税为以租金为基础征税;房地产税合并征收,实行从租计税,税率为18%;对空地和其他不能与房屋合并征税的土地,按地段繁荣程度及交通状况,估定征税定额,征收地

---

① 参见北京经济学院财政金融教研室编:《新中国税制演变》,天津人民出版社1985年版,第230—238页。

产税。① 1973年,企业的房地产税并入工商税,房地产税仅对个人、外侨以及房地产管理部门征收,实际上房地产税仅仅是房产税(由于土地公有制后,土地不准买卖、出租等,取消了地租,地产税实质上取消了)。1984年第二步利改税时,拟定了《土地使用税条例(草案)》,将地产税从城市房地产税中划出,拟定名为"土地使用税"。而在此之前,在实践中开始征收土地使用费。1979年,国家颁布的《中华人民共和国中外合资经营企业法》中规定,"中国合营者的投资可包括为合营企业经营期间提供的场地使用权","如果场地使用权未作为中国合营者投资的一部分,合营企业应向中国政府交纳使用费"。"土地使用费"是改革后城市国有土地价值独立表现出来的最初形式。1982年,深圳经济特区对城市不同等级的土地向土地使用者收取不同标准的使用费,标准为每平方米每年1元—21元不等;1984年,抚顺市开始全面征收土地使用费,标准为每平方米每年0.2元—0.6元不等;同年,广州市对新建项目、中外合资项目和经济技术开发区征收土地使用费,把城市土地分为七个等级,收费标准为每平方米每年0.5元—4元不等。同时,在理论界展开了一场旷日持久的"税、费"之争,直到1988年9月,国务院颁布了《中华人民共和国城镇土地使用税暂行条例》,其中第14条规定:"本条例自1988年11月1日起施行,各地制定的土地使用费办法同时停止执行。"至此,才结束了长达4年之久的税费之争。城镇土地使用税采取分类分级的幅度定额税率。

3. 契税

契税是在土地、房屋不动产所有权发生转移变动,当事人双方签订契约等时,对产权承受人征收的一种税。新中国成立初期就设立了

---

① 参见高映轸等著:《城市土地管理学》,武汉大学出版社1987年版,第87—88页。

此税种。1950年4月,政务院公布了《契税暂行条例》,规定土地和房屋买卖、典当、赠与或交换订立契约时,应纳契税。1954年6月,财政部对契税进行了修改。契税分为买契税、典契税和赠与契税3种。买契税按买价的6%征税;典契税按典价的3%征税;赠与契税按现值价格的6%征税;交换的房屋双方价值相等,免征契税,不相等者,其超过部分按买契税税率征税。自新中国成立初开征此税后,一直沿用至1997年10月没有变化。1997年10月国务院颁布了新的《中华人民共和国契税暂行条例》。

4. 耕地占用税

耕地占用税是对占用耕地从事非农业建设的单位或个人征收的一种税。1987年4月,国务院发布了《中华人民共和国耕地占用税暂行条例》,开征此税。

耕地占用税以纳税人实际占用耕地面积为计税依据,采用定额税率。税率分四个档次:①人均耕地在1亩以下(含1亩)的地区,每平方米每年为2元—10元;① ②人均耕地在1亩至2亩(含2亩)的地区,每平方米每年为1.6元—8元;③人均耕地在2亩至3亩(含3亩)的地区,每平方米每年为1.3元—6.5元;④人均耕地在3亩以上的地区,每平方米每年为1元—5元。

5. 固定资产投资方向调节税

固定资产投资方向调节税的前身是建筑税。1983年,国务院颁布了《建筑税暂行条例》,同年10月在全国范围内开征。1987年,国务院又发布了《中华人民共和国建筑税暂行条例》,对原建筑税征收办法作了较大的修订。建筑税是对用自筹资金(即计划外资金)进行基本建

---

① 人均耕地是按县为单位来计算的。

设活动的行为征收的一种税。开征此税是为了解决基建规模失控、投资膨胀的问题,引导自筹建设资金的投向,合理调整投资结构,促进国民经济健康发展。建筑税实行差别比例税率,规定了三档税率:10%、20%、30%。20世纪90年代初,我国经济体制发生了较大变化,计划经济逐步向市场经济转变,投资主体和投资资金来源日趋多元化,原来开征的建筑税难以发挥其调控作用。因此,为了贯彻国家产业政策,控制投资规模,引导投资方向,调整投资结构,加强重点建设,促进国民经济持续、稳定、协调发展,国务院于1991年颁布了《中华人民共和国固定资产投资方向调节税暂行条例》,固定资产投资方向调节税取代了建筑税。固定资产投资方向调节税是对单位和个人用于固定资产投资的各种资金征收的一种税。也就是说,进行固定资产投资的单位和个人,不论其资金来源渠道如何,也不论其投资项目是计划内还是计划外项目,也不管是否纳入年度固定资产投资计划,都属于征税范围。固定资产投资方向调节税根据国家产业政策和经济规模实行差别比例税率,其税率分为五个档次:0%、5%、10%、15%、30%。其计税依据是固定资产投资项目实际完成的投资额。2000年我国停征了固定资产投资方向调节税。

另外,1993年国务院颁布了《中华人民共和国土地增值税暂行条例》,在新中国税制史上第一次设置土地增值税。

三 我国现行房地产税制及评价

我国现行房地产税制的基本框架,是在1993年全面的结构性税制改革后形成的。把握现状、剖析问题是研究和解决问题的基础,对改革和构建我国房地产税制也是至关重要的。

(一)我国现行的主要房地产税种

房地产税制是我国目前税制体系中最为复杂的一个行业税收体系,若按课税对象来划分的话,房地产税收触及我国现行税制结构体系中的所有税类(即流转税类、所得税类、资源税类、财产行为税类、特定目的税类等五大税类)。这里仅对主要的房地产税种作一概述。

1. 房产税

现行房产税于 1986 年 10 月 1 日起施行。其征税范围是城市、县城、建制镇和工矿区。纳税义务人是产权所有人。房屋产权属于全民所有的,由经营管理单位缴纳;产权出典的,由承典人缴纳;产权所有人、承典人不在房产所在地的,或者产权未确定及租典纠纷未解决的,由房产代管人或者使用人缴纳。房产税的计税依据分为从价计征和从租计征两种形式,其税率也分为两种:一是从价税率,按房产原值一次减除 10% 至 30% 后的余值计算,税率为 1.2%;二是从租税率,按房产出租的租金收入计算,税率为 12%。

现行房产税的减免范围:①国家机关、人民团体、军队自用的房产(不包括上述单位出租的房产以及非本身业务用的生产、营业用房产);②由国家财政部门拨付事业经费的单位自用的房产;③宗教寺庙、公园、名胜古迹自用的房产;④个人所有非营业用的房产;⑤经财政部批准免税的其他房产,主要有:企业办的各类学校、医院、托儿所、幼儿园自用的房产;对毁损、不堪居住的房屋和危险房屋,经有关部门鉴定后,可免征;对微利企业和亏损企业的房产可免征;企业停产、撤销后,闲置不用的房产,可免征;基建工地的临时性房屋(工棚、食堂、汽车房、办公室等临时性房屋)免征。

2. 城镇土地使用税

城镇土地使用税是国家对在城市、县城、建制镇和工矿区范围内使用土地的单位和个人,以其实际占用的土地面积为计税依据征收的一种税。现行城镇土地使用税于1988年11月1日起施行。开征城镇土地使用税的目的在于合理利用城镇土地,调节土地级差收益,提高土地使用效益,加强土地管理。

城镇土地使用税的课征对象是城市、县城、建制镇、工矿区范围内的土地(包括国有土地和集体所有的土地)。城镇土地使用税的纳税人为拥有土地使用权的单位或个人。拥有土地使用权的纳税人不在土地所在地的,由代管人或实际使用人缴纳;土地使用权未确定或权属纠纷未解决的,由实际使用人缴纳;土地使用权共有的,由共有各方分别按其实际使用的土地面积缴纳。

城镇土地使用税采取分类分级的幅度定额税率征收。每平方米的年幅度税额按城市大小分四个档次:大城市0.5元至10元;中等城市0.4元至8元;小城市0.3元至6元;县城、建制镇、工矿区0.2元至4元。同时,考虑到一些地区经济较为落后,需要适当降低税额以及一些经济发达地区需要适当提高税额的实际情况,《城镇土地使用税暂行条例》规定,经省、自治区、直辖市人民政府批准,可以适当降低税额,但降低额不得超过税法所规定的最低税额的30%;经济发达地区可以适当提高税额,但须报财政部批准。

从2007年1月1日起,国家将城镇土地使用税每平方米年税额在原《条例》规定的基础上提高2倍,即大城市由0.5元至10元提高到1.5元至30元;中等城市由0.4元至8元提高到1.2元至24元;小城市由0.3元至6元提高到0.9元至18元;县城、建制镇、工矿区由0.2元至4元提高到0.6元至12元。同时,将外商投资企业和外国企业(以下简称外资企业)纳入城镇土地使用税的征税范围。

现行土地使用税的减免范围分三大类:一是政策性的长期、定期免税;二是困难性及受灾临时性的减税和免税;三是由地方确定的免税。

政策性的免税,主要包括:①国家机关、人民团体、军队自用的土地;②由国家财政部门拨付事业经费的单位自用的土地;③宗教寺庙、公园、名胜古迹自用的土地;① ④市政街道、广场、绿化地带等公共用地;⑤直接用于农、林、牧、渔业的生产用地;② ⑥经批准开山填海整治的土地和改造的废弃土地,从使用的月份起免缴5—10年的土地使用税;⑦财政部另行规定免税的能源、交通、水利设施用地和其他用地。

困难性及受灾临时性减税和免税,主要包括:①纳税人缴纳土地使用税确有困难需要定期减免的,由省、自治区、直辖市税务机关审批,但年减免额超过10万元的,须报国家税务总局批准;②对遭受自然灾害需要免税的企业和单位,省、自治区、直辖市税务机关,可根据受灾情况,给予临时性的减税或免税。

由地方确定的免税,主要包括:①个人所有的居住房屋及院落用地;②房产管理部门在房租调整改革前经租的居民住房用地;③免税单位职工家属的宿舍用地;④民政部门举办的安置残疾人占一定比例的福利工厂用地;⑤集体和个人办的各类学校、医院、托儿所、幼儿园用地。上述几类用地是否免税,由省、自治区、直辖市税务局自行确定。

---

① 前三项免税不包括上述单位的生产经营用地。
② 该项免税不包括农副产品加工场地和生活、办公用地。

3. 土地增值税

土地增值税是对有偿转让国有土地使用权及地上建筑物或其他附着物的单位和个人征收的一种税。它实质上属于收益税或资产利得税。我国把此税列入特定目的税类。

为了规范土地、房地产市场交易秩序，抑制土地投机，合理调节土地增值收益，完善我国房地产税制，促进房地产业健康发展，1993年12月，国务院颁发了《土地增值税暂行条例》，并规定于1994年1月1日起施行。土地增值税的设置，是新中国成立后税制史上的一个重大突破。

土地增值税的征税范围包括国有土地、地上建筑物及其他附着物。转让房地产是指以出售或者其他方式有偿转让国有土地使用权、地上建筑物和其他附着物的行为，不包括以继承、赠与方式无偿转让房地产的行为。其课税对象为有偿转让房地产所取得的土地增值额。

土地增值税的计税依据是纳税人有偿转让房地产所获得的土地增值额。

土地增值额＝转让房地产的收入－扣除项目金额

转让房地产所获取的收入指转让房地产的全部价款及有关的经济收益，具体包括货币收入、实物收入和其他收入等。

计算土地增值额的扣除项目，主要包括：①取得土地使用权所支付的金额。是指纳税人为取得土地使用权所支付的地价款和按国家统一规定交纳的有关费用；若通过行政划拨方式无偿取得土地使用权的企业和单位，则以转让土地使用权时按规定补交的出让金及有关费用，作为取得土地使用权所支付的金额。②开发土地和新建房及配套设施（简称为房地产开发）的成本。是指纳税人房地产开发项目实际发生的成本，包括土地征用及拆迁补偿费、前期工程费、建筑安装工程费、基础设施费、公共配套设施费、开发间接费用。③开发土地和新建房及配套设施的费用(简称房地产开发费用)。是指与房地产开发项目有关的销售费用、管理费用及财务费用。④与转让房地产有关的税金。是指在转让房地产时缴纳的营业税、城市维护建设税、印花税和教育费附加。⑤对从事房地产开发的纳税人按取得土地使用权所支付的价款和房地产开发成本之和,加计20%的扣除。

土地增值税采取超率累进税率,具体分四级:增值额未超过扣除项目金额50%的部分,税率为30%;增值额超过扣除项目金额50%、未超过扣除项目金额100%的部分,税率为40%;增值额超过扣除项目金额100%、未超过扣除项目金额200%的部分,税率为50%;增值额超过扣除项目金额200%的部分,税率为60%。

《土地增值税暂行条例》、《实施细则》以及相关政策规定了免税范围,主要包括:①纳税人建造普通标准住宅出售,其土地增值额未超过扣除项目金额20%的。②因国家建设需要依法征用、收回的房地产。③个人因工作调动或改善居住条件而转让原自用住房,经税务机关核准,凡居住满5年或5年以上的,免征;居住满3年未满5年的,减半征收;居住未满3年的,按规定计证。④其他免征的有:1994年1月1日以前签订的房地产转让合同,不论其房地产在何时转让,均免征;1994年1月1日以前已签订房地产开发合同或已立项,并已按规定投入资金进行开发,其在1994年1月1日以后5年内首次转让房地产的,免征。签订合同日期以有偿受让土地使用权合同签订之日为准。

按税法规定,对于隐瞒、虚报房地产成交价格的,提供扣除项目金额不实的;或者转让房地产成交价格低于房地产评估价格,又无正当理由的,均按房地产评估价格计征土地增值税。

4. 契税

现行的契税于 1997 年 10 月 1 日起施行。其课征对象为：国有土地使用权出让；土地使用权转让，包括出售、赠与和交换（不包括农村集体土地承包经营权的转移）；房屋买卖、赠与和交换。契税的计税依据：国有土地使用权出让、出售、房屋买卖，为成交价格；土地使用权赠与、房屋赠与，由征收机关参照土地使用权出售、房屋买卖的市场价格核定；土地使用权交换、房屋交换，为所交换的土地使用权、房屋的价格的差额。契税税率为 3%—5%。

1997 年 10 月颁布的《契税暂行条例》规定了免征、减征范围：① 国家机关、事业单位、社会团体、军事单位承受土地、房屋用于办公、教学、医疗、科研和军事设施的，免征；② 城镇职工按规定第一次购买公有住房的，免征；③ 因不可抗力灭失住房而重新购买住房的，酌情减征或免征；④ 财政部规定的其他减征、免征契税的项目。

除了上述税种外，现行房地产税种还有：耕地占用税以及与房地产税收紧密相关的营业税、城市维护建设税、印花税、企业所得税、个人所得税。现行房地产税制体系见表 5-7。

我国现行的房地产税制是在 1993 年实施的全面性、结构性、整体性税制改革的基础上逐步形成的，从实施的情况来看，将房地产税收的大部分划归地方，在理顺中央政府、地方政府之间的分配关系方面有了一些进展，使我国税制向国际惯例更靠近了一步。房地产税收在地方税收中的比重逐年提高。据统计，房地产税收总额由 1999 年的 378.43 亿元提高至 2005 年的 1 590.19 亿元，占地方税收入的比重由 1999 年的 11.43% 上升至 2005 年的 16.68%。[①] 从表 5-8 可以看出 1999—2005 年房地产税收在稳步增长。

---

① 根据《中国统计年鉴》2000 年、2006 年的数据计算。

表 5-7 现行房地产税制体系一览表

税　种		计税依据	税　率
直接以房地产为课税对象的税种	1.房产税	按房产价值计征	1.2%
		按租金收入计征	12%
	2.城镇土地使用税	按占用的土地面积计征	幅度定额税率： ①大城市:1.5—30元/平方米·年； ②中等城市:1.2—24元/平方米·年； ③小城市:0.9—18元/平方米·年； ④县城、建制镇、工矿区:0.6—12元/平方米·年
	3.土地增值税	土地增值额	超率累进税率： ①增值额未超过扣除项目金额50%的部分,税率为30%； ②增值额超过扣除项目金额50%、未超过扣除项目金额100%的部分,税率40%； ③增值额超过扣除项目金额100%、未超过扣除项目金额200%的部分,税率50%； ④增值额超过扣除项目金额200%以上的部分,税率为60%
	4.契税	成交价格或交换的价格差额	3%—5%
	5.耕地占用税	实际占用的耕地面积	定额税率： ①人均耕地在1亩以下(含1亩)的地区:2—10元/平方米·年； ②人均耕地在1—2亩(含2亩)的地区:1.6—8元/平方米·年； ③人均耕地2—3亩(含3亩)的地区:1.3—6.5元/平方米·年； ④人均耕地3亩以上的地区:1—5元/平方米·年

与房地产紧密相关的税种	6.营业税	转让收入	5%
	7.城市维护建设税	按营业税税额计征	市区:7% 县城、镇:5% 其他:1%
	8.印花税	合同金额	①房地产买卖:税率0.5‰; ②房地产租赁:税率1‰; ③房地产开发:税率0.3‰
	9.企业所得税	所得额	33%(2008年1月1日起税率调整为25%)
	10.个人所得税	所得额	20%

表 5-8 1999—2005 年房地产税收情况表

(单位:亿元)

	1999	2000	2001	2002	2003	2004	2005
房产税	183.5	209.6	228.6	282.4	323.9	366.3	435.9
城镇土地使用税	59.1	64.9	66.2	76.8	91.6	106.2	137.3
土地增值税	6.8	8.4	10.3	20.5	27.3	75.1	140.0
契税	96.0	131.1	157.1	239.1	358.1	540.1	735.14
耕地占用税	33.03	35.32	38.33	57.34	89.90	120.09	141.85
总计	378.43	449.32	500.53	676.14	890.8	1 207.79	1 590.19
地税	3 312.1	3 733.7	4 716.3	5 308.7	6 303.6	7 863.7	9 531.3
占地税收入比重(%)	11.43	12.03	10.61	12.74	14.13	15.36	16.68

资料来源:《中国统计年鉴》2000-2006年各年的数据。

(二)我国现行的主要房地产税制的主要问题

虽然现行房地产税制在强化宏观调控功能、促进房地产业的规范发展等方面起到了积极作用,但是,现行房地产税制与社会主义市场经济体制的发展、房地产业体制改革以及房地产市场化的推进显得极不适应,存在着不少问题。

1. 房地产税种设置不合理,难以发挥经济杠杆的调节作用

(1)房产税计税依据不科学,税率偏低

现行房产税的计税依据是以房产原值一次减除10%—30%后的余值或房屋出租租金收入为基础的,而没有考虑由于经济发展、城市化以及社会因素等引起的房地产增值部分,这样使计税税基因房产原值每年扣除折旧而大大缩小。房产税税率分为两种:从价计征税率为1.2%,从租计征税率为12%。从价计征税率明显偏低,并未对经营性房产与非营业性房产加以区别对待;从租计税的规定不严密,对转租等现象是否征房产税,没有规定,存在较大的漏洞。同时,减免范围过宽,影响了房产税的征收效果。另外,目前我国不少个人拥有别墅、豪华住宅,但对此类住宅,仍按现行房产税"个人所有非营业用的房产免征"的规定执行,显然与制定该条款的初衷相悖,也不符合税收公平合理的基本原则。

(2)土地使用税存在的问题

一是土地使用税标准过低,起不到抑制滥占、滥用土地的作用。《城镇土地使用税暂行条例》规定,凡使用属于城市、县城、建制镇和工矿区范围内土地的单位和个人都有依法交纳土地使用税的义务,并规定了各类城市土地使用税税额标准。根据我们调查的情况来看,各地方在制定具体的土地使用税征收细则和标准时,一般比国家

规定的标准低得多。比如湖北省颁布的土地使用税税额比国家标准低了近30%(见表5-9),即使是广州这样发达的城市也如此,宜昌市等中等城市的具体标准只有国家标准的1/5(见表5-10),小城市、县城的土地使用税税额就更低了。因此,土地使用税的征收带有浓厚的象征性。[①]

二是土地使用税以土地面积为计税依据,缺乏科学性,也有失公允。土地使用税采取从量幅度定额税率征收,达不到合理节约使用土地、提高土地利用效率的目的,也不能有效地调节土地的级差收益。

表5-9 湖北省各类城市土地使用税税额标准

城市类别	每平方米土地使用税税额(元/平方米·年)
大城市	0.50—7.00
中等城市	0.40—5.00
小城市	0.30—4.00
县镇	0.20—3.00
工矿区	0.20—2.00

表5-10 宜昌市土地使用税税额标准

土地等级	每平方米土地使用税税额(元/平方米·年)
I	2.00
II	1.40
III	0.80
IV	0.50
V	0.30

---

① 参见拙文:"关于征收土地使用税的几个问题",《经济学动态》1991年第3期,第33页。

三是土地使用税免征范围过宽,减免措施过活。《暂行条例》第6条规定的免交土地使用税的对象达七个之多,对国家机关、人民团体、军队等这些具有很大节约和合理使用土地潜力的用地大户免征税收,不利于提高土地利用率。而这些单位的土地在商品经济发展的今天,大量被卷入商品交易之中,变相买卖土地的现象屡禁不止,土地收益大量流失。就减免措施而言,未免太活。税法规定了政策性免税、困难性及受灾临时性的减免税收,在免征范围放得相当宽的情况下,国家税务总局在《关于对经贸仓库免缴土地使用税问题的复函》以及在其他几个文件中,一方面强调"不宜一律免征土地使用税";另一方面又提出"对纳税确有困难的,可适当减免照顾"。这固然体现了立法的原则性和实施的灵活性,但在实际中难以掌握分寸,难以确定一个适当的度,这必然导致各地方大面积减免征收范围。[①]

(3)土地增值税存在的问题

土地增值税是1993年税制改革中首次设置的,作为一个新设置的税种,存在着许多缺陷。主要有:

一是征税范围过窄。按照《土地增值税暂行条例》第2条规定,土地增值税的征收范围是转让国有土地使用权、地上建筑物及附着物并获得增值的单位和个人。从规定来看,只对买卖土地使用权、房地产征税,征收范围相当小。实际上,在房地产市场上,能引起房地产增值的途径、方式很多,除了买卖土地使用权、房地产以外,土地使用权出租、土地使用权作价入股、联合建房、以地换房、房屋出租、商业性房地产自用等行为,都能使房地产增值,而仅对转让房地产征

[①] 参见拙文:"关于征收土地使用税的几个问题",《经济学动态》1991年第3期,第34页。

税,不符合税赋公平性、严肃性的原则,也不利于规范房地产市场。①

二是土地增值税的计税不合理。第一,税法以实际价格上涨作为计税税基,未扣除土地使用权人、房地产所有人(或投资者)的投资而引起的增值部分,扩大了税基。所谓土地增值,是指在房地产开发利用和房地产市场交易过程中土地价格的增加,也就是地价的增加值。土地增值具有二元性,即人工增值和自然增值。② 人工增值是由于投资者增加投资而引起的,是级差地租 II 的资本化。自然增值是由于城市基础设施的改善,导致土地区位条件的优劣而引起的土地增值(级差地租 I),或其他投资者的投资对该宗地的辐射而形成的外在收益(外部投资辐射性增值),以及城市的发展、人口的增加、土地供不应求而引起的地价上涨(稀缺性增值)。土地的自然增值与投资者的投资无关,它来源于社会。土地增值税并不是对土地(或房地产)的全部增值进行课征,它课征的对象限于土地的自然增值;土地的人工增值不属于土地增值税的课征对象,其收益应归投资经营者所有。不区分人工增值和自然增值的做法,必将挫伤真正的房地产投资者的投资积极性,对土地投机、炒买炒卖房地产的行为起不到抑制作用。第二,土地增值额的计算违背一般的经济规律。一方面,没有考虑房地产投资经营者的经营管理水平以及企业经过长期的努力而形成的无形资产(比如企业信誉、企业品牌)等的作用。一般来说,经营管理水平高、无形资产质量好的企业,应获取比其他企业更高的利润。另一方面,现行土地增值税的计算中,扣除项目是采用个别生产的成本据实扣除,而不是采用社会平均成本,这种做法实质上

---

① 具体论述参见拙文:"关于征收土地增值税的几个问题",《北京房地产》1995 年第 8 期,第 20—21 页。

② 周诚:"论土地增值及其政策取向",《经济研究》1994 年第 11 期,第 51 页。

是鼓励高成本,鼓励浪费,惩罚节约,不利于投资效率的提高。第三,计算增值额的扣除项目没有考虑房地产开发经营者的全部投资的资金利息和通货膨胀因素。《土地增值税暂行条例实施细则》的第7条规定:"财务费用中的利息支出,凡能够按转让房地产项目计算分摊并提供金融机构证明的,允许据实扣除,但最高不能超过按商业银行同类同期贷款利率计算的金额。""凡不能按转让房地产项目计算分摊利息支出或不能提供金融机构证明的,房地产开发费用(作者注:是指销售费用、管理费用、财务费用)按本条(一)、(二)项规定(作者注:是指土地使用权价值,房地产开发成本)计算的金额之和的10%以内计算扣除。"这些规定是为了防止房地产投资经营者任意扩大成本以避税或减少向国家纳税的现象,但其规定不合理。因为房地产投资者的全部投资资金,无论是来自于银行贷款,还是通过发行股票、债券筹措的,或是自有资金等,都要付出一定的代价。银行贷款,要按商业银行同类同期贷款利率支付利息。发行股票、债券等筹措的资金,要向股票、债券持有者派发股息、红利和支付债息。用自有资本进行投资,表面上看似乎不花费任何成本,但对投资者来说,相应失去了投资其他领域的机会,实际上应计算其机会成本,自有资金的成本应相当于交纳所得税后的普通股的报酬。另外,在计算扣除项目金额时,也没有考虑通货膨胀因素。把因通货膨胀因素所造成的虚假增值计入土地增值额中,显然不合理。比如,某投资者1996年底以100万元的价格购买了一套房地产,2005年底以180万元的价格卖出,假定资金年平均利润率为5%,若不考虑通胀因素,增值额为25万元;若考虑通胀因素(按城市居民消费价格指数计算,年均上涨1.77%),实际亏损了1.67万元,两者相差较大。若按现行税法规定计税,房地产所有者应交土地增值税27万元,那么考虑通胀因素后,房地产所有者在转让房地产后不仅未获得增值、保值收益,反而实际损失了 28.67 万元。第四,对不同的纳税人,其扣除项目不统一。按《实施细则》规定,对从事房地产开发的纳税人,按取得土地使用权所支付的金额、开发土地和新建房及配套设施的成本之和,加计 20% 的扣除,但对其他投资者则不扣除。这既不符合同等投资应获得同等收益的基本原理,也不符合市场经济平等竞争的基本准则。①

三是土地增值税税目设置单一,所定税率未考虑房地产占有期的长短。从《土地增值税暂行条例》和《实施细则》的规定来看,我国所实行的土地增值税实质上是土地转移增值税,而对房地产保有、房地产租赁等则不征税,这种设置相当不合理。同时,所定税率未考虑对长期持有和短期持有房地产加以区别对待,这不利于抑制房地产投机活动。②

四是土地增值税减免范围和对象较宽,降低了其调节力度。除了《暂行条例》和《实施细则》规定的"对建造普通住宅出售,增值额未超过规定扣除项目金额之和 20% 的","对因城市实施规划和国家建设的需要被征用的房产或收回土地使用权的",以及"个人住宅居住满 5 年或 5 年以上转让住宅的"三项免税之外,国家税务总局又补充规定了两项免税范围:对 1994 年 1 月 1 日以前已签订房地产转让合同,不论其房地产在何时转让,免征;对 1994 年 1 月 1 日以前已签订房地产开发合同或已立项,并按规定投入资金进行开发,其在 1994 年 1 月 1 日以后 5 年内首次转让房地产的,免征。这两项免税规定

---

① 参见拙文:"关于征收土地增值税的几个问题",《北京房地产》1995 年第 8 期,第 21—22 页。

② 参见拙文:"完善我国土地增值税的基本设想",《中国房地产》1995 年第 10 期,第 17 页。

将使大量的真正获取暴利者不在征税之列,抑制土地投机和炒卖、炒买房地产的初衷也将落空,必将导致大量土地增值收益流失。

另外,土地增值税征管难,实际操作较困难。首先,土地增值税的征收管理制度不健全、不完善。按《土地增值税暂行条例实施细则》的规定:"纳税人应在转让房地产合同签订后的七日内,到房地产所在地主管机关办理纳税申报,并向税务机关提交房屋及建筑物产权、土地使用权证书,土地转让、房产买卖合同,房地产评估报告及其他与转让房地产有关的资料。纳税人因经常发生房地产转让而难以在每次转让后申报的,经税务机关审核同意后,可以定期进行纳税申报,具体期限由税务机关根据情况确定。"而在 1996 年国家税务总局、建设部发布的《关于土地增值税征收管理有关问题的通知》中指出:"……按照税务机关征收为主的原则,把一些不易于税务机关直接征收,且应纳税款较易计算的纳税事项,委托房地产管理部门进行代征。"但是,由于房产、土地管理部门本身之间存在着矛盾与摩擦,在实际工作中职权不清,税务机关难以获得较准确的房地产转让资料,因此,征管体制存在着较大的漏洞。其次,实际操作难度大、征税成本费用高。房地产开发项目周期长,在建设期间,涉及销售分配、成本费用的分摊等问题,那么,对开发周期长的项目如何核算其成本,计算土地增值额,这是一个相当棘手的问题。若按税法年度纳税,后期项目又可能亏损,亏损后谁来弥补? 同时,征税涉及成本费用的核算、房地产估价及认定、产权管理等许多技术性强、专业要求高的工作,往往需要耗费大量的人、财、物,征税成本费用高,不符合效率原则。最后,税法执行不严。按《土地增值税暂行条例》及《实施细则》规定:该税"自 1994 年 1 月 1 日起施行。各地区的土地增值费征收办法与本条例相抵触的,同时停止执行。"但是税法颁布了十多年,据我们调查,全国还没有一个地区真正按税法开征土地增值税。天津、深圳、厦门市根本未征收土地增值税。其间,财政部、国家税务总局曾几次发文要求各地开征土地增值税,但各地仍然继续征土地增值费、土地收益金等,而不征土地增值税,即使开征土地增值税的地方目前一般采用预征的方法,如广州预征比例为开发项目总价的0.5%—1%,上海为1%。据统计,1995—2005年11年共征收土地增值税374.6亿元,[①] 而这期间,全国平均房屋价格从1995年的1 710元/平方米上涨到2005年的3 168元/平方米,[②] 上涨幅度达185%,土地增值税的征收情况与房地产市场发展严重不符,土地增值部分绝大部分落入了房地产开发商和个人手中。

(4)耕地占用税名不副实,难以保护有限的耕地资源

征收耕地占用税的目的,是为了合理利用土地资源,加强土地管理,保护耕地。但从实施情况来看,耕地占用税存在着不少问题。首先,实际课征对象与税名不一致。按《耕地占用税暂行条例》的规定,耕地占用税的征收范围是:不仅包括用于种植农作物的土地和占用前3年内曾用于种植农作物的土地,而且还包括占用鱼塘、园地、菜地以及其他农业用地建筑房屋或从事其他非农业建设的用地。从这一规定看,征税范围不仅仅是耕地,也包括非耕地农用地。由于耕地占用税名不副实,难以真正体现重点控制占用耕地的行为。其次,税率偏低,难以对滥占耕地的现象起到有效抑制作用。据统计,截至2004年底,全国城镇规划范围内共有闲置土地7.20万公顷(107.93万亩),空闲土地5.48万公顷(82.24万亩),批而未供土地13.56万

[①] 根据《中国统计年鉴》1996—2006年的数据计算。

[②] 参见《中国统计年鉴2006年》。

公顷(203.44万亩),三类土地总量为26.24万公顷(393.61万亩),占城镇建设用地总量的7.8%。① 再次,耕地占用税征管不力。按《耕地占用税暂行条例》规定,耕地占用税由财政机关负责征收。土地管理部门在批准单位和个人占用耕地后,应及时通知所在地同级财政机关。但是,在实际中,财政、土地管理部门之间不够协调,造成耕地占用税漏征面积较大。

2. 税收政策不统一,矛盾较为突出

这主要表现在:第一,在房地产领域对内和对外分别实行两套税制,在房地产保有阶段,对外商投资企业和外籍个人仍沿用新中国成立之初的城市房地产税;对国内企业和个人征收房产税、城镇土地使用税。在房地产开发和流通环节,对国内企业征收耕地占用税、营业税、城市维护建设税、印花税、土地增值税、所得税等;对外资企业只征营业税、土地增值税和所得税。另外,内外资企业实行不同的所得税,片面地认为较低或较优惠的所得税税率能吸引大量外资流入,故对三资企业制定了许多减免所得税的优惠政策。比如《外商投资企业和外国企业所得税法》规定:"设在沿海经济开放区和经济特区、经济技术开发区所在城市的老市区的生产性外商投资企业,减按24%的税率征收企业所得税。""对生产性外商投资企业,经营期在10年以上的,从开始获利的年度起,第一年和第二年免征企业所得税,第三年至第五年减半征收企业所得税。"这造成了内外资企业在所得税税负上的严重不均。这种内外有别的税收政策,造成内外资企业在税负上的严重不平等。第二,内资企业也因地区差异而实行不同的税收政策。比如,经济特区的企业所得税仍按15%执行(作者注:按

---

① 参见国土资源部:《2005年中国国土资源公报》。

税法规定,企业所得税税率将一律调整为33%,但为了照顾经济特区既有利益,在执行所得税方面经济特区所得税率仍为15%),而内地企业的所得税税率为33%。这种内外有别、地区差别的税收政策,不符合税收公平、平等竞争的市场规则,也有悖于WTO的基本原则。

3. 房地产税收漏失严重

房地产领域税收流失严重,据作者估算,房地产税收流失规模约占国家税收收入总额4%强。2006年财政部发布的《会计信息质量检查公告》(第12号)显示,房地产企业会计信息失真严重。2005年组织检查了39户房地产开发企业,共查出资产不实93亿元,收入不实84亿元,利润不实33亿元,39户房地产企业会计报表反映的平均销售利润率仅为12.22%,而实际利润率高达26.79%,部分房地产企业存在较为严重的偷漏税问题。[①] 截至2005年10月底,全国共检查房地产企业纳税人27 738户,其中,有问题户13 835户,问题率49.88%;补税款371 117.97万元,罚款27 741.58万元,从统计数据分析,查补税款占企业申报纳税的5%—15%,查补数额巨大,税款流失严重。[②] 全国各地房地产税收流失主要有两种渠道:一是房地产开发经营企业通过各种非法手段偷税、漏税和逃税,其主要手法有:(1)采取企业组建、嫁接等方式进行逃税。内资企业嫁接为中外合作、中外合资企业,借合资合作之名,行逃税之实。(2)企业采取虚列成本、扩大成本、乱摊成本的方式,缩减税基,虚亏实盈,达到逃税目的。(3)转移当年已实现利润或采取商品房预售收入不入账等手段

---

① 参见"会计信息质量检查公告"(第12号),《财经资讯》2006年第12期,第60页。
② 王喜华:"房地产业税收大摸底",《中国税务》2006年第3期,第4—5页。

偷税、逃税。(4)通过调整企业内部组织结构,或采取兼并、合并亏损企业等进行逃税。2004年武汉市房地产企业应缴企业所得税30 592万元,实际入库所得税款11 088万元,欠税金额19 504万元,欠税比例高达63.76%。2003年,武汉市地税局对其征管范围内征收企业所得税的正常经营的390户房地产企业进行了清理调查,按企业纳税申报情况统计,赢利企业只有58户,占经营企业的15%,利润总额13 907万元,缴纳企业所得税4 193万元;亏损企业322户,占经营企业85%,亏损额为41 418万元。① 二是房地产产权人逃税、偷税。主要通

表5-11 2000—2005年房地产保有税收占房地产税收的比重

(单位:亿元)

税收 年份	流转环节的税收			保有环节的税收		合计	房地产保有阶段税收占的比重(%)
	营业税及附加	土地增值税	契税	城镇土地使用税	房产税		
2000	268.54	8.4	131.08	64.9	209.6	682.52	40.22
2001	296.29	10.3	157.08	66.2	228.6	758.47	38.87
2002	352.62	20.5	239.07	76.8	282.4	971.39	36.98
2003	410.27	37.3	358.05	91.6	323.9	1 221.12	34.03
2004	510.9	75.1	540.1	106.2	366.3	1 598.6	29.56
2005	603.29	140	735.14	137.3	435.9	2 051.63	27.94

注:(1)资料来源:《中国统计年鉴》2001—2006年的数据。
(2)营业税及附加按12%计算,根据重点税源监管资料,房地产业缴纳的营业税及附加平均约为营业税及附加总额的12%。
(3)房地产流转环节的税收未包括房地产所得税;房地产保有税中未计算耕地占用税,耕地占用税是对占用耕地征收的税收,且是一次性征收,它不属于保有税。

---

① 湖北省地方税务局课题组:"湖北省房地产业地税收入状况及征管问题研究",《经济研究参考》2006年第22期,第6—7页。

过私下交易、地下交易等方式来达到目的。偷税、逃税方式很多,不胜枚举。

4. 房地产税负结构不合理,流转环节税负重、保有环节税负轻

目前我国房地产业的税收极不合理,流转环节税负重、保有环节税负轻的问题较为严重。在流转环节中的税收有:营业税及附加5.65%,土地增值税30%—60%,所得税33%;而在保有环节中的税收有:土地使用税为0.2元/平方米—10元/平方米,房产税1.2%,并且居住用房地产的保有阶段还是免税的。从表5-11可以看出,房地产保有税收占房地产税收总额(未包括房地产所得税)比重较低,最高年份(2000年)为40.22%,最低年份(2005年)仅为27.94%,且呈逐年下降趋势,6年间下降了12.3个百分点,因统计的原因未包括房地产所得税等,若考虑房地产领域的所有税收,房地产保有环节的税负则更低。这种税负不公的税制,既不利于房地产资源的合理利用,优化资源配置,也不利于增进社会公平。

5. 房地产税、费混乱,房地产收费繁杂

国家财政是国家履行社会管理职能和经济职能的重要手段,是维系政府正常运转的物质条件。但近些年来,国家税收流失严重,政府财力与开支出现巨大缺口,为了弥补财力不足、保证政府正常运转,政府特别是地方政府就凭借其权力通过各种渠道和方法来筹措收入,于是,就出现一系列非秩序化的"以费代税、费挤税"等反常现象。此类现象在房地产领域表现得尤为突出。

政府来源于房地产中的收益,除了国有土地使用权出让金和税收外,同时还有名目繁多的收费、摊派费用及各种基金等,以致形成了"一税轻、二税重、三税四税无底洞"的反常现象。一税是指国家税收,二税是指经国家批准、由各级地方政府和行政事业部门征收的各

种费,三税四税是指有关部门或行政事业单位巧立名目,并借助于一定的行政权力所收取的各种摊派、集资费用。

在计划经济体制下,城市建设发展缓慢,城市基础设施严重不足。自20世纪70年代末以来,随着经济体制改革和市场经济体制不断推进,城市发展和城市建设中的矛盾日益突出,城市基础设施和公共配套设施建设严重滞后,已严重阻碍了城市经济的发展。但由于旧有的财政分配体制,地方政府财力十分有限。在此背景下,随着房地产综合开发的发展,地方政府开始对房地产开发收取各种配套费用,解决历史欠账,加强城市配套建设,完善城市功能。但后来,口子越开越大,收费项目越来越多,费用也日渐高涨,造成房地产收益分配的无序和商品房价格的不断上涨。

在房地产开发中,不规范的各种收费多的达百种,少的也有五十多种,有的地区收费总额多达每平方米500元左右,一般也在200元—300元,占房地产开发成本的20%—30%。据调查,房地产领域中乱收费、乱摊派、乱设基金涉及许多行政部门和事业单位,几乎是有一定行政权力的部门都把手伸向了房地产领域。如城市规划部门收取基础设施配套费、人防工程费、规划管理费、易地绿化建设费等;土地管理部门收取征地代办费、土地出租管理费、土地开发管理费、土地开发配套费、土地过户费、土地测量费等;城建部门收取建筑工程管理费、建设项目贷款抵押鉴证费、道路污染费、建设项目划定红线手续费、验线费、建设工程竣工档案保证金等;电力部门收取用电入户立户费、用电附加费、电网改造费等;工商行政管理部门收取建筑市场管理费等等,真可谓五花八门。

政府各行政事业单位收取的费用按其性质可以分为三大类:

第一类是项目性收费。一种为城市基础设施建设筹资而收费。

主要包括:城市基础设施配套费、人防工程建设费、水电增容费、电网改造费、供水设施工程补偿费等。另一种为公共配套设施的建设筹资而收费。主要包括:商业网点配套费、教育设施配套费、易地绿化建设费、体育设施配套费、城市公用消防设施配套费等。这类费用大体占房地产开发成本的 10%—15%。

第二类是管理费、手续费。是各行政事业单位收取的各种规费。主要包括:立项管理费、开发管理费、拆迁管理费、施工管理费、规划管理费、房地产租赁合同审核费、鉴证费、房地产买卖或抵押鉴证费、绿化管理费、建设项目划定红线手续费、验线费、土地出让管理手续费、土地测量费,这类费用项目达几十种之多,这类收费项目看起来数额不大,但由于收取的面广,部门多,总量也有一定的规模。

第三类是各种证件工本费。这主要包括建设用地规划许可证工本费、建设工程规划许可证工本费、国有土地使用证工本费等。

房地产开发领域的收费问题,国家一直很重视,反复强调所有收费必须以法律或国务院文件为依据。尽管国务院三令五申取消各种自行设置或没有法律依据的各种收费,但各地仍然继续收取,有令不行现象较为严重,房地产开发中乱收费现象不但没有遏制住,而且越清理越多。1996 年国家计委、财政部联合颁发了《关于取消部分建设项目收费,进一步加强建设项目收费管理的通知》,规定取消 48 项建设项目收费。2004 年 4 月国家发展改革委、财政部联合下发了《行政事业性收费标准管理暂行办法》(以下简称《暂行办法》),并规定 2006 年 7 月 1 日起开始执行;各地方也相继制定了具体实施办法。但我们在调查中了解到,清理整顿过后,一些城市行政事业单位又开始以新花样来收费,比如取消了占道费,又新立名目收取市场管理费;取消了房地产租赁合同审核费,又征收鉴证费,该减的减不了,不该增的却增加了,如有些地方新征收墙改费等等。房地产开发乱收费难以根治。

房地产开发领域中的收费问题,给房地产业的发展和国民经济宏观运行带来较为严重的负面影响。

首先,房地产开发领域的收费,滋生了寻租行为,导致了大量腐败现象的产生。房地产收益流失严重,除了分配体制方面的原因外,还有以下主要因素:一是政府各职能部门(比如规划、城建、土地管理等部门)寻租活动与行政审批权力纠缠在一起,权钱交易,而不规范、不透明收取的费用,成为缺乏大众监督和财政监督的各部门自由支配的"小金库",这些职能部门从局部和小团体利益出发,把通过各种收费而聚敛的预算外资金的相当部分转移到本部门、本单位的福利账户上,或转移为本部门、本单位的基建费用等等。二是与少数拥有权力的政府官员损公肥私、腐败有关。应当说寻租行为是滋生腐败的重要的经济根源。

其次,乱收费、重复收费、乱摊派,使房地产开发成本不断上涨,在一定程度上造成商品房价格年年攀升,居高不下。据统计,全国商品房每平方米平均售价1988年为503元,2005年上涨到3 168元,年均增长率为11.43%。大城市的商品房价格上涨幅度更大,北京、上海、广州等城市的商品房价格每平方米高达10 000元以上。商品房价格上涨过快,除了人工费用、建筑材料价格、地价等推动成本上升以外,不合理的收费、摊派过多、过滥是导致商品房价格攀升的一个主要原因。据调查,房地产开发的各种收费占商品房成本的20%—30%,并且比重愈来愈大。商品房价格过高,在一定程度上造成了房地产市场的"泡沫",制约了住房通过市场配置,使普通老百姓"望房生畏"。

第六章　城市主体财源:房地产税(Ⅱ)
——房地产税制的国际比较

财产课税有着十分悠久的历史,在世界各国税制中曾一直占据主导地位,是国家财政收入的主要来源。历史上最早的税收形式就是土地税和人头税,而土地税是财产课税的最早、最基本的税种。随着商品经济的发展,房地产税在现代各国税收结构中处于次要地位,但它作为财产税的最主要形式,能起到其他税种不能达到的独特调节作用,仍被绝大多数国家所重视,且仍是地方政府财政收入的重要来源。

现代税收结构主要可分为三大类:所得税系、商品税系、财产税系。房地产税是财产税系中的最重要部分,世界各国根据财产税课征方法、课征对象、课征标准、课征时序、课征范围等对财产税作了分类,但还未形成一个一致的分类标准。为了进行比较分析,我们根据房地产税的性质,依征税环节将房地产课税划分为三类:即房地产保有税、房地产取得税、房地产所得税。

一　房地产保有税类国际比较

房地产保有税类,是对拥有房地产所有权的所有人或占有人征税。它是以某一特定时点的纳税人所拥有或支配的土地、房屋,依其价值或实物数量为课征对象的一种税收。房地产保有税,是财产税收体系中最重要的税种之一,也是最为古老的税收形式。

(一)房地产保有税课征制度比较

房地产保有税作为最早的房地产税种,世界上绝大多数国家都设置此税种。由于各国税制和实际情况有所差异,其课征制度也有所差别。

1. 房地产保有税比较

从各国对房地产保有征税的实践来看,依房地产的存在形态而分别设置税种。房地产形态主要包括三类:土地、房产和房地合一的不动产。

土地,即地上无任何建筑物的空地,或者地上虽有建筑物,但在课税中不考虑建筑物存在的影响,把它仍作为无建筑物的空地对待。对土地保有课税,从各国情况看,其税种主要有:地亩税、地价税、特别土地保有税、建筑物地税、未建筑地税等。

房产是指拥有或使用的房屋以及与该房屋不可分割的附属建筑物。房屋虽然必须建造在土地上,但为了征税或其他需要,常把它单独对待。对房屋保有课税的税种主要是房屋税。

房地合一的不动产。即把房屋和其占用范围内的土地作为一个整体看待。虽然许多国家对土地和房产分别单独设置土地税和房屋税,但也有一些国家和地区将土地税和房屋税两种税合二为一,即以土地房屋等不动产为课税对象,课征不动产税,如日本、英国等国家。对保有的不动产征税主要有两种形式:一类是统一的不动产税。它把不同类型的不动产作为统一的课税对象,适用统一的税率。[1] 如日本

---

[1] 胡怡建、朱为群:《税收学教程》,上海三联书店 1998 年版,第 338 页。

的固定资产税、都市企划税;另一类是分类的不动产税。它对不同类型的不动产分别规定不同的税率和课征方法。如原西德的不动产税。

2. 课征制度比较

纳税人。房地产保有税的纳税人为土地所有者、房产所有者或实际占用者,纳税人包括自然人和法人。

课征对象和范围。课征对象为土地、房产和房地合一的不动产。课征范围,土地一般包括农村土地、城市土地。对房产而言,有的国家仅对城市房屋征税,不对农村房屋征税;有的国家对农村和城市房屋均课征。

计税基础。在计征房地产保有税时,绝大多数国家以房地产评估价值为依据,但也有少数国家是按土地面积和房屋面积为计税依据。房地产评估价值主要有以下几种:(1)房地产市场价格。(2)房地产账面价值。(3)房屋重置价格。

税率。房地产保有税在绝大多数国家属于地方税种,是地方财政收入的重要来源,其税率采用分地区的差别比率税率,但有一些发展中国家采用超额累进税率,如巴西等。

(二)主要国家的房地产保有税制度

1. 日本的房地产保有税[①]

日本的税收制度相当健全和完善,现代日本的税制是根据著名的"夏普劝告"税改方案逐步确立的。1948年后,日本政府根据"夏普劝告"对房地产税进行了全面改革,逐步形成了一套较完善的房地产税

---

① [日本]应试研究会:《住宅用地建筑物交易主任员应试指南图解》,新星出版社1990年版。

制。日本现行的房地产保有税主要有：地价税、特别土地保有税、固定资产税、都市企划税等税种。

(1) 地价税

地价税是以土地所有权、土地他项权利（比如土地使用权、土地租赁权）为课税对象，向土地所有权人征收的一种税，此税于1992年开征，属于日本国税。其税基是以每年元月1日土地所有者所保有的全部土地价格的总额扣除基础项后的余额为计税价格，基础扣除额为10亿日元（法人为15亿日元）或者土地面积乘以每平方米3万日元之积。一般来说，两者中取较大者为基础扣除额。税率为0.3%。该税于1999年停征。

日本政府开征此税的目的在于抑制地价的上涨，加强国家对土地市场的宏观调控。1992年开征时税率为0.2%，征收总额达1 589亿日元；1993年税率调整至0.3%，其征收总额达2 307亿日元。

(2) 特别土地保有税

特别土地保有税，是对1969年1月1日以后取得土地的所有人以及1973年7月7日以后想取得土地的人课征的一种税。前者在保有土地期间每年课征，后者则在取得土地时一次课征，它属于市町村级税[①]。

按课征对象来划分，特别土地保有税分为两种：一种是保有特别土地保有税，税率为1.4%，计税依据是土地取得价格，应纳税额是按标准税率算出的税额中扣除固定资产税税额后的余额。即：应纳税额＝土地取得价格×税率(1.4%)－固定资产税税额。另一种是关于取得的特别土地保有税，税率为3%，计税依据也是土地取得价格，应纳

---

① 日本的市、町、村相当于我国的市、镇、乡。

税额是按标准税率算出的税额中扣除不动产取得税税额后的余额。即：应纳税额＝土地取得价格×税率(3%)－不动产取得税税额。

由于特别土地保有税属于地方税(市町村级税)，因此，不同城市规定了不同标准的起征基准面积。一般来说，大城市地区的起征基准面积为2 000平方米，如东京、大阪等城市；城市规划区域的市町村为5 000平方米；其他地区为10 000平方米。

(3) 固定资产税

固定资产税是对登录在固定资产课税台账上的固定资产所有者课征的一种税，属市町村级税。固定资产是指土地、房屋和折旧资产。其中土地包括农田、城市土地、盐田、矿产地、山林、牧场及其他土地。

固定资产税的纳税人为固定资产所有者，指每年元月1日在固定资产课税总账或登记簿上注册登记的所有者。另外，对设立质权或设立存续期100年以上地上权的土地，该质权人或地上权权利人视为固定资产所有者。

其课征标准，对土地、房屋征收的固定资产税的计税依据是课税日期登录在固定资产总账上的价格，原则上每三年对其纳税价格评估一次(从昭和33年，即公元1958年起，每三年评估一次)。但若在基准年度后的第2年或第3年，因土地使用方向变更、房屋改建等原因，而使评估价格不适当时，可使用与该土地和房屋相类似的比准价格。但固定资产的课税价格比市价低很多，一般为市价的10%左右。其标准税率为1.4%，最高税率为2.1%。

日本的固定资产税规定了起征点，在同一市町村行政区域内，对同一人所有的土地、房屋，当土地价值不足15万日元，房屋价值不足8万日元时，免征。同时，也规定了减税的条款，特别是对住宅及住宅用地实行了较优惠的税收政策，比如对小规模住宅用地(面积在40平方米以下的)免征;住宅面积在 40 平方米至 200 平方米的,以课税估价额的四分之一征税;对一般住宅用地面积在 200 平方米以上的,以课税估价额的二分之一征税。

(4)都市企划税

都市企划税是市町村根据《都市企划法》或《土地区划重整法》,为筹措都市企划或土地区划重整所需费用而向都市企划区域内特定的土地和房屋所有者征收的一种税。它属于市町村级税。

都市企划税的税率由各市町村级政府机关自行确定,但最高税率不得超过 0.3%。它的征税对象、计税标准、纳税人等与固定资产税一样。

日本的房地产保有税在房地产税收中一直占主导地位。1996 年日本直接来源于不动产上的税收总额为 9 兆 7 811 亿日元,其中地价税、固定资产税、特别土地保有税总计为 9 兆 610 亿日元,占 93%。①

2. 英国的房地产保有税

英国的房地产保有税相对来说比较简单,它是将土地、房屋和建筑物合并在一起征收单一的财产税,即房屋税。房屋税属于地方税种,是地方财政收入的重要来源。如 1993—1994 年度房屋税收入达 195 亿英镑,约占全国税收收入总额的 11.2%左右。

英国是开征房屋税较早的国家。早在 1601 年英格兰、威尔士就开始征收房屋窗户税。1816 年改为救贫税,1851 年开始征收住宅房屋税和非住宅房屋税。1989 年英国政府对地方税制进行了重大改革,将地方征收的房屋税(财产税)一分为二,改为人头税和非住宅房屋税。人头税对成年人按年定额均摊,但执行不到一年,就因招致各界的反对,

---

① 参见尾崎护著:《税收常识》,日本经济新闻社 2000 年版,第 106 页。

于1990年对人头税进行了改革,从1993年8月1日起,改人头税为住宅房屋税。现行的房地产保有税类主要有二类:住宅房屋税和非住宅(营业用房)房屋税。

(1)住宅房屋税

住宅房屋税是地方政府对居住用不动产占用者依其不动产资本价值征收的税种。

住宅房屋税课税对象为住房,包括楼房、平房、公寓、活动房屋和供居住使用的船只。其纳税人是年满18岁的住房所有者或住房出租者,包括永久地产保有者、法定房客、租客、领有住房许可证者、居住者、房屋所有者等6类。如果一处住房为多人所有或多人居住使用,那么这些人为共同纳税人。

住宅房屋税的计税依据是以住房评估价值为基础来确定的,其课税价格由税务局所授权的房屋估价机构进行评估,并确定房屋的价格等级。现行的房屋价格共分八个等级(见表6-1)。不同级次价格的税率不同,实行超额累进税率,其税率标准由各地方政府确定。

表6-1 英国住宅房屋税的价格等级表

(单位:英镑)

等 级	价 格 范 围
A	<40 000
B	40 000—52 000
C	52 000—68 000
D	68 000—88 000
E	88 000—120 000
F	120 000—160 000
G	160 000—320 000
H	>320 000

英国的住宅房屋税规定了一系列的减免优惠,以体现税赋合理公平。纳税人获得优惠多少依其收入、储蓄和个人情况(如是否有未成年子女,有多少未成年子女,家中有无伤残人等)。具体来说,其优惠主要有:第一,学生、学徒、受培训的人免税。第二,只有一处住房且居住者中只有一位是成年人的,可减征 25% 的税收;有两处以上住房,且居住者只有一位是成年人的,可减征 50% 的税收。第三,对伤残者的住房,征税时降低其住房价值应税的档次,给予减税照顾。

(2)非住宅房屋税(差饷)

非住宅房屋税是地方政府对经营性不动产占用者按不动产在规定日期的市场租金征收的税种。非住宅房屋税是英国地方政府财政收入的主要来源,仅 1993—1994 年度非住宅房屋税就达 115 亿英镑,占全国税收收入总额的 6.6%。

非住宅房屋税的课税对象是不用于居住使用的所有房屋。该税的计税价格是不动产的年净价值,它等于该不动产的市场年租金减去修缮费。计税价格是通过评估来确定的,即评估机构在规定日期(估价期日)假设不动产被合理出租出去的市场租金,对不动产可能发生的市场租金进行评估,每 5 年评估一次。非住宅房屋税的税率因房屋使用用途不同而有差别,如工业用房所适用的税率就不同于商业用房的税率。同时,也规定了减免优惠,主要有:在新设立的工业区内可免征 10 年;慈善机构用于慈善目的占用不动产减半征税;其他房屋空置超过 3 个月的减半征税;教堂、农业用不动产(除住宅外)免征。此外,地方政府有决定非营利团体和机构的减免权。

3. 韩国的房地产保有税

韩国征收的房地产保有税将土地、房屋分离,分别课税,其税种主要有:综合土地税、房屋财产税。

(1) 综合土地税

韩国最初将土地作为固定资产或财产并入一般财产,征财产税。1988年对税制进行了改革,对土地征收过分保有土地税,规定凡个人或法人占有土地合计超过 200 坪(1 坪 = 36 平方尺),或土地面积超过地上定着物面积的 3—7 倍,均缴纳过分保有土地税。1989 年韩国颁布实施了《综合土地税法》,将土地、房屋分离,分别征税,用综合土地税取代了过分保有土地税。综合土地税是地方税种,1990 年综合土地税收占地方税收收入总额的 6%。

综合土地税的纳税义务人为土地所有者,征税依据是个人所拥有的所有地块的价值总值,其价值由土地估价机构评估。其税率比较复杂,分为一般税率、特别税率、个别税率三类。[①] 一般税率适用于法律规定的一般课税对象的土地(即空地,地上无定着物);特别税率适用于地上有定着物的土地;个别税率运用于农业用地、工业用地等特定用途的土地。这三类税率具体见表 6-2 至表 6-4。

此外,根据综合土地税法,在最大的几个城市中,如果一个个体拥有 660 平方米以上的居住用地,对超过部分征收 4%—6% 的附加税。

表 6-2 综合土地税一般税率表

应税土地价值(韩元)	税率(%)
第一笔 2 000万	0.2
下一笔 3 000万	0.3
下一笔 5 000万	0.5
下一笔 20 000万	0.7

---

① 蒋晓蕙编著:《财产税制国际比较》,中国财政经济出版社 1996 年版,第 77 页。

下一笔 30 000万	1.0
下一笔 50 000万	1.5
下一笔 200 000万	2.0
下一笔 300 000万	3.0
500 000万以上	5.0

表6-3 综合土地税特别税率表①

应税价值(韩元)	税率(%)
第一笔 10 000万	0.3
下一笔 40 000万	0.4
下一笔 50 000万	0.5
下一笔 200 000万	0.6
下一笔 300 000万	0.8
下一笔 500 000万	1.0
下一笔 2 000 000万	1.2
下一笔 3 000 000万	1.5
5 000 000万以上	2.0

表6-4 综合土地税个别税率②

应税土地	税率(%)
农业用地	0.1
工业用地	0.3
高尔夫球场地、别墅等	5

---

① 蒋晓蕙编著:《财产税制国际比较》,中国财政经济出版社1996年版,第78页。
② 参见金焕广:"日本、韩国的土地税收",《中国土地》1994年第9期,第40页。

(2)房屋财产税①

韩国的房屋财产税是和其他财产(除土地以外)合并在一起征收的,但实际上主要是对房屋征收。房屋所有者为纳税义务人,该税的计税依据是房屋等财产的价值。税率见表6-5。

表6-5 房屋财产税税率表

应税房屋价值(韩元)	税率(%)
工厂等建筑物	0.6
住宅:	
<100万	0.3
下一个300万	0.5
下一个500万	1.0
下一个800万	3.0
下一个900万	5.0
超过3 500万	7.0
高档房屋(别墅、娱乐场等)	5.0
其他房屋	0.3

4.美国的房地产保有税

美国对保有的房地产课税,是与其他财产一起合并征收一般财产税(property tax)。实际上,财产税主要是对不动产——土地和建筑物征收。财产税属地方税种,是地方财政收入的主要来源,约占地方总收入的80%,占全国税收总额的14%。

财产税的计税依据是按房地产等财产的评估价值,实际上评估值仅为市场价值的一部分,比如洛杉矶,房地产的评估值(征税用的价

---

① 蒋晓惠编著:《财产税制国际比较》,中国财政经济出版社1996年版,第114页。

格)约为市场价值的25%。很多地方的评估值仅为市场价值的10%—20%,这样导致了名义税率和实际税率差异较大。税率由各地方政府自行规定。

美国的一般财产税一直受到广泛的争论。1978年6月在加利福尼亚州通过的第十三项议案(Proposition 13),就是对一般财产税征收的问题通过的一项议案。其主要内容有[①]:第一,限制不动产等财产税率。对房产征收的最大税率为其现金总值的1%。第二,确定现金总值。1975年以后,不动产的现金总值为其易手时的市场价值。第三,限制现金总值的增长。现金总值的年增长率限制在2%以内,不动产易手时例外。这项议案对一般财产税的征收有较大的影响,地方财政收入开始下降。20世纪80年代后期税制改革后,财产税的比重在地方财政收入中的比重开始有所上升。

现行的一般财产税税率由地方政府每年确定一次,名义税率各地标准不一,一般为3%—10%,实际利率大约为1.2%—3%[②]。

一般财产税对房地产的征收规定了一些减免政策,主要有:政府拥有的房屋免征;宗教组织、教育机构等所拥有的不动产免征;自用住宅一定程度的减征等。

5. 法国的房地产保有税

法国的房地产保有税种主要有:建筑地税、未建筑地税、房屋税等。其所有税种均属于地方税种。

(1)建筑地税和未建筑地税

建筑地税是对已改良土地征税。纳税义务人为土地所有者或土

---

① [加]M.歌德伯戈、P.钦洛依著:《城市土地经济学》,中国人民大学出版社1990年版,第310页。

② 彭澄:《资本主义国家税收》,中国财政经济出版社1991年版,第183页。

地占有者,课税依据是以土地登记在册的评估租赁价格为基础,再扣除保险费、维修费、折旧费、管理费等(约为评估租赁价格的二分之一),就其余额课征。税率各地区不一样,且每年依评估的租赁价格不同而不同。

未建筑地税是以建筑地以外的土地(即未改良地)为课征对象的。课税依据为净租赁价值,即以评估的租赁价格中扣除20%的经营管理费用后的余额为计税价格,其税率由各地方政府自行确定。开征此税的目的在于提高土地的利用率,防止土地资源的闲置浪费,同时防止土地投机活动。

(2)房屋税

法国房屋税课税对象为不动产,课税标准是不动产价值(包含建筑物与建筑物占用范围内的土地),其价值以国家所颁布的建筑物的价格为准。税率为1%—3%,但在特殊情况下,最多可达5%。

二 房地产取得税类国际比较

房地产取得税是对取得土地、房屋所有权的人课征的税收。房地产所有权的取得是指具体的民事主体(公民、法人)依一定法律事实发生而获得某特定土地、房屋的所有权。无论是原始取得,还是继受取得,也不管是有偿抑或无偿,房地产取得人都需缴纳此税。

(一)房地产取得税课征制度比较

房地产取得税作为房地产税收中的一个组成部分,大多数国家均设置此税类。它是房地产取得人办理房地产所有权属登记时的必备条件,也就是说,取得人必须出具房地产取得税纳税凭证,不动产管理部门方准许办理产权登记手续和颁发产权证件。

1. 房地产取得税种国际比较

从各国征收房地产取得税的实践来看,一般依房地产的取得方式而设置税种。房地产取得的法律事实一般有两种方式:原始取得和继受取得。

房地产的原始取得,是指权利主体(即所有权人)第一次或不以他人既存的所有权为根据,直接依照法律通过某种方式或行为取得房地产所有权。其主要的法律事实是权利主体新建房屋。对这种取得方式,从各国情况来看,其开征的税种主要有:不动产取得税、登录许可税。

房地产的继受取得,是权利主体以他人既有的所有权为依据,通过某种法律事实而取得房地产所有权。这种方式通常通过合同或继承等合法行为和事实予以实现。对房地产继受取得征税依其有偿或无偿有所区别。

对房地产继受取得的有偿方式(主要是买卖、互换等行为)主要课征不动产取得税、登录许可税、印花税等。对房地产继受取得的无偿方式(主要是继承、赠与等行为)除了课征上述税收外,绝大多数国家都开征遗产税(继承税)、赠与税。

2. 遗产税(继承税)和赠与税的国际比较

遗产税和赠与税是财产税制中重要的税种,属于对财产的转移课征的税收。一般来说,财产包括动产和不动产,但在现代社会中,不动产所占比重较大,在遗产和赠与财产中起着重要作用。因此,我们将此税种列入房地产取得税类中进行分析。

开征遗产税是国际上通行的做法,尽管各国税名各异,但课征制度基本上可划分为三类:

(1) 总遗产税制

它是指就遗产总额课征累进税,规定起征点。总遗产税制在理论上以死亡者为纳税义务人,实际纳税人是遗嘱执行人或遗产管理人,不考虑继承人与遗产人的亲疏关系和继承人的个人情况。在计税时按遗产净值课征,即从遗产总额中扣除某些项目后,以扣除后的余额计征税额。一般允许被扣除的项目包括:死者的丧葬费、死者生前所欠债务、慈善捐款、配偶遗赠定额、最低免征额等。实行总遗产税制的国家主要有英国、美国等。

(2) 分遗产税制(继承税)

它是对继承人所获得的遗产份额课征的税,继承人为纳税义务人,实行累进税。同时也考虑继承人与遗产人的亲疏程度、继承人个人财产情况以及继承人子女的多寡等情况,设计不同的税率予以课征。日本、法国、德国等国家实行分遗产税制。

(3) 总分遗产税制

它是将总遗产税制和分遗产税制综合在一起的税制。即先对被继承人死亡时遗留的遗产总额课一次总遗产税,再对税后各继承人所分享的遗产份额课一次分遗产税。纳税义务人为遗产管理人或遗嘱执行人、继承人。

虽然赠与税不属于遗产税,但它与遗产税具有密切关系,实质上是对遗产税的一种补充,以防止财产所有者生前通过赠与方式逃避纳税义务。因此,赠与税是遗产税的一种辅助税制。

赠与税由于与遗产税密切相连,其税制大体可分为两种形式。一种是总赠与税制(赠与人赠与税),由赠与人缴纳;另一种是分赠与税制(受赠人赠与税),由受赠人缴纳。一般来说,实行总遗产税制的国家,实行总赠与税制;实行分遗产税制的国家,实行分赠与税制。

(二)主要国家的房地产取得税制度

1. 日本的房地产取得税制[①]

日本现行的房地产取得税主要有:不动产取得税、登录许可税、印花税、继承税和赠与税。

(1)不动产取得税

不动产取得税是权利主体在取得房地产时,由该房地产所在地的道府县对其课征的一种地方税。房地产取得,不论是有偿或无偿,也不管是买卖、交换、赠与,或是以土地出资,抑或是新建房屋,包括扩建和改建等,均征税。但如因继承的取得,或因法人的合并而取得土地者,免征不动产取得税。

不动产取得税的计税标准是取得不动产时该不动产的价格以及因扩建、改建所增加的价格,所谓不动产价格是指在固定资产总账上登记的价格。关于不动产取得时间的界定,日本地方税法规定:第一,新建房屋投入使用或该房地产的转让日;第二,自房屋建成之日起6个月内尚未投入使用或转让时,从建成之日起6个月后,即被视为取得该房屋。

不动产取得税的标准税率为4%,但如果购入土地用于住宅开发和建筑,或购置住宅,税率可降低四分之一,即按3%的税率课征。同时,也规定了不动产取得税的免征点:取得土地时,每幅地块价格为10万日元以下的免征;取得房屋时,或新建房屋时,每一房屋价值在23万日元以下的,免征。

---

① [日本]应试研究会:《住宅用地建筑物交易主任员应试指南图解》,新星出版社1990年版,第101—114页。

(2)登记许可税

登记许可税是对土地、房屋等不动产所有权及他项权利登记时征收的一种税,属于国税。

登记许可税的课征依据是不动产登记时的价格。其税率因登记类型不同而有所差异(见表6-6)。

表6-6 日本不动产登记许可税税率标准

登记种类	课税依据	税率(%)
1.所有权的保存登记	不动产价格	6
2.所有权转移登记		
a.因继承或法人合并而转移	不动产价格	6
b.因共有物分割而转移	不动产价格	6
c.因遗嘱、赠与而发生转移	不动产价格	25
d.因其他原因而发生转移	不动产价格	50
3.设立地上权、永作权、租赁权、采矿权登记		
a.因继承、法人合并而转移	不动产价格	3
b.因共有物分割而转移	不动产价格	3
c.权利设立及转租	不动产价格	25
d.其他	不动产价格	25
4.设立地役权的登记	承役地上的不动产数量	1 500日元/件
5.先取特权的保存登记,质权及抵押权的设立登记,其他权利处分限制登记	债权金额或不动产工程费用	4

6.先取特权、质权及抵押权的转移登记		
a.因继承、法人、合并而转移	债权金额	1
b.其他	债权金额	2
c.因原抵押权的部分转让而转移	分摊的债权金额	2
d.原抵押权的顺位变更登记	原抵押权件数	1 000日元/件
7.信托登记		
a.所有权信托	不动产价格	6
b.其他	不动产价格	3
8.临时登记		
a.所有权转移	不动产价格	6
b.其他	不动产价格	6
9.变更登记	分割后的不动产件数	1 000日元/件
a.土地分割、建筑物分割变更登记	合并后的不动产件数	1 000日元/件
b.土地合并、建筑物合并变更登记	不动产件数	1 000日元/件
10.注销登记		1 000日元/件

(3)印花税

在转让不动产或设立租地权时,双方当事人须订立合同,且必须在法律认可的书证上贴付印花,即印花税,它属于国税。印花税实行分级定额税率。其具体税率见表6-7。

表6-7 日本印花税税率表

合同金额	计税方式	税率(日元)
合同上载明金额小于或等于1万日元	每册	不课税
超过1万日元但小于或等于10万日元	每册	200
超过10万日元但小于或等于50万日元	每册	400
超过50万日元但小于或等于100万日元	每册	1 000

超过 100 万日元但小于或等于 500 万日元	每册	2 000
超过 500 万日元但小于或等于 1 000 万日元	每册	10 000
超过 1 000 万日元但小于或等于 5 000 万日元	每册	20 000
超过 5 000 万日元但小于或等于 1 亿日元	每册	60 000
超过 1 亿日元但小于或等于 5 亿日元	每册	100 000
超过 5 亿日元但小于或等于 10 亿日元	每册	200 000
超过 10 亿日元但小于或等于 50 亿日元	每册	400 000
超过 50 亿日元	每册	600 000
合同未载明金额的	每册	200

(4)继承税

继承税是对因继承而取得土地、房屋等财产者征收的税,它属于国税。日本实行的是分遗产税制。在计算继承税税额时,是以课税价格为基础,确定各继承人各自承担的继承税税额。其具体步骤为:

首先,计算求取征税财产价值。从继承人可取得的财产总额中扣除用于支付安葬费和清偿被继承人债务后的余额。这个余额是可征税财产价值。

其次,计算出课税价格。从可征税财产价值中扣除基本扣除及配偶扣除额后的余额。这个余额就是课税价格。

其中:基本扣除额 = 5 000 万日元 + 1 000 万日元 × 法定继承人

最后,计算出各继承人应纳税额。以课税价格为基础,乘以相适应的税率计算继承税总额,然后按照继承人取得的相应财产继承份额计算各自应承担的税收份额。日本继承税采取超额累进税率征收,其税率为 10%—50%。

(5)赠与税

赠与税是由因赠与而获得财产的受赠人缴纳,它也属于国税。

计算赠与税税额时,从受赠人所接受的赠与财产中减去基本扣除项金额(110万日元)形成课税价格,再乘以适用税率。赠与税税率为10%—50%。

2. 英国的房地产取得税

英国现行的房地产取得税主要是遗产税和印花税

英国是世界上较早开征遗产税的国家,1694年开征了遗嘱税(probate duty),现代的遗产税是1894年开始实行的,到了1975年7月,资本转移税取代了遗产税。英国实行资本转移税的目的在于克服遗产税存在的逃税问题。其征税对象是所有转移的财产,不论是生前还是死后,只要财产发生了转移,都必须缴纳资本转移税。采用累进税率,共分十一级,从0税率到75%的税率,[①] 1986年英国取消了资本转移税,改征遗产税。

现行遗产税,是与赠与税合并一起征收的,计税依据是所有赠与财产的总累计额和死亡时转移的资产总价值,均以转移时的公开市场价值计算。纳税义务人可以是财产的赠与者和遗产处理人,也可以是财产的受让人。1986—1988年采用累进税率,1988年改为比例税率,税率为40%。

此外,英国对不动产的转移按其转移价格征收1%的印花税,由承受人缴纳。

3. 美国的房地产取得税

美国的房地产取得税主要有遗产税、赠与税。美国联邦政府征收总遗产税和赠与税,各州政府也征收遗产税、继承税和赠与税,但

---

① 詹姆斯等著:《税收经济学》,中国财政经济出版社1988年版,第224页。

以继承税为主。①

(1)联邦遗产税和赠与税②

联邦政府的遗产税最早于1788年开征,但只是临时课征。1916年联邦政府开征总遗产税(federal estate tax),1924年又开征赠与税,作为对遗产税的补充。《1976年税收改革法案》以前,遗产税与赠与税分别课征。1976年以后,遗产税和赠与税使用统一累进税率,并规定统一税收抵免额。2001年美国通过了《2001年税收减免协调法案》,降低了遗产税和赠与税的最高税率。遗产税的纳税义务人是遗嘱执行人,赠与税的纳税义务人是财产赠与人。遗产税的课税对象是财产所有人死亡时遗留的所有财产价值总额,包含死亡前三年的赠与数额。赠与税的课税对象为赠与人赠与他人的财产价值。遗产税与赠与税的税率相一致,实行十七级超额累进税率,其税率为18%—50%。③

(2)州遗产税和赠与税

美国州政府征收遗产税,其课税制度各州有所不同。在50个州市,除内华达州不征遗产税外,其余各州均课征遗产税,其中34个州实行继承税,15个州实行总遗产税制。其税率由州政府制定。州总遗产税可以抵免联邦总遗产税。

三 房地产所得税类国际比较

房地产所得税是对房地产或土地在经营、交易过程中,就其所得

---

① 彭澄:《资本主义国家财政》,中国财政经济出版社1991年版,第358页。
② 同上书,第248—249页。
③ 国家税务总局税收科学研究所编译:《外国税制概览》,中国税务出版社2004年版,第468页。

或增值收益课征的税收。它是房地产税制中的一个重要组成部分。

对来源于房地产或土地上的净收益(包括房地产转让所得、房地产租赁所得、房地产投资所得等)课税,从世界各国税制来看,大体上可分三类:第一类是征收所得税,即把来源于土地或房地产的收益(包括增值收益)归并到一般所得中,课征综合所得税。世界上大多数国家采取这种办法,如美国、日本、加拿大、法国等国家。第二类是征收所得税和资本利得税。即将所得与资本严格区分,并分别征收。所得必须是全年利润或常年收入,而且是可以用货币计算的,以所得税形式征收;而资本利得是房地产、股票等买卖获得的增值收益,以资本利得税形式课征。英国即是这种税制的代表。第三类是征收所得税和土地增值税。将房地产的一般所得(或收益)并入一般所得,征收综合所得税,而将土地增值收益(或房地产增值收益)另外单独征收土地增值税,世界上只有意大利、韩国、中国以及中国台湾地区开征土地增值税。

(一)课征综合所得税的国际比较

综合所得税是对纳税人的各种所得综合起来,扣除扣减项目和法定减免后的余额征收。所得税体系是市场经济国家的主干税。如美国 2000 年所得税收入为 14 602 亿美元,占联邦财政收入的 51.1%[①];日本 2003 年度所得税收入占税收总收入的 52.3%。[②]

---

① 国家税务总局税收科学研究所编译:《外国税制概览》,中国税务出版社 2004 年版,第 453 页。

② 王朝才:"日本中央和地方财政分配关系及其借鉴意义",《经济研究参考》2005 年第 81 期,第 40 页。

1. 个人所得税和法人所得税

依据纳税人的不同特点,所得税可划分为个人所得税和法人所得税两大类。

个人所得税是所得课税体系中十分重要的税种。个人所得税的课税对象为个人所获取的所得,包括工薪所得、利息所得、利润所得、不动产所得、特别权益所得、其他所得等。计税依据是课税所得额。课税所得额的计算如下[①]:

总所得额 − 准予列支项目 = 毛所得额(申报所得额)

毛所得额 − 费用开支 = 调整所得额

调整所得额 − 个人扣除项目 = 纯所得额

纯所得额 − 宽免项目 = 课税所得额

其中:准予列支项目是指在总所得中应排除的不需申报的所得项目,比如与慈善、宗教团体有关的所得等。

费用开支扣除。是指那些正常而必需的在发生所得时所支付的费用。主要有:工薪所得的费用扣除、事业所得的费用扣除等。

个人扣除项目:是指那些非营业性的特殊生活开支。

宽免项目:是指考虑纳税人生活情况而作的生计费用扣除,主要有:基础扣除、配偶扣除、抚养扣除、伤病残扣除等。

个人所得税的税率一般采用超额累进税率。

法人所得税是以法人所得为课税对象征收的所得税,主要包括:经营所得、投资所得、利息所得、特许权所得、资本所得、劳务所得以及其他所得等。其应税所得额为:

应税所得额 = 总所得 − 扣除费用(营业费用、税收、营业损失、折

---

① 参见彭澄:《资本主义国家税收》,中国财政经济出版社1991年版,第160页。

旧与损耗、其他费用)

法人所得税的税率主要有比例税率和累进税率。比例税率又可分为：差别税率、分列税率和单一比例税率。大多数国家采用比例税率，采用累进税率的主要是美国。

2. 房地产短期所得和长期所得课税比较

市场经济国家大多将房地产的买卖、转让或者股票的转让而获得的收益，作为资本所得对待。对资本所得是否课税，一直存在着争议。

现代西方国家基本上均对资本所得课税，主要有以下理由：其一，因房地产或股票等资产转让而获取的收益，不是因任何资本、人力、技术等生产要素投入的结果，而是一种不劳而获的资本利得，比如，由于公共事业的发展、城市经济的发展而使地价上涨，土地或房地产转让时原房地产所有者则获取了一部分额外收益；由于市场利率的下降或因证券市场的投机，影响股票价格，从而使股票持有者在售出股票时获得了资本增值等。因此应将这部分收益通过税收方式收归国家。其二，如果对资本所得不课税，将会诱使纳税人将正常所得转为资本所得，达到避税、逃税的目的，从而影响国家税收收入。其三，房地产、股票等资产持有者为少数人，若不对资产利得课税，不利于财富分配的公平，反而会加剧财富所有的两极分化。

市场经济国家在对资本所得课税上，有不同的处理方式：

第一种方式：大多数国家采用分割法，即将资本所得区别为长期利得和短期利得，并采用不同的税率。对短期利得一律视为普通所得课税，长期利得税收给予减免优惠，如日本、法国等国家即是如此。法国于1962年起，对事业用资产、投机性房地产交易、建筑用地的转让等资产利得课税。主要可分为：第一，对事业用资产的资产利得课税。凡因转让保有期在2年以上的事业用房地产而获得利益时，以15%的比例税率课税;保有期未满2年的,与其他所得合并计算而以通常税率课税。第二,对投机性的房地产交易所得的资产利得课税。自1962年起,凡保有期未满10年的房地产转让,而不能证明是否是土地投机,均推定为投机性交易,课征税收的税基为交易收入扣除房地产取得、改良费用后的余额的55%;能证明不是土地投机的房地产交易,课征税收的税基为交易收入扣除房地产取得、改良费用和通货膨胀的余额的55%,甚至可以免税。第三,对建筑用地的资产利得课税。由于转让建筑用地的所有权或其他权利,或转让建筑用地公司所发行的证券而产生的资产利得,与其他所得合并计算并以通常的所得税课征。

第二种方式:把资本利得全部并入所得,课征综合所得税,美国是最典型的国家。1987年以前,一直将资本利得区分为短期利得和长期利得,并适用不同税率。短期的房地产所得(保有期未满6个月),与其他所得合并而适用综合所得税税率征收。长期(保有期6个月以上)的个人所得税,以房地产所得的二分之一与个人其他所得合并计算,按通常的所得税税率课征;法人所得采取与其他所得分别课税,选择以30%的比例税率征收。1987年后,取消了长期资本所得的优惠政策。不论是长期所得,还是短期所得,全部归入综合所得中,课征综合所得税。

第三种方式:将资本利得与一般所得严格区分,在税收上与所得税分离,单独开征资本利得税。英国是单独征收资本利得税最具代表性的国家。

英国早就试图对来自土地的利得征税,1962年正式设置了资本利得税,当时课征对象仅限短期利得,主要是土地保有期3年以内,其他资产6个月以内转让而实现的资本利得。1965年建立了一种综合资本利得税税制,征税对象包括大部分资产。个人免税资产仅为个人住宅、汽车和交易价值少于6 000英镑的动产。并且不分长期利得和短期利得,税率均为30%,但在减免规定上每年都有变化,扩大减免范围和提高起征点,对小额利得实行免税。公司利得不交纳资本利得税而是交纳公司税,但税率也是30%。① 资本利得税属于国税,在整个国税中约占2%。1981—1982年度资本利得税为52 600万英镑,约占国税总收入的1.4%。

(二)土地增值税的国际比较

土地增值税是以土地增值额为课税对象,是对不劳而获的土地收益课税。土地增值税与一般土地税有区别:第一,一般的土地税是对土地或其投入所得收益课税,而土地增值税则是对土地自然增值收益课税;第二,一般的土地税是定期的经常税制,一般每年征收;而土地增值税大多是非定期的,比如在土地或房地产所有权转移时,就其增加的价值一次征收,也有定期征收,但一般每隔几年或更长时间征收一次。目前单设土地增值税的国家不多,仅有意大利、韩国、中国以及中国台湾地区开设此税。

1. 土地增值税的演变及发展

西方国家对土地增值税问题,从19世纪末20世纪初开始进行了较长时间的探讨和实践,但是真正成功的国家并不多见。

德国在20世纪初为增加地方税收而率先在法兰克福设置土地增值税后,在几年时间内迅速推广到五百多个城市和地区,从1911年起,国税中也课征增值税,直至1925年,取消了国税中的土地增值税;但是作为地方税种的土地增值税,直到1944年才废止。

---

① 詹姆斯等著:《税收经济学》,中国财政经济出版社1988年版,第166—167页。

英国曾于1909年实施过土地增值税。对土地出卖、土地因所有权人死亡而移转、缔结14年以上的租赁契约、法人所有土地届满15年而无转移等四种情况,课征土地增值税,就其增长的地价课税20%。但由于计算方法抽象而且相当复杂,征税成本过高,1920年废止了该税。英国又于1947年开征了开发捐,类似土地增值税。英国法律中规定一切土地因开发改良而地价增长者,无论土地有无转移,均应由政府向开发人征收开发捐,按政府估定的增长地价,全部收归公有,即将开发利益征收100%的开发捐。但是后来在实施中困难较多,而且土地市场的土地供给大减,1953年废止了开发捐制度。1965年,英国政府发表的《宅地白皮书》中指出:"由中央、地方的行政活动,及社会繁荣人口增加所造成的土地增值利益,归土地所有人或土地投机者所得,这种现行制度已达到无法忍受的阶段。"这导致了1967年创设土地受益捐。土地受益捐是对获得土地后进行开发所获得利益课征,税率为40%,其计税价格是从土地实际卖价中扣除基准价格及改良费用后的余额。但英国于20世纪70年代初废止了土地受益捐制度。

意大利是世界上开征不动产增值税较为成功的国家。1930年意大利政府开始实施中央受益捐和特别受益捐制度。凡不动产因中央政府直接举办公共工程,或由中央政府补助公共工程而产生增值的,中央政府征收中央受益捐,税率为25%。由于地方政府修改都市规划,使土地用途发生变化或由于地方政府投资兴建各种基础设施、公共工程而使房地产价格上涨时,地方政府征收地方受益捐,税率为33%。1963年又创设了建设用地增值税。课税对象是建筑用地的增值额,计税价格是课税时日市价与基准日市价的差额,采用累进税率征收。其具体纳税标准为:增值额未超过30%的,税率为15%;增值额超过30%未超过50%的部分,税率为20%;增值额超过50%未超过

100%的部分,税率为25%;增值额超过100%未超过300%的部分,税率为30%;增值额超过300%未超过500%的部分,税率为40%;增值额超过500%的部分,税率为50%。1972年,意大利进行了税制改革,将建筑用地增值税、中央受益捐和地方受益捐取消,新开征不动产增值税,一直沿用至今,税率为3%—30%。

我国台湾地区开征土地增值税是较早和较具特色的,其税制比较完善。1954年台湾公布了《实施都市平均地权条例》,开始征收土地增值税,其税率分为五级税率,30%—100%;1957年又颁布了《修正实施都市平均地权条例》,调整了土地增值税税率,改为四级税率,即20%、40%、60%、80%;1977年将税率又分别提高至30%、50%、70%、90%。1977年颁布了《土地税法》,将土地增值税作了调整,税率调整为40%、50%和60%三级累进税率。1984年将增值税课征依据由涨价倍数改为按涨价金额累进,即土地涨价总数额在60万元以下的,税率45%;超过60万元未超过100万元的部分,税率50%;超过100万元未超过140万元的部分,税率55%;超过140万元的部分,税率60%。但是在实践中遭到反对,于是从1986年起又恢复至1977年《土地税法》所规定的三级累进税率。即土地涨价总数额超过原规定地价或前次转移时申报现值数额100%以内的,税率40%;土地涨价总数额超过原规定地价或前次转移时申报现值数额超过100%以上未超过200%的部分,税率50%;土地涨价总数额超过原规定地价或前次转移申报现值数额200%以上的部分,税率60%。

韩国在20世纪90年代初实施了土地过分利得税(类似于土地增值税)。

2. 土地增值税税制国际比较

(1)课征范围和对象

土地增值税的课征范围一般分为两种:一种是对土地和地上建筑物及其他附属物课征,如中国、意大利;另一种是仅对土地课征,不包括地上建筑物及其他附属物,如中国台湾地区、韩国。

课征对象是土地自然增值额,但开征土地增值税的国家和地区有所不同,中国仅对土地(或房地产)有偿转让时发生的自然增值额课征。意大利对土地(或房地产)的有偿转让、无偿转让(继承、赠与等)、租赁以及房地产保有的自然增值额均课征。我国台湾地区对土地或房地产有偿转移、土地或房地产赠与、土地或房地产设定典权的以及土地所有权人保有土地期间的自然增值额课征。韩国仅对闲置土地和法人的非经营用地的自然增值额课征。

(2)土地增值税的课税依据

土地增值额是以土地的自然增值为课税对象,因此,土地增值额的计算是一个十分关键的问题,土地增值额的确定主要分为两类:

一种是在房地产发生买卖和转让时计算,计算土地增值额。目前开征土地增值税的国家和地区的计算方式各不相同。

中国的土地增值额计算公式如下:

土地增值额 = 房地产转让收入 − 扣除项目金额

其中:扣除项目金额 = 地价款 + 开发成本 + 开发费用 + 转让时已缴纳的税金 + 20%(地价款 + 开发成本)

意大利的土地增值额的计算公式如下:

土地增值额 = 出售价(或现值) − 基准日市价(或前次课税时的市价) × 物价指数 − 改良支出

韩国的土地过分利得(土地增值额)的计算方法如下:

土地增值额 = 开发利益 − 地价正常上涨额 − 资本性支出费用 − 利息支出

我国台湾地区的土地增值额计算方法如下:

土地增值额＝申报转移现值(或申报时之公告现值)－原规定地价(或前次转移时申报的现值)×物价指数/100－改良土地费用－已缴纳工程受益费－土地重划负担总费用

另一种是在房地产不发生转移时,土地增值额一般对房地产价格重新评估来确定。

(3)土地增值税税种

土地增值税税种主要分两种:土地转移增值税、土地定期增值税。意大利、韩国和我国台湾地区开征土地转移增值税和定期增值税,我国仅开征土地转移增值税,而不征定期增值税。

(4)税率

土地增值税的税率大多采用超率累进税率,中国采用30%—60%的四级超率累进税率;意大利采用3%—30%的六级超额累进税率;中国台湾地区采用40%—60%三级超额累进税率。只有韩国采用比例税率,税率为50%。

(5)税收加成及减免

为了提高土地利用效率,抑制土地投机,我国台湾地区在开征土地增值税时,对空地、闲置土地未经改良利用或投资开发而出售的加征10%的税。

开征土地增值税的国家和地区,基本上都规定了税收减免。中国规定,纳税人建造普通标准住宅出售,土地增值额未超过扣除金额20%的,因国家建设需要而被政府征用的房地产,以及个人住房居住满5年或5年以上转让的免征;居住满3年未满5年的减半征收土地增值税。韩国规定,国家、地方自治团体、外国政府拥有的土地以及课征了开发负担金的土地免税;政府投资机关等公共团体进行的土地开发和住宅建设事业减半征税。我国台湾地区规定,土地所有权人出售其自用住宅用地者,都市土地面积未超过3公亩或非都市土地面积未超过7公亩,其土地增值税减按10%税率征税。

(三)主要国家的房地产所得税制度

1. 日本的房地产所得税制

日本的所得税制较为复杂,国税中征收个人所得税和法人税,地方税中征收居民税。个人所得税和居民税采用累进税率征收,法人税采用比例税率征收。1988年,个人所得税调整为10%—50%的五级税率,个人居民税税率改为5%—15%三级税率,法人税改为37.5%的比例税率。日本现行的法人所得税率为30%,个人所得税税率为10%—37%,市町村居民税税率为3%—8%,都道府县居民税税率为2%—3%。[①] 这里主要介绍所得税中有关对房地产所得课税的制度。

日本的房地产所得主要分为两种:不动产经营所得和不动产转让所得。

不动产经营所得是指因不动产经营、不动产租赁及设定在上的权利(包括地上权、永作权、地役权等)而产生的所得,不包括事业所得或转让所得。对其所得课税采用并入一般所得中课征,与一般的个人所得税和法人税的征收没有什么差别。这里不再赘述。

不动产转让所得是指土地或房地产转让时发生的所得,根据日本的租税特别措施,房地产转让所得按其保有期的长短划分,分为长期转让所得、短期转让所得和超短期转让所得,对不同类型的转让所得

---

① 国家税务总局税收科学研究所编译:《外国税制概览》,中国税务出版社2004年版,第223—228页。

采用不同的税率和方法征收。对短期和超短期转让所得采取了重税制。

房地产长期转让所得是指保有期超过 10 年(1987 年 10 月至 1990 年 3 月,在此期间保有期 5 年以上)的土地建筑物转让而取得的所得。对于个人长期转让所得,转让收益额在 4 000 万日元以下的,按 6% 税率征收居民税,20% 税率征收所得税;收益额在 4 000 万日元以上的,按综合税 1/2 加征。法人的长期转让所得征收综合税,税率为 37.5%。

房地产短期转让所得是指保有期 5 年以内的房地产转让而取得的收益。对个人短期转让所得,按 12% 征居民税,征 40% 所得税,或按综合税 110% 加征。对法人短期转让所得,征 37.5% 的法人税,另追加 20% 的法人税。

房地产超短期转让所得是指保有期 2 年以内的房地产转让而取得的所得,对个人超短期转让所得,征 15% 的居民税,征 50% 所得税;或按综合税 120% 加征。对法人超短期转让所得,征 37.5% 的法人税,另追加 30% 的法人税。

2. 美国的房地产所得税制

所得税在美国联邦政府、州政府税收收入中占有较大的比重,以 2000 年为例,分别占各自税收总收入的 61.2%、41.5% 左右。[①] 美国是一个典型的以直接税为主的税制模式,联邦政府以所得税为主要税收来源。美国对来源于房地产上的收益,是采取合并到一般所得中分别课征个人所得税和公司所得税的做法。房地产所得税的课税对象主要是:投资入股的房地产股息收入,房地产投资经营收入以及房地产

---

① 国家税务总局税收科学研究所编译:《外国税制概览》,中国税务出版社 2004 年版,第 453 页。

转让所获取的收入等。美国个人所得税税率采用六级超额累进税率,并分别按纳税人的不同身份设三组税率,税率为10%—38.6%。美国公司所得税,采用八级超额累进税率,税率为15%—39%。

在美国房地产投资中,不动产投资信托公司的所得税较具特色。所谓不动产投资信托,就是通过发行基金券筹集社会资金,组合投资于房地产上,然后将投资收益分配给基金持有者的一种规范化的集合投资制度。美国不动产投资信托产生于1960年。按照美联邦税法规定,不动产投资信托公司免征公司所得税,而向基金持有人征所得税,以避免对不动产投资信托的所得重复征税。但不动产信托投资公司必须符合以下规定:第一,投资信托的总收益来自于钝性业务不低于95%,其中,75%必须来自于房地产;第二,每年盈余的95%以上必须派发给基金持有人;第三,必须由100名以上的受益凭证持有人所拥有;第四,5人以下的股东所持基金份额不得超过总份额的50%;第五,经营与管理必须严格分开。

3. 韩国的房地产所得税制[①]

韩国征收与房地产所得(包括土地增值收益)有关的税种主要有:不动产转让所得税、土地过分利得税、土地开发负担金等。

(1)不动产转让所得税

韩国为了抑制不动产投机活动,控制地价上涨,1967年制定了《关于抑制不动产投机的特别措施税法》,开征了不动产投机抑制税,但是并没有起到实际效果。1974年将不动产投机抑制税合并到所得税中,改征不动产转让所得税。1977—1978年韩国出现了历史上罕有的不

---

① 乔志敏:"韩国土地增值的税收政策",《中外房地产导报》,1998年第3期,第37—39页。

动产投机,于是 1978 年 8 月发布了《抑制不动产投机和稳定地价的综合对策》,更加强化了不动产转让所得税制。其主要内容包括:提高不动产转让所得税税率,对未登记土地转让所得强征 100% 的空闲地税等。1984 年制定了土地和住宅的总对策,进一步强化征收不动产转让所得税。

韩国的不动产转让所得税是以土地、房屋等转让而发生的所得为课税对象,转让行为包括买卖、交换等。它不受限于登记与否,都须纳税。转让所得税的税基是从转让价款中扣除必要费用、转让所得特别控制额、转让所得控制额、所得控制额后的余额。其中:转让所得特别控制额为取得价格乘以第一年物价上涨指数再乘以持有期;转让所得控制额为 150 万韩元。但持有期不满一年或未登记转让时,不扣除转让所得特别控制额和转让所得控制额。所得控制额包括基础控制额(30 万韩元/年)、配偶控制额(42 万韩元/年)、家庭抚养控制额(24 万韩元/年·人)、残疾人控制额(30 万韩元/年·人)等。所得额的计算公式为:

课税税基 = 转让价款 − 必要费用 − (转让差价 + 转让所得特别控制额) × 5 000 万韩元/转让价款 − 所得控制额。

韩国不动产转让所得税也分个人所得税和法人所得税。不动产转让个人所得税:转让不动产的持有期在 1 年以上的,适用四级普通个人所得税税率,税率为 9%—36%;持有期不足 1 年的,征 36% 的所得税;未登记转让的,征 60% 的所得税。[①]

不动产转让法人所得税,根据《所得税法》规定,法人转让不动

[①] 国家税务总局税收科学研究所编译:《外国税制概览》,中国税务出版社 2004 年版,第 247—248 页。

的所得,作为年度所得并入综合所得中课征法人所得税,其税率为15%、27%。①

(2)土地过分利得税

韩国的土地过分利得税,实际上就是土地增值税,韩国从20世纪70年代就开始研究如何将土地自然增值收益收归国家的问题,1989年韩国制定了《土地过分利得税法》和《开发利益回收法》,并于1990年开始征收土地过分利得税。

土地过分利得税是对土地所有者由于地价上升而获得的土地超额利得所课征的一种税。课征对象限于闲置土地和法人的非经营用地。其中闲置土地包括与工厂建筑物相邻的超过一个厂区标准土地面积的土地,以及超标准面积的用于高尔夫球场的土地。纳税人为土地所有者或土地使用者。

土地过分利得税的计税基础为土地自然增值额,具体计算公式如下:

土地增值额 = 开发利益 – 地价正常上涨额 – 资本性支出费用 – 利息支出

其中:开发利益 = 课税结束日的地价 – 开始日的地价

地价正常上涨额是指按国家公布的全国平均地价上升率确定的地价上升额。

土地过分利得税采用比例税率,税率50%,原则上每3年征收一次。但如果在课税期间地价第一年或第二年的增长超过正常增长率(国家平均的地价上涨率)的150%,则土地所有者每年均应缴纳此税。

---

① 国家税务总局税收科学研究所编译:《外国税制概览》,中国税务出版社2004年版,第245页。

1991和1992年,韩国两年均课征了土地过分利得税。1992年后,地价逐步稳定,则以地价上升率超过44.5%的闲置土地为对象,每3年定期课征一次。

土地过分利得税由国税厅负责征收,纳税期从开始年度的1月1日起,到结束年度(第3年)的12月31日止,空闲地的所有者必须在课税期间终结年度的下一年度9月份,向税务机关申报土地过分利得税的课税标准和税额。税法规定,已纳土地过分利得税,可从所得税和所得附加税中抵免。允许抵免的比例,视土地保有期而定,一年以内抵免80%,三年以内抵免60%,六年以内抵免40%。土地过分利得税收入的一半拨给地方政府,用于道路和其他建设项目。

(3)土地开发负担金

韩国政府1989年制定实施了《开发利益回收法》,1990年正式实行了土地开发负担金制度。土地开发负担金是指经过国家、地方自治团体的审批后所实施的宅地开发事业、工业区建造事业等土地开发,产生开发利益时,国家对其课征。应纳土地开发负担金课征基础是以开发完成后的地价减去原地价,开发期间正常地价的上升额及开发费用后的余额,课征率为50%。根据《开发利益回收法》规定,所有的开发事业均应缴纳土地开发负担金,但目前仅适用于规模较大且肯定或预期能产生开发利益的开发事业,如住宅土地开发、工业不动产开发等,对政府开发的或以政府名义开发的事业,实行免征或减半征收土地开发负担金。

4. 意大利的土地增值税

1972年,意大利进行了税制改革,取消建筑用地增值税、中央受益捐和地方受益捐,开始征收不动产增值税。

不动产增值税的课税范围适用所有的房地产,包括房地产出售、转让、继承、赠与、房地产租赁、房地产保有等,其课征对象为房地产价格的增长部分(即土地自然增值额)。

对房地产买卖而实现的资产利得、继承或赠与的房地产,征不动产转移增值税;对公司或社团拥有的不动产,即使不出售,若占有期超过10年,每10年征收不动产定期增值税。不动产增值税采用超率累进税率,见表6-8。

表6-8 意大利不动产增值税税率表

应税额占计税基础的比例(%)	税率(%)
20	3—5
20—50	5—10
50—100	10—15
100—150	15—20
150—200	20—25
200以上	25—30

说明:计税基础 = 土地原始价格×使用年数 + (取得费用 + 改良费用 + 建筑费用)×支出费用的年数。

四 国外房地产税制的特点及经验

(一)国外房地产税制的共同特点

虽然各国的税制不同,但房地产税由于其身的特殊性,其税基不能流动,从而形成了许多共同特征。

1. 房地产税划归地方税体系,是地方财政收入的重要来源

纵观各国的税收制度,凡是实行中央与地方分享税制的国家,房

地产税收基本上归入地方税体系。据统计,全世界有一百三十多个国家课征各种形式的财产税,①财产税是一个相当普遍的税收体系。

美国的一般财产税(主要是对不动产征收),从一开始就是州政府和地方政府的税收,现在州政府税收也逐渐退出了这一领域(20世纪初,州政府和地方政府的财产税收入各分享50%),基本上由地方政府征收,并构成地方政府财政收入的主要来源,财产税收入规模占全国税收收入的比重为10%左右,在地方级税收收入中的比重却达到75%以上。一般财产税收入主要来源于房地产,其中,来自于居民的住宅约占50%,企业不动产约占25%。② 以2000年为例,财产税总收入2 895亿美元,占全国税收总额的10.14%,联邦政府、州、州以下地方财产税收入分别为290亿美元、232亿美元、2 373亿美元,分别占各自税收收入的1.47%、4.2%、71.78%。③ 以加拿大为例,2001年,财产税收入为392.8亿加元,省及地方政府分别为84.5亿加元、308.28亿加元,分别占其税收收入7.45%、93.1%,财产税100%划归地方政府,其中高达92%的财产税划归省以下地方政府。④ 日本的房地产税收基本上划归道府县和市町村地方政府。在房地产税收中,地价税、继承税、印花税和登录许可税归中央政府;不动产取得税归道府县;特别土地保有税、都市规划税、固定资产税归市町村。房地产税收是市町村级政府的主要收入来源,约占税收收入的40%,日本市町村级政府来源于特别土地保有税、都市规划税、固定资产税的税收逐年上升,1985

---

① Roy W. Bahl and Johannes F. Linn, *Urban Public Finance in Developing Countries*, Oxford University Press, 1992, p.165.
② 彭澄:《资本主义国家财政》,中国财政经济出版社1986年版,第338页。
③ 国家税务总局税收科学研究所编译:《外国税制概览》,中国税务出版社2004年版,第453页。
④ 同上书,第62页。

表6-9 部分发达国家财产税占其地方税收收入的比重

(单位:%)

国家	1975年	1985年	1994年	2001年
美国				
州	4.1	3.7	4.3	—
地方	81.9	74.2	75.8	71.8
加拿大				
州	2.3	4.0	7.3	—
地方	88.3	84.8	85.3	91.3
澳大利亚				
州	22.6	25.7	29.4	—
地方	100.0	99.6	99.6	100.0
英国	100.0	100.0	100.0	99.5
爱尔兰	100.0	100.0	100.0	100.0
法国	19.1	25.2	26.0	48.2
德国	—	38.3	36.2	15.8
日本	—	39.2	46.2	30.9
意大利	17.5	—	42.1	18.6
丹麦	13.2	6.4	7.1	6.5
荷兰	54.2	75.2	66.9	56.0
匈牙利	—	—	9.7	4.6
捷克共和国	—	—	0.4	22.5
波兰	—	—	36.5	19.8
新西兰	89.1	93.0	90.2	90.3

资料来源:*Revenue Statistics of OECD Members Countries:1965-2002*。

年、1993年和2003年三税收入占市町村级政府的税收总收入的比重分别为37.7%、48%、53%。① 从表6-9中可以看出,发达国家如美国、英国、加拿大、澳大利亚、新西兰等国家的财产税(主要是房地产税)占地方税收的比重相当高,分别为71.8%、99.5%、91.3%、100%、90.3%。② 据统计16个经济合作发展组织国家的平均水平约为43%。在转型国家,如波兰、捷克、匈牙利等国,这一比重为2%—30%。尽管从总体上看,财产税收入占全部税收收入的比重相对较低,但占地方政府税收比重较高且各国对财产税的重视程度日益加强。同时,发达国家的中央政府不参与财产税的分享,如美国、德国、日本、加拿大、澳大利亚等国家;州和省级政府占的比重在逐步缩小甚至退出,主要有美国、加拿大、澳大利亚等国家,如美国2000年州政府分享财产税收入的比重为4.3%,2001年已退出了财产税的分享,财产税是省以下地方政府的主要收入来源。

2. 对土地和房屋分别课征,采用不同的税种和税率

土地和房屋虽然都是不动产,但两者的自然属性和经济属性是有较大区别的。

土地具有稀缺性、不可再生性、耐久性等特征,房屋是附着于土地之上的建筑物,房屋的一些特性是由土地派生出来的;同时,从税负性质来看,土地税负一般由土地所有者负担,难以转嫁给他人,房屋税负在实际中可能会转嫁给房屋租赁者或使用者。因此,大多数国家对土地和房屋采取分别课税的办法,对土地课征土地税,对房屋课征房屋税。土地税按其性质大致可分为:地价税、土地收益税、土

---

① 王朝才:"日本中央和地方财政分配关系及其借鉴意义",《经济研究参考》2005年第81期,第40页。

② OECD, *Revenue Statistics of OECD Members Countries: 1965 – 2002*, Paris, 2004.

地所得税、土地增值税等。房屋税按其性质可分为:房屋财产税、房屋收益税、房屋所得税、房屋消费税等。从各国房地产税制及实践来看,土地税和房屋税具体设置的税种有所不同,如日本对土地课税的税种有:地价税、特别土地保有税、登录许可税、不动产取得税等,韩国设置的税种有:综合土地税、土地转让利得税、土地过分利得税、土地开发负担金等。在土地税和房屋税的税率上,土地税的税率比房屋税的税率高,一方面,用以体现社会财富公平分配、税负公平合理的基本原则;另一方面,充分发挥土地税特殊的调控作用,达到保护土地资源、优化土地利用结构、抑制土地投机、提高土地利用效率的目的。

(二)国外房地产税制的经验

通过对国外房地产税制的比较分析,可以看出,它们在房地产税制建设、征收管理等方面有许多成熟的经验,主要包括以下几方面:

1. 中央与地方政府分享财权,实行分级管理、独立征收

发达的市场经济国家,实行中央与地方分享税制,虽然各国在不同级政府之间税收征管权限划分各不相同,但房地产税收基本上划归地方政府。同时,地方政府大多享有独立的税收立法权、税收减免权。这样既保证了中央政府的财政收入,又调动了地方政府组织财政收入的积极性,保证了房地产税收征管的有效运行。

美国实行的是联邦政府、州政府和地方政府三级政府分权制度。从各级政府的税收来源看,联邦政府以个人所得税为主要税收来源,州政府则以间接税(主要是销售税和消费税)为主,地方政府则以财产税为主。

日本现行税制与美国税制类似,整个税收管理体系分为国税和

地方税,其中地方税又分为道府县税和市町村税。按照日本的税收制度,国税法和地方税法均由国家法律加以制定和公布,地方政府没有税收立法权。但是,国家颁布的地方税法仅对税种、征税标准和标准税率规定一定的条件和限制,地方政府可以在规定的职权范围内按照条例自主地征收地方税(比如,可以在规定的税率范围内自由确定税率,法律中未规定税率的税,地方政府可以自行确定税率等)。一般来说,国税以按能力大小征税的原则为中心,而地方税则以按受益多寡征税的原则为主,特别是市町村税,许多税就是按地方的各自受益程度征收的,① 比如,市町村以土地和房屋为征税对象的税收就是如此。市町村的税收收入主要来自于房地产,一般占市町村税收收入的60%左右。

2. 完备的房地产估价制度,为房地产税收的征收提供了科学的依据

房地产税收一般是以房地产的价值为课税基础,对房地产纳税价值的评估是否合理,直接影响税收征收的效率和税负的公平。许多国家,特别是市场经济发达的国家,在房地产税收征管中,牢牢地把握房地产估价这一重要环节,建立了较完备的房地产估价体系,健全了房地产估价制度,从而保证课税价格的可靠性和正确性,为征税提供科学的依据。

房地产课税的估价主要有市场比较法、收益还原法、重置成本法、残余法等几种。

市场比较法(market comparison approach)。将估价对象房地产与在近期已交易了的类似房地产进行比较,并依据这些已知的市场交

---

① 孙执中主编:《战后日本财政》,航空工业出版社1988年版,第122页。

易价格,修正评估出待估房地产的价格的一种方法。它是房地产估价方法中最常用的方法,也是国际上相当成熟的一种估价方法。

收益还原法(income capitalization approach)。是通过运用适当的现值折算率(或叫资本化率),考虑房地产的使用年期和折旧等因素,将估价对象房地产未来各年的正常纯收益折算到估价时点上的现值和,求出该房地产的现值。这种方法通常适用于用途为出租经营的房地产的价值评估。

重置成本法(cost approach)。是以重新建造估价对象房地产或类似房地产所需的成本费用之和来确定房地产价格的一种方法。在房地产课税评估中,通常以房地产原值作为基础,采用重置成本法对该房地产的价值进行重新估定,并以此作为计算应税房地产的价值。

残余法(residual techniques)。是根据房地产收益,单独求取土地价格或房屋价格的一种估价方法。国外对房地产课税,一般是对土地和房屋分别课征,这就需要单独计算出土地价格和房屋价格,并分别适用不同的税率,从而计算出土地和房屋应纳税额。如日本的地价税、特别土地保有税等。

各国在对房地产课税估价中,并不是采用一种估价方法,而是根据不同房地产的特点以及不同的税种,选择不同的估价方法,或同时采用几种估价方法,确定房地产的课税价格。

同时,为了抑制房地产投机,保证房地产价格机制的正常运行,各国设立了官方的评估机构,建立了完善的房地产评估制度。

英国于1910年成立了地产估价局,其主要任务就是为各级政府提供服务和咨询,为政府调控房地产市场提出建议。该机构每年汇总的房地产交易信息达二百多万起,并形成独立的房地产估价系统,公布英国各城市各地区不同类型、不同用途的土地或房地产的交易价格和租赁价格。韩国成立了土地估价委员会,它审定标准地价。韩国建立和完善了基准地价制度、公示地价制度、土地交易管理制度(包括土地交易许可制度和土地交易申报劝告制度)。日本实行地价公示制度、限制区域的土地交易许可制、土地交易的呈报劝告制、空闲土地制、土地租赁权估价等制度,并由国家公布和控制地价。

科学的房地产估价体系和估价方法,以及健全的管理制度,使房地产课税估价具有规范性和真实性。

3. 完善的房地产税法,保护了房地产税收征管的严肃性

房地产税的立法,历来受到各国政府的高度重视,各国普遍制定了一套规范、严谨、可行的税法体系。

日本制定了六十多个有关不动产的法规,主要有:《土地基本法》、《都市再开发法》、《土地征用法》、《都市计划法》、《不动产评估法》等。日本的税法主要有:《国税法》、《国税征收法》、《地方税法》、《地方税征收条例》、《租税特别措施法》、《登录许可税法》等。韩国的房地产税法比较完备,主要有:《所得税法》、《关于抑制不动产投机的特别措施税法》、《抑制不动产投机和稳定地价的综合对策》、《土地过分利得税法》、《开发利益回收法》等。它们的税法条文规定得相当具体,可操作性强,基本上可以杜绝逃税、偷税、漏税现象。

同时,各国对逃税、偷税、漏税等行为进行严厉打击。如美国对未按期纳税者处以罚款,另按法定利率加计利息,并有留置财产权规定。大多数州规定,如延迟缴纳一般财产税达3年者,政府有权将其财产留置,直到将该财产出售。英国规定,若房屋税纳税人不按时申报或提供了虚假资料,不仅将受到罚款处罚,而且还将剥夺选举权。如在加拿大安大略省,为防止评估人与纳税人互相勾结逃税,规定评估人与财产拥有人合伙诈骗偷税处以罚款或6个月的监禁,并追缴

所逃税款。

4. 健全的房地产产权登记制度,确保了税收的有效实施

房地产产权登记是房地产管理的最基础性工作,也是税收征管的最基本依据,世界各国普遍重视房地产产权登记工作,尤其是市场经济国家建立了相当健全的产权登记制度。主要包括:高水平的房地产查勘制度、房地产所有权登记和他项权利登记制度、高效率的信息管理系统以及房地产权的公开查阅等制度。科学、现代的房地产登记制度,与房地产估价、房地产交易管理等制度相配合,使政府税务机关随时并准确地了解和查询每一宗房地产的产权交易、产权所有人、面积、价格以及纳税等情况,最大限度地避免了房地产私下交易和逃税、偷税行为,增强了税收制度的有效性。

第七章 城市主体财源:房地产税(Ⅲ)
——我国房地产税改革

我国房地产税收体系是20世纪80年代初随着房地产业的发展而逐渐形成的,在1993年底进行的结构性税制改革的基础上,形成了现行的一套房地产税收体系。改革现行房地产税制,是我国未来税制改革的一项重要内容。现行的房地产税制存在着税费繁杂、以费代税,重流转、轻保有等问题,也是造成省级以下地方财政困难的主要原因。为了适应社会主义市场经济发展的客观需要,必须要建立一个规范的、合理的房地产税收体系。

一 房地产税概述

(一)房地产税收理论演变与发展

在人类历史长河中,房地产是一项重要的财产,特别是在古代,几乎是人类社会的唯一财产。因此,对房地产如何课税,历史上有许多理论家进行了探讨和分析。

1. 单一土地税理论

最早对房地产税系进行研究的当数古典经济学派中的重农学派,并提出了单一土地税的主张,重农学派的创始人皮埃尔·布阿吉尔贝尔认为,"一切的财富都来源于土地的耕种"①。因此,他主张对土地纯收益课税,即单一土地税。19世纪后半期美国资产阶级学家亨利·乔治也极力主张单一土地税。他在《进步与贫困》一书中指出,土地所有者得到的大量地租,并不是挣来的,因而是不应该得到的,因为城市的成长和发展会造成土地价格的螺旋式上涨,所以要从经济地租的税收中拿出款项来支付必需的公共服务,才是公正的。因此,他提出了对土地的剩余征税。他认为,纯粹的地租具有"剩余的"性质,即使对这种剩余征收重税也不会破坏生产的积极性或降低生产的效率。他认为,如果对地主征收土地价值100%的税收,地主仍会利用土地,因为从改良土地而取得的利润并没有被课税。② 因此,开征单一土地税可消除贫困和不平等,是促进经济发展的税收政策的一种工具。

2. 单一财产税理论

单一财产税最早是由法国人计拉丹和门尼埃提出的,后来由美国经济学家和法国经济学家所倡导,并形成了两种主要的观点。美国学者主张以不动产为课征对象,其他资本不在征税范围;法国学者主张以一切有形资本为课征对象。单一财产税理论认为,课征单一财产税,既可以刺激资本用于生产,也可以促进资本的产生。③

3. 复合税制理论

复合税制是指同时课征两种以上的税,即税种不是单一的,而是

---

① 布阿吉尔贝尔:《谷物论:论财富、货币和赋税的性质》,商务印书馆1979年版,第22页。

② 转引自[美]丹尼斯·J.麦肯齐著,张友仁译:《房地产经济学》,经济科学出版社2003年版,第254页。

③ 郭庆旺等:《当代西方税收学》,东北财经大学出版社1997年版,第236页。

由多种税组成的税制结构。复合税制的创始人当推 18 世纪下半期英国著名的资产阶级古典政治经济学的集大成者亚当·斯密。他认为,"工资、利润和地租,是一切收入和一切可交换价值的三个根本源泉。一切其他收入归根到底都是来自这三种收入中的一个。"[1] 国家所有的赋税不论课征方式如何,最终只能来源于这三种收入。因而他主张以地租、利润、工资三种收入归并税种,由地租税系、利润税系和工资税系构成一个国家的税制结构。他所提出的地租税系的主要税种包括:土地税、土地收益税、什一税、地皮租以及对土地产权转移课征的注册税、印花税等。亚当·斯密认为,"一切赋税,最终总是落在土地地租上。因此,应该平等地课于最后支付赋税的源泉。"[2]

19 世纪中叶,法国新历史学派代表人物瓦格纳主张按课税客体划分税种,并将税制结构划分为收益税系、所得税系和消费税系。他将土地增值税、土地收益税、房屋税、资本收益税和财产收益税等课征于土地和资本项目的各税种归入收益税系。[3] 20 世纪初,随着以凯恩斯主义为代表的现代西方财政税收理论的诞生,调节经济运行成为税收的主要功能,在这个理论的影响下,美国财政学家理查德·A.马斯格雷夫和皮吉·B.马斯格雷夫按货币收支在家庭和厂商两大部门之间的循环流动方向,把税收归纳为货币资金运动过程中的课税和财产的持有及转让的课税两大体系,并分别归属于所得课税、商品课税和财产课税三大税类。[4] 他们的税收理论对现代西方税制的

---

[1] 亚当·斯密:《国民财富的原因和性质的研究》上卷,商务印书馆 1972 年版,第 47 页。
[2] 亚当·斯密:《国民财富的原因和性质的研究》下卷,商务印书馆 1974 年版,第 388 页。
[3] 郭庆旺等:《当代西方税收学》,东北财经大学出版社 1997 年版,第 243 页。
[4] 王传纶、高培勇:《当代西方财政经济理论》,商务印书馆 1995 年版,第 261 页。

影响很大。现代西方税种分类基本上是以他们的税收理论为基础来发展和完善的。

(二)房地产(财产税)税种的分类

1. OECD 的税种分类

OECD 是经济合作与发展组织(Organization for Economic Cooperation and Development)的英文缩写。这个组织将税收分为七大类,即对商品和劳务课税,对所得、利润和资本利得课税,社会保险税,薪金及人员税,对净财富和不动产课税,对赠与、继承、资本、金融交易课税,其他税。

OECD 将房地产税列入第 5 类,即净财富和不动产税类。该税类具体细划为:

5000　对净财富和不动产课税

5100　净财富经常税

5110　由家庭和组织支付的

5120　由公司企业支付的

5200　不动产经常税

5210　由家庭支付的

5220　由企业支付的

5230　由组织支付的

5300　净财富和不动产一次性税

5310　净财富税

5320　不动产税

2. 现代财产税分类

现代税系按课税对象性质划分为三大类:所得税系、商品税系和财产税系。财产税是以一定的财产额为课税对象的,对财产所有者、占有者或使用者所拥有或支配的应税财产征收的税。财产税依不同的划分标准,分为四类:

(1)依课征范围划分,可分为一般财产税和特种财产税

一般财产税,也称综合财产税,是对纳税人所拥有的所有财产的综合课征。特种财产税,也称个别财产税,是对纳税人所有的某些特定财产分别课征的税收。一般财产税是将土地、房屋合并到一般财产中统一征收财产税,如美国、加拿大等国家就是征收的财产税。特别财产税是财产税中最早的一种形式,比如土地税、房屋税、不动产税等。特别财产税将个人所有的土地、房屋、资本和其他财产分别按不同的税率课征,如日本、韩国、法国等;或将土地和房屋合并,统一征房地产税,如波兰与墨西哥的房地产税、法国的个人房地产税等;或将土地和房屋与其他固定资产合并征收不动产税,如日本的固定资产税、巴西的不动产税等。[①]

(2)依课征对象划分,可分为静态财产税和动态财产税

静态财产税是以一定时点的财产占有额依其数量或价值对财产所有者课税,即对财产存量课税,比如一般财产税、特种财产税。动态财产税是以财产所有权的转移变动为课征对象,按财产转移价值或所得额为基础课征的税收,如遗产税、赠与税、土地增值税、房地产转让所得税等。

(3)依计税依据划分,可分为财产价值税和财产增值税

财产价值税也称财产净值税或财富税,是指以财产的全部价值

---

① 国家税务总局税收科学研究所编译:《外国税制概览》,中国税务出版社2004年版,第440—445页。

额为计税依据的税收,比如,地价税、房产税等。财产增值税也称财产收益税或资本所得税,是指以财产的增值额为计税依据征收的税,比如韩国的过分利得税、意大利的土地增值税等;大多数国家将房地产增值合并到一般所得中征收统一的法人所得税或个人所得税,如美国、日本、法国等国家。

(4)依财产性质划分,可分为动产税和不动产税

动产税是指以可以移动的财产为课税对象的财产税,动产又可分为有形动产与无形动产。不动产税是指以不能移动的财产(主要是土地、地上建筑物)为课税对象的财产税。

此外,依征收是否具有可持续性,财产税还可划分为经常财产税和临时财产税。土地和房屋具有耐用年限长、持续稳定的特征,各国均对土地和房屋进行持续课税,并且是地方政府的稳定的重要财源,现代财产税也是指经常性财产税。

(三)房地产税的特征

在现代税收体系中,房地产税仍然是重要的组成部分,虽然在税收结构中并不占主导地位,但它具有其他税种难以实现的独特的调节作用,仍被世界各国所重视。房地产税具有以下特点:

1. 房地产税具有区域性

房地产税收的课征对象是土地、建筑物,房地产具有固定性、不可移动等特点。房地产固定在某一特定区域或场所,不能移动,在交换中不可能发生空间位置的移动,其物流是不存在的。因此,决定了房地产市场是一个地区性市场,不像其他商品那样存在着全国统一的市场。由于房地产位置的固定性,决定了其税源具有地域性。一般来说,不会因对房地产征税而引起房地产的区域间、地区间流动,

其税收具有明显的地方特点,是一种地方税。各地可根据自身的实际情况确定是否开征或停征某种房地产税,以及开征范围、税率高低、税收优惠等。从各国的实际情况看,也是这样的,比如,美国的财产税在各个州之间并无统一的税率,而是因地而异,其名义税率大致为3%—10%;具体到某一特定的地区,也无固定的税率,地方政府根据每年的财政收支状况逐年确定,其税率因年而异。因此,房地产税与所得税、商品税相比,具有地域性的特点。

2. 税源具有稳定性和持续性

房地产既是生产资料,又是生活资料,是社会生产和人类生活不可缺少的必备的物质基础,国民经济的各行业、各部门、社会生活的各个主体(法人和自然人)都与房地产有着不同层次的联系。社会财富中房地产占有相当大的份额,据统计,20世纪70年代以来,世界各国每年用于房屋的投资,一般占国内生产总值的6%—12%,房地产业产值占国内生产总值的20%以上,所形成的固定资产占当年形成的固定资产总值50%以上。比如英国房地产价值占该国总财富的73%;美国的房地产价值约占其总财富的3/4。因此,以房地产为课税对象,其税源广泛且充足,税收具有稳定性。同时,由于土地的稀缺性,随着社会经济的发展,从较长时期看,房地产具有增值效应,从而保证房地产税收呈上升趋势。

3. 房地产税收征管具有复杂性

房地产税收一般是以房地产的价值为课税依据的。房地产具有位置固定性,因而派生出了房地产的个别性,即使在同一区域、同一城市、同一地段上的同类型的房地产,其价格也是不一样的,甚至存在着较大的差异。因此,为了准确计算课税价格,避免偷税、漏税和税收征收的不公平,需要对纳税人的房地产进行估价。但是估价是一项技术性相当强的工作,有关估价方法的选择、参数的确定等往往难以给定一个统一的标准,因此不可避免地出现因估价人员的素质问题而出现主观臆断,造成估价不准确和不真实的情况,从而影响税收的征收。同时,房地产税收需要准确的产权、产籍资料,需要房地产管理部门的密切配合,这就更增加了房地产税征收管理的难度。

(四)房地产税的优点

房地产税作为一个重要的税类,与商品税、所得税相比,有许多优点。主要有:

1. 不易转嫁,有利于矫正社会分配不均

对房地产交易和房地产保有课税,其税收负担具有不易转嫁和税收资本化的优点。

就房地产交易看,由于土地具有供给弹性小、耐久性和不可再生性等特征,当政府对土地征税时,土地卖主要承担全部税额,也就是说,土地卖主能收到的年租金减少,减少的数额等于全部税额。对土地征税时,地价会下跌,地价下跌的金额为所有未来税额的折现值。将未来各年应纳税额变为某项资产的价格一部分的过程称为税收资本化。所谓税收资本化,即生产要素购买者将所购生产要素未来应纳税款,通过从购入价格中预先扣除的方法,向后转嫁给生产要素的出售者。[①] 也就是说生产要素的出售者不能将税额转嫁给购买者,税收负担者最终是生产要素的出售者。对土地交易的课税是税收资本化最典型的例子。比如,若一块土地出售,土地年租金为 R,其土地价格 $P_1 = \frac{R}{i}[1 - \frac{1}{(1+i)^n}]$,公式中,$i$ 为折现率,n 为土地使用年

---

① 王传纶、高培勇:《当代西方财政经济理论》,商务印书馆 1995 年版,第 370 页。

期。若对土地年征税为 T，那么税后土地年租金收益为 $R-T$，土地出售价格 $P_2 = \frac{R-T}{i}[1-\frac{1}{(1+i)^n}]$，征税后使土地出售价格下降了 $\frac{T}{i}[1-\frac{1}{(1+i)^n}]$。

就房地产占有看，房地产税收是以纳税人拥有的土地和建筑物的价值为计税依据的。一般来讲，纳税人占有的房地产，一般不与他人发生经济交易，极少有机会和条件转嫁其税负。

由于房地产税具有不易转嫁或税收资本化的特性，房地产所有者或占有者依拥有房地产的数量纳税，拥有越多，纳税愈多，符合按纳税能力决定税负轻重的公平原则，有利于缩小社会贫富差距，矫正社会财富分配不均，有效实现公平与效率的统一，促进社会协调发展。

2. 有效地优化房地产资源配置，促进社会经济的可持续发展

房地产税收不仅可以理顺分配关系，保证土地收益的合理分配，实现国家的产业政策，而且对抑制房地产投机、调控房地产价格、规范房地产市场交易行为有独特的效能。

通过对房地产特别是土地课税，可以促进房地产资源的合理开发、利用，从经济上制约滥用、多占和占而不用等浪费土地资源的现象，保证人们有计划地合理开发和利用土地，促进土地开发利用与国民经济协调地发展，从而促进社会经济的可持续发展。同时，对闲置不用的房地产(土地)、待价而沽的房地产(土地)，通过征税甚至征重税，可以促进房地产资源的合理流动，提高土地利用的社会化程度，抑制土地投机行为；同时，还可以使一部分房地产资源由消费转为生产，成为一种生产资源，促进经济的发展。

3. 可以弥补其他税种的不足，发挥独特的调节作用

房地产税是财产税中最主要的税收，在现代税收结构中能起到

其他税种难以达到的独特调节作用,可补充税制系统的不足,并是地方财政收入的重要来源。

所得税是对法人或自然人的纯所得进行课征的税收。但是,纯所得计算较复杂,也很困难,哪些费用可以扣除,很难确定;同时,所得税的征收一般采用申报办法,纳税人为了减轻税负或逃税,往往虚报所得。而房地产是一种固定的有形财产,且使用期长,对房地产课税,可弥补所得申报与查核的不足;同时,房地产的取得、保有及转移均需办理产权登记,这便于税收的征管、稽查,因而它能有效地弥补所得税的固有缺陷。比如某人的所得因遗漏未纳所得税时,若他将收入用于购置房地产,则又进入了税网,他不仅要缴纳有关的房地产税,而且还需要补交所得税,能为所得税的查核与征管带来便利,从而有效地弥补所得税的不足。

商品税的课征不区别纳税人的经济状况、收入水平以及负担能力,一律按消费商品的多少承担税负,税收具有明显的累退性;同时,商品税的税负易于转嫁给最终消费者,不符合税收公平的原则。而房地产课税可以弥补商品税无法课及价值高的财产的缺陷,在一定程度上矫正税负不平等,缩小贫富差距。

二 我国房地产税制改革研究

(一)我国房地产税制改革观点评述

自20世纪80年代末以来,我国理论界开始探讨房地产税制改革问题,已有的研究成果对我国房地产税制改革奠定了一定的理论基础。但是,有关房地产税改革的目标、改革方案以及有关技术难点等问题尚未有深入的研究。房地产税制改革是一项复杂的社会系统工程,涉及面广,直接关系到广大民众的切身利益。如果上述问题尚未从理论上加以解决,将使我国房地产税制改革偏离正确的轨道,也将影响财政体制改革及房地产业的发展。因此,有必要对我国房地产税制改革的理论观点进行总结和全面的反思,从而使我国房地产税制改革能顺利推进。我国房地产税制改革研究主要涉及土地租税费改革、国外房地产税比较、优化房地产税制以及物业税改革等问题。

1. 关于土地租税费问题的研究

刘维新(1993)在"土地租税费的关系研究"一文中率先对土地租税费的性质、区别进行了较深入的研究,提出了确立"明租、正税、少费"的改革思路,制止乱收费,规范收费种类和标准,调整现有土地税种、税率,理顺土地收益分配秩序和分配关系。① 作者(2000)通过实证分析了房地产领域收费情况,提出了改革的对策建议,并指出房地产领域的收费多达几十种,甚至上百种,以武汉为例,房地产开发销售环节的各种收费达四十多种(不包括地价),每建筑平方米约350元—400元,房地产领域中的收费总额是房地产税的3.5倍;作者提出了取消一切不合理、不合法的房地产收费;将一部分具有税收性质的房地产收费改为税。将房地产开发建设环节中的耕地复垦基金、新菜地建设基金、水利建设基金、征地管理费、土地管理费等合并改为税;保留必要的少量的房地产收费,主要是房地产产权登记管理规费和公共设施的使用费的改革建议。② 孟祥舟(2002)分析了世界各

---

① 刘维新:"土地租税费的关系研究",《经济研究参考》1993年第57期,第2—11页。
② 邓宏乾:《中国房地产税制研究》,华中师范大学出版社2000年版,第169—198页。

国土地税费政策发展的诸多共同性,认为入世后我国土地税费制度改革应适应 WTO 的原则和内容,发挥土地税收宏观调控作用并适应国际土地税费种类设置发展趋势,提出了积极推进费改税,完善我国现行土地税费种类的建议。① 林家彬、安体富、贾康等学者(2005)研究了税费改革的基本思路,提出了清费立税、税费分流归位的思路。②

2. 关于优化房地产税制研究

不少学者针对我国房地产税制存在的问题,就如何优化房地产税制结构、构建完善的房地产税收体系提出了基本的改革思路。王育琨、邓宏乾、孙钢等人在 20 世纪 90 年代对城镇土地使用税问题进行了分析,并提出了提高城镇土地使用税税率、扩大征收范围等建议。③ 曹华(1993)分析了房地产财产保有阶段收益分配体系的问题,并提出了改革房产税和土地使用税的建议,并首次提出设置房地产增值税的设想。④ 张天犁(2000) 提出了"三税合一"模式,即将城镇土地使用税、房产税和城镇房地产税纳入一部统一的法律之中,设置

---

① 孟祥舟:"对入世后中国土地税费制度改革的全方位思考——土地税费政策国际比较启示",《资源产业》2002 年第 1 期,第 30—32 页。

② 林家彬:"城市房地产税费改革:国际经验及政策建议",《改革》2005 年第 5 期,第 109—115 页。安体富:"我国房地产市场发展和房地产税收制度改革研究",《经济研究参考》2005 年第 43 期,第 19—27 页。贾康:"对房地产税费改革思路与要点的认识",《上海财经大学学报》2005 年第 4 期,第 5—7 页。

③ 邓宏乾:"关于征收土地使用税的几个问题",《经济学动态》1991 年第 3 期,第 33—35 页。王育琨:"土地有偿使用:地租的收集与分享",《中国土地科学》1992 年第 5 期,第 5—10 页。孙钢:"对土地税收制度的初步研究",《经济研究参考》1997 年第 60 期,第 2—22 页。

④ 曹华:"对房地产财产保有阶段收益分配体系的改革建议",《经济研究参考》1993 年第 183 期,第 2—6 页。

中国的《物业税法》。① 湖北省武汉市地方税务局、武汉市国际税收研究会课题组(2001)提出,将房产税和土地使用税合并在财产税体系中统一设置房地产税,计税依据按照国际惯例规定为房地产的市场评估值,征收范围扩大到所有由国家和集体拥有并控制的房地不动产。② 谢群松(2002)提出了"五税合一"的改革思路,即将现行的城镇土地使用税、房产税、城市房地产税、农业税以及耕地占用税整合在一起,以实现内外统一、城乡统一、土地和建筑物统一的不动产占用税。③ 贾康、刘佐、安体富、林家彬、马克和等学者研究和分析了房地产税制改革的基本构架,提出了在"简税制、宽税基、低税率"的原则下,简化税制,优化结构;调整税基和税率;取消城镇土地使用税和土地增值税;开征统一的物业税;统一内外房地产税制等观点。④ 国家税务总局房地产税计税依据改革课题组(2006)提出房地产税计税依据改革的两条路线:一条是以改革房地产税理论制度为代表的"政策路线",房地产税政策的制定者通过对课税对象、纳税人、计税依据、征税范围、减免税政策、税费改革、税负水平、立法工作等改革要素进行理论性研究探讨,逐步建立起全新的房地产税理论;另一条是

---

① 张天犁:"关于房地产税制改革若干对策思路研究",《财政研究》2000年第3期。
② 湖北省武汉市地方税务局、武汉市国际税收研究会课题组:"房地产税制研究",《税务研究》2001年第7期,第55—57页。
③ 谢群松:"论中国不动产占有课税的改革",《经济研究参考》2002年第90期,第15—25页。
④ 马克和:"完善我国现行不动产税制的基本构想",《中央财经大学学报》2004年第4期,第11—25页。林家彬:"城市房地产税费改革:国际经验及政策建议",《改革》2005年第5期,第109—115页。安体富:"我国房地产市场发展和房地产税收制度改革研究",《经济研究参考》2005年第43期,第19—27页。贾康:"对房地产税费改革思路与要点的认识",《上海财经大学学报》2005年第4期,第5—7页。刘佐:"我国房地产税制建设的简要回顾与展望",《税务研究》2006年第3期,第51—55页。

以改革计税依据确定方法为代表的"技术路线",房地产税的征收机关需要探讨、实践、确定新的从价计征房地产税的评估方法,完善评估标准和技术手段。①

3. 关于物业税改革问题

2003年10月党的十六届三中全会《中共中央关于完善社会主义市场经济体制若干问题的决定》中明确提出:"实施城镇建设税费改革,条件具备时对不动产开征统一规范的物业税,相应取消有关收费。"2005年10月党的十六届五中全会《中共中央关于制定国民经济和社会发展十一五规划建议》中再次明确指出:"调整和完善资源税,实施燃油税,稳定推行物业税。"至此,物业税问题开始成为学术界及广大民众关注的热点问题。最近三年有关房地产税制改革主要集中在物业税问题上,主要探讨了物业税的税基是否包括土地使用权出让金,物业税开征对房价的影响以及物业税改革方案等问题。目前物业税改革的主流思路是:将现有的房产税、城市房地产税、城镇土地使用税、土地增值税以及房地产开发领域的各种收费和土地使用权出让金等税费合并,转化为房地产保有阶段统一按年收取物业税。② 该方案将土地增值税和土地出让金纳入物业税税基,分年计征,是不科学和不合理的。何振一、安体富、陈多长等学者对此提出了不同的看法,物业税是不动产税的一种类型,土地出让金是土地的

---

① 国家税务总局房地产税计税依据改革课题组:"房地产税计税依据改革的方案建议",《税务研究》2006年第3期,第43—46页。
② 周小川:"从税收改革的趋势看城市土地管理",《中国企业家》2004年第1期,第67—68页。湖北省国际税收研究会课题组:"我国财产税制改革的现实取向与配套措施——改革我国财产税制的现实研究",《湖北社会科学》2005年第3期,第61—64页。

价款,二者属于性质不同的经济范畴,不能也不应相互替代。① 关于对房价的影响,周小川、胡怡建等学者认为将土地出让金纳入物业税税基,可大大降低房价,由于地价和与其联系的税费约占商品房成本的40%左右,如果将土地批租出让制改为年租制,平均商品房价格水平会大幅降低,房价与个人收入比将明显调整;房价可降低30%—40%。② 关于物业税改革方案问题,刘维新(2004)认为,物业税改革是一次整体不动产税费的改革,不是个别的调整,应从税基、税种、税率及减免范围上统筹考虑。物业税的调节主体应放在房地产炒作、高档住房与富裕阶层及二套住房以上的群体,对于自住住房应给予优惠和减免,以减缓贫富差距的继续扩大。③ 章波(2005)通过动态经济分析法和假设开征法分析测算了中国不动产税开征的合理税率及业主的税负水平。认为不动产税税率设定在 0.7%—0.8%的水平比较切合中国房地产市场和居民消费水平,不但能保障政府的财政收入,而且还将居民税负成本控制在家庭年收入的5%左右,不动产税税负在居民的承受范围内。④ 杨卫华(2005)认为可以把现在对房屋、土地征收的房产税、城市房地产税、土地增值税、契税以及

---

① 何振一:"物业税与土地出让金不可替代性简论",《中国国土资源经济》2004年第7期,第4—7页。安体富:"我国房地产市场发展和房地产税收制度改革研究",《经济研究参考》2005年第43期,第19—27页。陈多长:"统一物业税治理房价过高是否可行?",《价格理论与实践》2004年第9期,第31—32页。

② 周小川:"从税收改革的趋势看城市土地管理",《中国企业家》2004年第1期,第66—68页。胡怡建:"物业税改革的背景和影响分析",《涉外税务》2004年第9期,第11—17页。

③ 刘维新:"开征物业税应具备的条件",《中国房地信息》2004年第8期,第38—39页。

④ 章波等:"不动产保有税改革的税率推算及税负效果分析",《中国土地科学》2005年第2期,第52—56页。

政府对开发商凭借政治权力征收的费如绿化费、防洪费、人防设施费等合并为物业税。同时,考虑到房屋总是和土地相联系,为方便征收,也可考虑把城镇土地使用税列入物业税,一起在保有阶段向业主征收。[①] 国务院发展研究中心物业税改革课题组(2006)提出,把目前存在的房产税、城市房地产税和城镇土地使用税三个税种合并为一个统一的物业税,实现税种的简化和内外税制的统一。物业税由中央设计统一的税率范围,允许各地方政府在此范围内自行选择。物业税以房地产市场评估价值为计税依据,规定一定额度的免征额,以保证满足公民的基本居住需求。[②]

目前关于房地产税制改革的研究主要还是停留在现象分析和定性分析上,定量分析和相关的理论研究还有待进一步深入,特别是应重视实证研究,从而保证房地产税制改革符合我国的实际和具有可操作性。

(二)房地产税制改革的基本原则

改革和完善我国房地产税制,既要根据国家整体税制改革的总体目标,又要结合我国现行房地产税制存在的问题,以及规范房地产收益分配机制的客观要求。因此,改革房地产税制应坚持以下基本原则:

1. 坚持"效率和公平并重"原则

在市场经济中,政府主要的经济职能就是增进效率和公平以及

---

① 杨卫华:"论我国物业税的开征条件与制度选择",《南方经济》2005 年第 9 期,第 72—74 页。

② 国务院发展研究中心物业税改革课题组:"我国物业税税制设计研究报告",《中国税务报》2006 年 6 月 21 日(6)。

保持经济发展的稳定性。公平与效率之间有相互促进的一面,但也存在着相互矛盾、相互冲突的一面。在构建房地产税收体制中,应充分考虑效率和公平的统一性,逐步建立一个在有效率的经济发展中增进公平的收益分配体系。

在构建房地产税收体系时,要注重经济效率。一个良好的税赋制度不仅能够有效地取得财政收入,满足国家行使其职能的资金需要,更重要的是,在此基础上促进经济的繁荣与发展,提高经济运行的效率。效率原则主要是指税赋的经济效率,税赋的经济效率原则要求房地产税赋制度能促进房地产资源的有效配置和市场机制的有效运行,使全社会都能从房地产资源的配置中获得最大的利益。同时,要尽可能保持房地产税赋制度的中性,即不干扰市场机制有效发挥作用;或者在市场机制难以有效地发挥作用的领域,房地产税赋制度应对市场失灵发挥积极的矫正作用,稳定房地产市场的运行。总之,房地产税赋制度要根据市场对房地产资源配置的需要,使不同税种对市场经济所产生的程度不同的扭曲通过偏离帕累托最优而对经济造成福利损失或沉重损失最小化,[①] 把宏观经济效益和微观经济效益统一起来,促进房地产业和整个国民经济有效率地运转。同时,房地产税收制度的改革与实施应注重征税与纳税过程中税务费用最小化,提高税收制度效率,正如亚当·斯密指出的,"一切赋税的征收,须设法使人民付出的,尽可能等于国家所收到的。"[②]

税赋的公平原则是税赋负担的分配问题,在市场经济条件下,公平原则是设计和实施税赋分配制度的重要原则。亚当·斯密在他著

[①] 郭庆旺等:《当代西方税收学》,东北财经大学出版社 1997 年版,第 219 页。
[②] 亚当·斯密:《国民财富的性质和原因的研究》下卷,商务印书馆 1974 年版,第 385 页。

名的《国民财富的性质和原因的研究》一书中将公平原则列为税收四原则之首。他指出:"一国国民都必须在可能范围内,按各自能力的比例,即按各自在国家保护下享得收入的比例,缴纳国赋,维护政府。"① 税收公平原则包括横向公平和纵向公平。② 横向公平是指对于具有相同能力的纳税人课以相同的税收,横向的公平主要涉及税基问题,例如,以房地产税为例,则具有相同房地产价值的纳税人应缴纳相同的税收。纵向公平是指对于具有不同能力的纳税人课以不同的税收,纵向的公平主要涉及税率结构问题,也就是说,收入高的人,税负相应较多,反之,税负应减轻。通过有差别的税收,缩小贫富差距,促进社会的公平。但是,目前我国城市房地产税收中既存在横向不公平的现象,也存在着纵向不公平的现象。横向不公平主要表现为:税赋和免税之间的不公平;土地出让和划拨之间的不公平;房地产税在不同投资者之间的不公平;内资企业与外资企业税负不均等等。纵向不公平主要表现在:住房和非住房(经营性房产)税率相同,高档住房与普通住房税率相同等等。城市房地产收益分配的不公平,阻碍了房地产市场的发展和房地产资源配置效率的提高。因此,从建立公平的房地产税收体制的角度来看,应从以下两个方面解决税负公平问题:一是设计符合公平准则的房地产税制;二是发挥税赋的调节作用,使税负的分配有助于公平目标的实现。为了提高房地产资源的配置效率,城市房地产税收制度必须体现公平原则,使房地产各权利人具有公平竞争的机会。总之,在兼顾公平与效率的基础上,建立符合社会主义市场经济发展需要的房地产收益分配体制。

---

① 亚当·斯密:《国民财富的性质和原因的研究》下卷,商务印书馆 1974 年版,第 272—273 页。
② 将税收公平原则发展为横向公平和纵向公平的是福利经济学创始人庇古。

2. 坚持"租税分流、清费立税"的原则

土地地租、房地产税收和房地产受益费,三者的内涵、性质和功能是不同的,反映着不同的经济关系和利益关系,三者不能混淆,更不能"三位一体"。

土地地租是土地所有者让渡其土地使用权所得到的一种报酬,是土地所有权在经济上的实现形式,是土地所有者垄断土地所有权而形成的。马克思指出:"不论地租有什么独特的形式,它的一切类型有一个共同特点:地租的占有是土地所有权借以实现的形式。"① 地租是由超额利润转化而来的,是社会剩余产品价值的分配。马克思指出:"现代意义上的地租……是超过平均利润即超过每个资本在社会总资本所生产的剩余价值中所占的比例部分而形成的余额。"② 地租不仅仅反映一种经济关系,而且还反映社会生产关系。社会主义地租是社会主义土地所有权借以实现的经济形式,其性质是由社会主义土地公有制所决定的,它具有社会性、集中性等特征。房地产税收是国家凭借其政治权力而不是财产权力进行的收入分配。税收就是国家为了实现其职能,依税法强制地、无偿地、固定地取得一部分国民收入的一种方法,它是国家政治权力的体现。房地产受益费是一种对投入的补偿性质收费,它不是以所有权垄断和国家政治权力为基础的,它是以保证城市各种设施(比如桥梁、供水、供电等)的正常运转和良性循环为目的的,它既不具有垄断性,也不具有强制性。③ 它们参与国民收入分配的形式也不一样。地租是社会总剩余价值的转化形式,地租是总利润的一部分,是国民收入分配中的第一

---

① 《马克思恩格斯全集》(第 25 卷),人民出版社 1975 年版,第 714 页。
② 同上书,第 88 页。
③ 刘维新:"土地租税费的关系研究",《经济研究参考》1993 年第 57 期,第 3 页。

层次分配,属于国民收入的初次分配。房地产税收,则是国民收入分配中的第二层次,属于国民收入的再分配。房地产受益费则是受益者(即各种设施的使用者)对投资者投入的一种补偿,不属于国民收入分配和再分配范畴。① 鉴于租税费之间在经济性质、职能和作用等方面的区别,我们在建立新型的房地产收益分配体制时,应采取分别设立和分别征收的办法,规范房地产收益分配方式,真正做到"明租、正税、少费",同时,建立以租、税调节为主的房地产收益调节体系,发挥它们的宏观调控作用,防止城市国有房地产收益的流失,促进房地产业的发展。

3. 坚持"扩大税基、优化税制结构"的原则

我国现行的房地产税收税基偏窄,既影响了税收收入,也造成了税负的不公平。例如房产税仅对内资企业和个人的营业性用房和出租的直管公房征收,且计税依据采用房产原值减除 10%—30% 后的余值计算,税基呈逐年下降趋势。城镇土地使用税也仅对内资企业和个人占用的土地征收,不适用于三资企业,课征范围小。因此,改革和完善房地产税制时,应坚持合理公平、普遍征收的原则,将所有的房地产纳入征税范围,严格控制减免范围,扩大税基,以保证房地产税收收入的稳定、持续增长。

一般来说,直接税具有税负不可转嫁的特性,可以有效地调节和解决收入公平分配和再分配问题;而间接税更能体现效率目标。房地产保有税(财产税)属于直接税,由房屋所有者和土地占有者缴纳,税负不可转嫁;而房地产流转税属于间接税,纳税人可以将税转嫁给消费者。因此,在扩大税基的同时,应降低房地产转移税率,提高房

---

① 刘维新:"土地租税费的关系研究",《经济研究参考》1993 年第 57 期,第 3 页。

地产保有税率,把课征重点从房地产流转环节转向房地产保有环节,优化税制结构。目前,我国房地产税负结构不合理,主要表现在:房地产流转环节中税负水平偏重(流转环节中的税收有:营业税及附加5.65%,土地增值税 30%—60%,所得税 33%),流转环节总体税负水平相当于销售收入或经营收入的 23%左右;房地产保有环节的税负水平偏低(保有环节中的税收有:土地使用税为 0.2—10 元/平方米,房产税 1.2%),房地产保有环节总体税负水平仅相当于房地产价值的 1.5%—2%,并且居住用房地产在保有阶段还是免税的。这种状况,一方面由于对房地产保有征税较轻,对用地占地者没有经济上的约束机制,造成土地闲置,房地产利用效率低下,房地产资源浪费严重,对保护耕地也难以起到作用。另一方面,对房地产流转环节课以重税,原房地产所有者在转让中获利甚微,使大量的存量房地产难以进入市场,不利于房地产市场的发育;在一定程度上造成了房地产进入地下市场,进入"灰市交易",结果导致房地产收益大量流失;或者,原房地产所有者在转让中将有关税费转嫁给买受人,造成房地产交易市场的不公平。因此,提高房地产保有税率,降低房地产流转税率,能促进房地产市场的收益公平分配,有利于规范房地产收益分配秩序和收益分配关系,促进房地产市场的发育和完善,也有利于节约用地,保护耕地,提高土地集约利用效率。

(三)房地产税制改革的基本思路

房地产税制改革必须要规范税种、税目、税率,使税制结构趋向科学合理,拓宽税收的调控领域,强化税收的经济杠杆作用。作者认为,根据我国的实际以及财政体制改革目标的需要,房地产税制改革应采取渐进方式,逐步达到改革目标;同时,尽量避免造成较大的波动,影响经济发展和社会的稳定。

1. 近期改革框架

(1)房地产保有税类改革

对房地产保有征税,目的在于合理调节政府与房地产所有者或房地产的实际占有者之间的收益分配。房地产保有税类可设置以下税种:①房产税。即以房产为课税对象,对房屋产权所有者征收。将现行对三资企业征收的城市房地产税中有关房产的内容与内资企业和个人的房产税合并为统一的房产税;改目前按房屋原值一次减除10%—30%后的余值计征的办法为按房屋的评估价值计征;改目前从价计征和从租计征的办法统一为从价计征;税率可确定为1.5%—3%,经营性的房产按高档税率课征;非营业性的房产按低档税率课征,普通住宅免征。②取消城镇土地使用税和耕地占用税,开征地价税。即以土地的评估价值作为课税依据,向土地的实际占有者征收,这种税在国外称为地产税。取消现行的土地使用税,改征地价税。主要理由是:首先,土地税是国家凭借其政治权力参与国民收入再分配的一种方式,是国家对土地所有者征收贡赋的一种形式。马克思曾指出:"土地税按规定本来应由土地所有者负担,而不是由土地承租人或佃户负担。"① 在我国,城市土地所有权属于国家,国家是城市土地所有者。国家对自己的财产征税,在理论上是说不通的。其次,现行的土地使用税是以纳税人实际占有的土地面积为计税依据,实行定额税率,这种税收达不到合理使用土地、提高土地利用效率的目的,也不能有效地调节土地的级差收益。耕地占用税是一次性向耕地占用者征收的,随着限制农用地转用以及耕地保护政策的强化,

---

① 《马克思恩格斯全集》(第7卷),人民出版社1975年版,第331页。

未来每年农用地转为城市建设用地的数量将大幅减少,该税种继续开征的意义不大。因此,宜用地价税取代现行的土地使用税和耕地占用税。地价税以土地的评估价值作为计税依据,每年征收,采用五级超率累进税率,即土地的评估价值未超过公示地价的,税率为1%;土地的评估价值超过公示地价但未达到100%的,税率为1.2%;土地的评估价值超过公示地价100%但未达到200%的,税率为1.4%;土地评估价值超过公示地价200%但未达到300%的,税率为1.8%;土地评估价值超过公示地价300%以上的,税率为2%。③开征空地税。即以闲置未用的土地为课征对象,对空地的实际持有人课税。所谓空地,即城市规划区内未按法定要求利用满一年的;或者有偿出让的土地超过出让合同约定的动工开发日期一年未动工开发利用的;或其地上建筑改良物价值不及所占基地标定地价20%的土地,即为空地。空地税以该土地的标定地价为计税依据,税率为10%。开征空地税,可以节约用地,杜绝土地浪费现象,使土地得到合理的利用,提高土地利用效率。

(2)房地产取得税类改革

房地产无论是原始取得,还是继受取得,政府均向房地产的取得人征税。房地产取得税改革主要是取消房地产交易的印花税,扩大契税的征收范围。印花税与契税的性质和功能相同,目前征收二税,属重复征税。因此,应取消印花税,在此基础上扩大契税的征收范围。契税是在土地或房屋因买卖、典当、赠与或交换等原因发生产权转移时,按照当事人双方订立的契约,向房地产承受人征收的一种税。改变目前契税不适用国有企业和集体企业的做法为适用于所有的企业和个人,改变目前契税不适用继承、房地产抵债、房地产作价入股等财产转移行为的做法,对房地产产权转移的所有行为征收。

契税的计税依据分别为买价、典价、赠与或继承的评估价,房地产作价入股的价值、房地产抵债的价值等,税率为3%—5%。

(3)房地产收益税类改革

改革房地产收益税类主要包括:①房地产企业所得税。目前,应尽快统一内外资企业所得税税率,把不同所有制性质的企业,不同地区的企业、内外资企业的所得税税率调整到同一税率上来,同时将所得税税率下调为25%。②房地产个人所得税。目前,应改变对个人房地产租赁、房地产转让所得的资本性收益采用20%的比例税率的做法,采用累进税率来计征。③土地增值税。目前土地增值税实际上是一个虚设的税种,全国很多地方用土地增值费、土地收益金、土地超标费取代了土地增值税;即使开征了土地增值税的地区,也只是象征性地征收而已,并没有严格按税法的规定实施,目前一般采用预征的方法,如广州预征比例为开发项目总价的0.5%—1%,上海为1%,导致土地增值税大量流失。因此应维护土地增税税法的严肃性和权威性,在全国严格按税法的规定征收土地增值税。

在房地产税收改革时,还应进行费改税,清费立税,强化税收功能和主体地位,理顺房地产领域的收益分配关系。费改税的主要措施有:①取消一切不合理、不合法的房地产收费,比如取消城市基础设施配套补偿费、教育配套费、商业网点配套费、供水供电设施补偿费等。②将一部分具有税收性质的房地产收费改为税。将房地产开发建设环节中的耕地复垦基金、新菜地建设基金、水利建设基金、征地管理费、土地管理费等合并改为税,征收环节后移,即由开发建设环节后移至房地产保有阶段征收。③保留必要的少量的房地产收费,主要是房地产产权登记管理规费和公共设施的使用费。④将具有经营性质的房地产收费从行政事业收费中分离,交由行业中介组织,逐步转变为行业中介的经营性收费。

2. 中长期的改革框架

(1)房地产保有税类中将房产税、地价税合并开征统一的物业税①

房地产保有税类中继续征收空地税,将房产税、地价税合并开征统一的物业税。将房地产税的课征重点从房地产流转环节移向房地产保有环节,提高房地产保有环节的税负,优化房地产税制结构,使房地产保有税(财产税)成为城市(地方)政府的主要税收来源。物业税改革的基本思路是:归并房产税、地价税和房地产开发领域一部分行政事业性收费,简并税费,以房地产市场评估价值为课税税基,按年征收。具体分为三方面:①征税范围和对象。物业税属房地产保有税类,其课征对象为土地、房屋和房地合一的不动产;课征范围包括城乡所有的房地产、城市土地和集体建设用地。②税基和税率。从便于征管、降低征税成本角度考虑,应当以房地产评估价值为计税依据,以评估价值的80%为课税税基为宜,产权人为维持房屋的正常使用而支出的维修、保养等费用(扣减幅度为评估价值的20%)不作为计税的税基。房地产课税价值每5年评估一次。在全国统一税制的前提下,物业税税率宜采取地区差别比例税率,赋予地方政府一定的税权,使地方政府可以因地制宜地利用物业税手段来调控房地产市场和依据地方财政开支需要有弹性地调整税率,增加财政收入。同时,税率的确定应考虑纳税人的税负能力,住宅物业与非住宅物业在税率上应区别对待,采取不同的税率政策,初步考虑住宅物业税税

---

① 参见拙文:"基于税收目的的物业税改革分析——兼评物业税改革方案",《华中师范大学学报》(人文社会科学版)2006年第3期,第58—62页。

率3%—5%,非住宅物业税税率4%—6%。③税收减免。税负水平与纳税能力相对称,民生准则和效率公平相统一,是我们开征物业税必须遵循的三个基本原则。住宅作为居民最基本的生活必需品,税收政策的价值取向应当是保护和鼓励"居者有其屋",发挥赋税的调节作用,使税负的分配有助于社会公平、社会和谐目标的实现。物业税的一个重要功能就是限制对土地资源和房地产的过度占有,优化房地产资源的配置。因此,对住宅物业应当确定一个合理的免征额。笔者认为,城镇住宅面积不超过100平方米的自用普通住宅免税,超过部分征税;农村住宅免税,豪宅、别墅不属于免税范围。对普通住宅物业实行税收减免是大多数国家和地区所奉行的政策。

(2)房地产取得税类中开征遗产与赠与税

房地产取得税类在继续征收契税的基础上,适时开征遗产与赠与税。遗产与赠与税是对因继承、赠与而取得房地产等财产的承受人课征的一种财产税。其计税依据是遗产总额扣除应扣项目金额后的余额或赠与财产价值,遗产与赠与税的起征点定为100万元,实行超额累进税率,最低一级税率为30%,最高一级税率为60%。开征遗产与赠与税,不仅可以增加国家财政收入,而且可以运用税收杠杆调节社会财富分配,缩小社会成员贫富差距,缓解社会分配不公的矛盾,鼓励人们勤劳致富,促进社会稳定。

(3)完善和改革土地增值税

完善和改革土地增值税的主要内容包括:①扩大土地增值税征收范围,严格控制减免范围、对象。税收要体现公平的基本原则,土地增值税应采取普遍征收的办法,改变现行《土地增值税暂行条例》中规定只对买卖房地产征税的做法。我们知道,在房地产市场上,土地增值不仅仅发生在土地使用权转让、房地产的买卖上,在土地使用权出租、房地产出租、房地产作价入股等多种交易方式上均可产生土地增值。土地增值税的征收范围要能覆盖引起土地增值的所有对象。因此,土地增值税课征范围应包括:以批租方式获得土地进行开发经营后,进行转让、出租的;以增值后的土地使用权作价入股或合资经营,以土地合作建房,引起土地使用权转移的;房地产买卖、出租、交换过程中发生土地增值的;自用的商业性房地产在经营中发生了土地增值的。扩大土地增值税课征范围,有利于国家加强对房地产市场的管理;有效防止国有土地收益流失,增加国家财政收入;有利于土地收益的合理分配,提高土地增值税赋税的公平性。土地增值税应严格控制减免范围和对象。土地增值税作为调节土地增值收益、国家宏观调控的重要经济杠杆,绝不能减免范围过宽、政策过活,应按全面征收的原则,严格核定减免对象和范围。②完善土地增值税税目,使土地增值税的设置合理化。第一,设置土地转移增值税。主要是在土地使用权转移、房地产买卖和以土地使用权或房地产作价入股时征收。其征收采用《暂行条例》所规定的四级超率累进办法计算,但税率调整为:增值额未超过扣除项目金额50%的部分,税率为20%;增值额超过扣除项目金额50%、未超过扣除项目金额100%的部分,税率为30%;增值额超过扣除项目金额100%、未超过扣除项目金额200%的部分,税率为40%;增值额超过扣除项目金额200%以上的部分,税率为50%。同时,为抑制投机性房地产交易活动,应对长期持有和短期持有房地产在税收上加以区别对待,对长期持有房地产者在交易转让时应给予税收优惠。即用持有年限系数对超率累进税率进行修正,可考虑如下方法:持有房地产5年以下的,视为短期持有,年限系数为100%;持有房地产5—15年的,年限系数为85%;持有房地产15—30年的,年限系数为70%;持有房地产30

年以上的,年限系数为55%。土地转移增值税的计算公式为:土地增值税税额=(增值额×适用税率-扣除项目金额×速算扣除系数)×年限系数(其中:速算扣除系数为0%或5%、15%、35%)。第二,设置土地租赁增值税。主要是在土地使用权出租、房屋出租时征收。土地租赁增值税采用超率累进税率、按年征收。即年出租增值收益超过扣除项目金额50%的部分,税率为20%;年出租增值收益超过扣除项目金额50%、未超过扣除项目金额100%的部分,税率为30%;年出租增值收益超过扣除项目金额100%、未超过扣除项目金额200%的部分,税率为40%;年出租增值收益超过扣除项目金额200%的部分,税率为50%。其中,扣除项目金额为:土地现值或房地产现值×(土地或房地产还原率+年折旧率)、经营费用和正常利润。第三,设置定期土地增值税。即房地产不发生买卖、转让,但由于城市的发展及外部环境改善,使外在效益内在化了,通过对房地产的重新评估,对其增值额征税。它主要是对自用商业性房地产征收,采用规定的税额标准,每年征收,税额标准每隔五年评定一次。

(四)土地增值及土地增值税的理论思考

1. 土地增值的原因

土地增值,即土地价值的增加,也就是指在房地产开发利用过程中或交易过程中发生的土地价格的上升和超额利润的增加。按照前面分析,土地价值由土地物质价值和土地资本价值构成,土地增值也相应分为两个方面:一是土地物质价值(或价格)的增值。它是指非土地经营者和使用者投入资本、劳动而自然增长的地价,其价值的增加是虚假的。二是土地资本价值的增值,即由于对土地的持续追加的投资而使土地价格上涨。土地资本价值增值实质上是由人类劳动创造的。产生土地增值的因素很多,归纳起来,主要可分为两大类:一是生产性因素;一是非生产性因素。

(1)生产性因素引起的增值

由生产性因素引起的增值,是因为特定地块或相邻区域投入资金、劳动力,从而使土地价格上涨。生产性因素主要包括:直接投资因素和间接投资因素。

直接投资性增值是指房地产(或土地)经营者对土地的连续追加投资,使特定地块的土地生产力得到提高,从而使该块土地价值增值。比如,土地经营者投入一定的人、财、物对某宗地进行道路、供水、供电、通信、排污、供气、排水等建设和场地平整,从而使土地适合特定的经营需要。这些投入会直接产生级差地租Ⅱ而使该地块增值。

间接投资性增值是指政府或其他土地使用者,对某一区域的土地进行开发或改良,形成土地资本"效益场",并以不同的方式向外扩散,在其四周的土地均受到辐射而相应增加效益。这种外在性效益通过被辐射地块的经营者的经营内在化了,从而使被辐射地块的价格增值。这被称为城市土地投资的地租效应的扩散性,或者被称为土地资本效益的扩散性。间接性投资可分为两类:一类是国家或城市政府为了完善城市功能、改善城市投资环境,投资建设城市基础设施和公共设施,从而使城市的环境和相对位置得以改善和优化,进而使整个城市或某一区域的土地产生了增值,整体地价水平相应提高。另一类是其他投资者在某一特定区域的投资,使相邻地块的土地价格上涨。比如,某经营者经营城市某一区域内的一商场(假设为A商场),但是由于其他投资者在这一区域投资兴建了许多大型购物中心,这一区域的相对位置发生了变化,由原来的不繁华变得繁华起来了,使这一区域变成了购物中心,从总体上看,这一区域的地价普遍增值了。对 A 商场经营者来说,经营利润的增加并不是由于自己的投资或改善经营管理水平而产生的,而是由于外在性效益内在化了,产生了聚集性效益,属于级差地租 I 的范畴。

(2)非生产性因素引起的增值

非生产性因素引起的增值,是指土地价格的上涨并不是由投入资金、劳动等因素产生的。非生产性因素主要包括:土地稀缺性因素、用地功能调整因素、利率因素、政策性因素等。

稀缺性引起的土地增值主要是因为土地特别是城市土地,具有不可再生性、不可替代性、短缺性以及空间位置不可移动性等特点,决定了城市土地供给弹性极小。但是,随着经济发展,城市化不断加速,城市人口不断增多,社会对土地的需求不断增长,供求矛盾相当尖锐。由于需求拉动地价不断上涨,从而导致土地增值。

用地功能调整增值是指土地利用类型的变化而引起的土地增值,即在投资因素和供求状况不变的情况下,同一地块由低收益用途置换为高收益用途时引起的地价增长。这主要可分为两类:一类是随着城市规模扩大,农业用地被征收转用,转变为城市建设用地(即非农业用地),从而引起地租增加,这是最典型的例子。另一类是由于城市内部的发展或由于城市规划的调整,导致城市内部用地功能、用地性质的变化。比如,工业用地变为住宅用地,住宅用地变为商业用地等,使原来地块的收益水平提高,从而引起地价上涨。

政策性因素引起的增值主要是指政治稳定、社会安定和有关经济政策而带来的土地增值。如果一个国家或地区政治局面稳定,人心安定,投资者对其投资预期收益增高,投资者的信心会提高,土地增值就较快。可以说,在特定的历史时期,政治因素、社会安定因素甚至起决定性作用。

随着生产的社会化、专业化水平以及劳动生产率不断提高,资本有机构成也必然不断提高,从而引起产业资本的利润率下降。我们知道,利息是利润的分割形式,在产业资本利润率呈逐渐下降趋势的同时,必然导致借贷资本利率(即利息率)的下降。土地价格与地租成正比,与利息率成反比。在地租量不变的条件下,利息率下降,会引起地价上涨。同时,地价通常是用货币表示,地价的涨落,除土地本身的变化外,还取决于货币币值是否稳定,即与社会物价指数、通货膨胀因素有关。这就是利率因素引起的土地增值。

土地增值是客观存在的。按土地价值构成来分类,可分为土地物质价格增值和土地资本价值增值两类,这已在前面作过分析。按其形成原因来分类,可分为人工增值和自然增值两类[①]。所谓人工增值,是指房地产使用者或经营者对地块的直接投资而形成的增值。自然增值是指不是由于房地产使用者或经营者的投资,而是由于外力的作用(主要包括政府及他人的投资、土地的稀缺性、利率因素、政策性因素等)使土地增值。这种增值并不是房地产使用者或经营者自身的功劳,而是外部效益的扩散或土地资本效益场的辐射而使其受益,即外在效益通过土地经营内在化了。当然,在实际中,人工增值和自然增值归于一体并形成综合的土地价格,很难把两者严格区划开来。但是,将人工增值和自然增值两者分离并独立地显化出来,不仅具有理论意义,而且也具有十分重要的实践意义。这关系到土地增值的分配问题,即关系到国家、房地产使用者或经营者在土地增值收益上如何分享,各自占有多大份额等问题。

---

① 周诚:"论土地增值及其政策取向",《经济研究》1994 年第 11 期,第 50—57 页。

2. 土地增值收益分配

认识土地增值的成因、种类及特点的目的在于在房地产交易和土地利用过程中,准确测算土地增值收益,在此基础上合理分配土地增值收益,并利用合理分配土地增值收益这一经济杠杆促进土地的最佳利用和房地产资源的最佳配置。因此,土地增值收益分配问题是一个非常关键的问题。那么,土地增值部分,是应归土地转让者所有?还是应该归土地所有者所有?抑或应归土地所有者、土地转让者共同所有?为了科学地回答这一问题,我们先看看一些学者对土地增值分配的观点。

历史上最早指出土地增值收益应收归国有的学者是英国资产阶级经济学家约翰·穆勒。他在1648年出版的《政治经济学原理》一书中,抨击了地主阶级的不劳而获,主张把全国土地予以估价,土地的现有价值仍归地主所有,而由于社会进步所增加的价值则以赋税形式交给国家。他主张把地价增值部分归于不劳而获的收入,国家通过征收土地税加以调节。他指出,我们不能把它看做一种税收,而应看做一种有利于公众的地租负担,这部分地租一开始就归国家所有,它永远也不属于地主的收益。19世纪后半期,美国经济学家亨利·乔治也提出了土地增值收益应归国家所有的主张。他在1880年出版的《进步与贫困》一书中指出,越是物质的进步表现得完全的地方,人们所见到的贫困状态同时也最深。之所以如此,乃是因为社会物质进步的利益为地租所吞没。因为土地的价值日渐上升,所以才出现殷富和不足之间的鸿沟。他认为,土地所有者得到的大量地租,并不是挣来的,因而是不应该得到的。因为城市的成长和发展会造成土地价格的螺旋式上涨,所以要从经济地租的税收中拿出款项来支付必需的公共服务,才是公正的。因此,他提出了对土地的剩余征税

（即对土地价值的自然增值征税），取消其他赋税的单一税方案。他认为，纯粹的地租具有"剩余的"性质，即使对这种剩余征收重税也不会破坏生产的积极性或降低生产的效率。现代西方经济学家保罗·A.萨缪尔森也认为，对地租征税"不会导致出扭歪或经济缺乏效率的影响，因为对纯经济地租征税并不改变一个人的经济行为。"①

我国民主革命的先驱者——孙中山先生在土地纲领提出的平均地权理论中，也主张把土地增价收归国有。孙中山分析了随着资本主义的发展，地价和地租增高的原因，得出了这样的结论："土地价值之能够增加的理由，是由于众人的功劳，众人的力量；地主对于地价涨跌的功劳，是没有一点关系的，所以外国学者认为地主由地价增高所获得的利益，名之为不劳而获之利……地价是由什么方法才能增涨呢？是由于众人改良那块土地，争用那块土地，地价才增涨。"②为了防止地主不劳而获地价上涨的好处，应当实行土地国有。他所提出的土地国有是采取土地原价归地主，以后增加的地价归国家，并且通过征收地价税把一部分地租强征到国家手中的方式。"当改良社会经济组织，核定天下地价。其现有之地价仍属原主所有，其革命后社会改良进步之增价，则归于国家，为国民所共享。"③ 孙中山先生提出的"平均地权"思想，可以归纳为：第一，"核定地价"。就是"令人民自己报告地价"，这种办法不会产生"以多报少或过抬地价之弊"，因为"地主报价欲昂，则纳税不得不重。纳税欲轻，则报价不得不贱。两者相权，遂不得不出之于平。"④ 第二，"照价征税"。孙中

---

① 保罗·A.萨缪尔森：《经济学》（下册），中国发展出版社1992年版，第1008页。
② 《孙中山选集》（下卷），人民出版社1981年版，第794—795页。
③ 同上书，第69页。
④ 《孙中山全集》（第2卷），中华书局1985年版，第321页。

山主张在国家无力收买土地之前,"最善者莫如完地价税一法"[①],即通过征收地价税,将地主收到地租的一部分转变成国家的财政收入。第三,"照价收买"。这种手段具有双重作用,一是意味着国家实施土地征收权,二是对企图逃减税额而少报地价的一种制裁。第四,"涨价归公"。孙中山认为,"社会之进步发达"乃是地价增长的原因,而社会进步发达则是"众人之劳力致之",因此,他主张地价增长的部分全部收归国有。土地涨价归公是孙中山平均地权的核心,在上述四点中占有重要的地位。从孙中山提出的平均地权措施来看,在很大程度上是亨利·乔治的"单一税"方案和约翰·穆勒的"核定地价"、"涨价归公"、"定价收买"的土地国有论的融合物。

上述有关土地增值分配的一些观点,有其积极的因素,但是,存在着许多缺陷,不可能真正解决土地增值收益的合理分配问题。要科学地回答和解决土地增值收益分配问题,应以马克思主义的地租理论为指导,从影响城市土地增值的主要因素以及各自的作用力来研究。

由于土地增值表现为不同形态地租的资本化,所以土地增值的分配应以地租的分配为理论依据。在我国,城市土地属于国家所有,同时土地所有权和土地使用权分离,在同一宗土地上存在着土地所有者、土地使用者、土地经营者等多元化的权利主体,因此,地租的分配应兼顾国家、地方政府、土地使用者三方面的利益。其分配的基本原则应体现导致土地增值收益的主体能够获得应有的收益。因此,由土地使用者直接投资而引起的增值,是由于土地经营者增加投资引起的,是级差地租Ⅱ的资本化,在土地使用期内,应归土地投资经

---

① 《孙中山全集》(第2卷),中华书局1985年版,第320页。

营者所享有。由间接性投资而引起的土地增值,是国家、地方政府或其他土地使用者的投入使土地区位条件得以改善,从而促使城市土地增值,这属于级差地租Ⅰ的资本化。但是,由于在城市建设的投入中,直接投入部分主要是由地方政府承担的,间接投入部分主要是由中央政府承担的,所以,这部分土地增值收益应在中央政府与地方政府之间按一定比例分割。由土地的供不应求等因素导致的土地增值,实质上是城市土地的绝对地租和垄断地租的增加或产生。如果是因土地所有权的垄断,土地使用者必须支付较多的土地租金或地价,这部分是绝对地租的增加或绝对地租的资本化,它应归土地所有者——国家(中央政府)所有。由于土地用途的改变(比如将农地变为城市建设用地,将效益较低的城市用地改变为效益较高的用地)而产生的增值,显然与作为土地使用者的投资无关,由此而带来的增值收益属于国家。由于利率因素、币值下降等因素使土地增值,这实际上是由通货膨胀所造成的虚假增值,并不是土地价值的真正增长。因此,为了消除通货膨胀对土地增值所产生的虚假影响,应根据物价指数的变化将相应部分留给土地使用者或转让者。

从以上分析来看,土地增值来自不同主体的作用或投资,因此,土地增值收益应根据不同主体的作用和影响程度,在中央政府、地方政府和土地使用者或土地转让者之间按适当的比例分割,政府采取收取土地增值税的方式来参与分割。

但是,我们在研究土地增值收益分配问题时,要从公平性和提高效率角度来分析归属。因此,土地增值收益的分配还应考虑以下两点:第一,土地增值税中应有足够的份额留给城市政府,以保证城市建设有充足的资金供给,确保城市有足够的资金进行土地开发和城市基础设施建设。否则,会影响土地的有效利用和城市土地的进一步正常增值,最终影响整个国家的经济发展和财政收入。因此,应将土地增值税税额的绝大部分留给城市政府,使城市土地开发与再开发有稳定的资金来源,从而实现城市土地开发、利用的良性循环,使土地开发与城市经济发展相协调、相适应。第二,国家在收取土地增值税的前提下,还要兼顾土地使用者的利益,将土地增值收益中一定比例留给土地使用者,使其有利可图,提高土地使用者和投资者的积极性。从理论上说,由土地使用者投资而产生的土地增值(即人工增值)归土地使用者所有,其余的增值(即自然增值)应归社会(国家)所有。但是,若自然增值全部通过征税收归国有,则不利于调动土地开发、经营者的积极性。土地增值收益中一部分应留给土地使用者,以提高投资者的积极性,使土地资源得到有效配置和最优利用。

总之,在土地增值收益分配中,在效率与公平之间寻求一个适当的度,在提高效率的经济体制中增进公平,合理地确定中央、城市政府和土地使用者在土地增值额中的分享额度,提高城市土地使用的生产率,促进社会发展和经济的繁荣。

3. 科学地界定土地增值额,保证土地增值税的计税价格独立化、真实化

由于土地使用权和房地产交易形式的复杂性、多样性,因而其土地自然增值额的计算方式也不一样。下面我们分类进行具体探讨:

(1)土地使用权有偿转让的土地自然增值额的计算

土地使用权有偿转让,其转让价格至少应包含该地块剩余年限的地租现值(V_1)、转让者在已使用年限内对土地改良投入的现值(V_2);也就是说,转让者转让土地使用权,至少应得到 V_1 和 V_2。同时,转让者还应得到投资的正常利润(M_0)。因此,土地使用权有偿转让的土地自然增值额的计算公式为:

土地自然增值额 = 土地使用权转让价 − ($V_1 + V_2 + M_0$)

其中：

$$V_1 = \frac{年地租}{贴现率} \times \left[1 - \frac{1}{(1+贴现率)^{n剩}}\right]$$

$$V_2 = 改良投资 \times (1+银行利率)^{n投}$$

n 剩：表示土地使用权剩余年期；

n 投：表示已投入年期。

在实际中，为使计算方法简单，便于具体操作运用，宜采用以下公式计算：

土地自然增值额 = 转让价 − [购入价 × $(1+银行利率)^{n投}$ × $\frac{转让时物价指数}{取得时物价指数}$ + 改良投资 × $(1+利率)^{n投}$ + M_0]

(2) 土地使用权入股联营、联合建房的土地自然增值额的计算

其一，入股联营的计算公式

土地自然增值额 = 土地作价额 − ($V_1 + V_2 + M_0$)

其二，联合建房的计算公式

土地自然增值额 = 出地方分享的房屋建筑面积 × 每平方米销售价 − ($V_1 + V_2$)

其中：V_1、V_2 和 M_0 的含义、计算与上面相同。

(3) 土地使用权出租的土地自然增值额的计算

土地使用权出租租金中一般包含土地增值收益。承租人支付的租金中至少应有出租人出租年限内每平方米的地租现值 V'_1 和土地改良投资现值 V'_2；也就是说，土地使用权出租者至少应得到 V'_1 和 V'_2。因此，土地使用权出租的土地自然增值额的计算公式为：

土地自然增值额 = 出租收益 − V'_1 − V'_2 − 正常利润

其中：

$$V'_1 = \frac{年地租}{贴现率}\left[1 - \frac{1}{(1+贴现率)^{n出}}\right] \times (1+银行利率)^{n出}$$

$$V'_2 = 改良投资 \times (1+银行利率)^{n出}$$

$n出$：表示土地使用权出租年期。

(4) 房地产买卖的土地自然增值额的计算

房地产综合出售、转让时，计算土地自然增值收益，从理论上说，应从总售价中分离出土地使用权转让价和购入价，然后再进行计算。在实际中，为便于操作，宜采用以下公式计算：

$$土地自然增值额 = 房地产售价 - 房地产购入价 \times (1+银行利率)^{n_1} \times \frac{转让时物价指数}{取得时物价指数} - 改良投资 \times (1+银行利率)^{n_2} - M_0$$

其中：n_1：表示购入房地产到出售房地产的年期；

n_2：表示改良房屋到出售房地产的年期；

M_0：投资的平均利润。

(5) 房屋出租的土地自然增值额的计算

房屋复合租金中一部分是地租，其增值收益也是由土地使用权的出租而引起的。从理论上说，计算出租房屋的土地增值额，应将复合租金进行分解，剥离出地租及地租量，然后再计算土地自然增值额。在实际中，为便于操作，宜采用以下公式计算：

$$土地自然增值额 = 年出租收益 - 房地产现值 \times (房屋综合还原率 + 年折旧率) - 经营费用 - 正常利润$$

(6) 自用商业性房地产的土地自然增值额的计算

自用商业性房地产没有发生房地产转让行为，其增值额不能从价格中得到体现，但可以从经营者的综合经营效益中分离出来，即从综合经营效益中扣除社会平均利润后的余额，应当是土地增值部分。

其计算公式为：

土地自然增值额 = 年综合经营效率 - 社会平均利润

综上分析，只有按不同的交易方式，计算出不同交易方式的土地自然增值额，才能准确地计征土地增值税，也才能使土地增值税的课征得以顺利进行。

第八章　城市财政主体财源：
土地非税收入及其改革

自20世纪80年代以来，土地价值不断显现，政府通过地租、税收、费等形式获取了大量的土地收益，成为地方财政的主要财源；土地收益分配管理体制不合理，导致农村集体经济组织及农民的利益受到侵害，也是地方政府强烈的"圈地"、"批地"的冲动的基本动因。改革和规范土地收益分配与管理机制是落实科学发展观、保护农民利益、遏制地方政府出让土地的冲动、促进经济社会可持续发展、维护社会稳定的客观要求。土地收益分配问题，涉及农村集体经济组织、农民、国家以及土地使用者之间的经济利益关系，调整土地利益的分配机制是土地制度改革的关键环节，也是构建规范、科学的城市财政体制的重要内容。土地税收问题已在相关章节讨论房地产税收时论及，本章主要分析城市国有土地非税收入问题。

一　改革后国有土地非税收益分配政策的演进

(一) 土地使用费

中国向城镇国有土地使用者征收使用费始于20世纪70年代末，最早是对三资企业开始征收的。1979年，国家颁布的《中华人民共和国中外合资经营企业法》中规定:"中国合营者的投资可以包括为合营企业经营期间提供的场地使用权。""如果场地使用权未作为中国合营者投资的一部分,合营企业应向中国政府交纳使用费。"土地使用费是城镇国有土地价值独立表现出来的最初形式。1982 年,深圳经济特区对城市不同等级的土地向土地使用者收取不同标准的使用费,收费标准为每年每平方米 1 元—21 元;1984 年辽宁省抚顺市开始全面征收土地使用费,收费标准为每年每平方米 0.2 元—0.6元;同年,广州市对新建项目、中外合资项目和经济技术开发区征收土地使用费,将城市土地分为七等,收费标准为每年每平方米 0.5元—4 元。1987 年开始,征收土地使用费在全国主要城市全面推开。当时的土地使用费作为地方税的一个变种,主要用于地方城镇建设和维护,而中央未参与土地使用费的分成。1988 年 11 月实施的《中华人民共和国城镇土地使用税暂行条例》,将土地使用费改为土地使用税。《中华人民共和国城镇土地使用税暂行条例》第 14 条规定:"本条例自 1988 年 11 月 1 日起施行,各地制定的土地使用费办法同时停止执行。"

(二)土地使用权出让金

1987 年深圳特区率先以协议、招标、拍卖方式试行了土地使用权批租,冲破了土地供给单纯用行政手段的束缚,引入市场机制,土地使用者通过竞争并支付地价款才能获得土地使用权。深圳特区实践的成功,导致了 1988 年将《宪法》第 10 条第 4 款"任何组织或者个人不得侵占、买卖、出租或者以其他形式非法转让土地"修改为"任何组织或者个人不得侵占、买卖或者以其他形式非法转让土地。土地的使用权可以依照法律的规定转让"。1988 年修改了《土地管理法》,《土地管理法》第 2 条规定:"国有土地和集体所有的土地的使用权可以依法转让。"至此,国有土地使用权的出让有了坚实的法律依据。国有土地使用权出让收入包括:(1)土地出让金。指各级政府土地出让主管部门将国有土地使用权出让给单位或个人,按规定向单位或个人收取的土地出让价款。(2)续期土地出让金。指土地使用期满,土地使用权受让人需要续期时由土地出让主管部门收取的续期土地使用权出让价款。(3)合同改约补偿金。指土地使用权受让人经批准改变土地使用权出让合同指定的土地用途时,按规定补交的价款。为加强国有土地使用权有偿出让收入的管理,1989 年 5 月国务院颁发了《关于加强国有土地使用权有偿出让收入管理的通知》,规定:凡进行国有土地使用权有偿出让的地区,其出让收入必须上交财政;土地使用权有偿出让收入,40% 上交中央财政,60% 留归地方财政;土地出让收入主要用于城市建设和土地开发,专款专用。1989 年 9 月财政部公布的《国有土地使用权有偿出让收入管理暂行实施办法》规定:"国有土地使用权出让收入与城市土地开发建设费用实行收支两条线方式管理。土地使用权出让收入扣除土地出让业务费后,全部上交财政。上交财政部分,取得收入的城市财政部门先留下 20% 作为城市土地开发建设费用,其余部分 40% 上交中央财政,60% 留归取得收入的城市财政部门。"同时规定,土地使用权出让收入及其支出分别纳入中央和地方财政预算;建立城市土地开发建设基金,专款专用。中央财政分成的比例由 40% 降为 32%。但地方政府隐瞒土地出让收入的现象依然严重,中央提取部分仍然难以落实。1992 年,财政部出台了《关于进一步加强国有土地使用权有偿出让收入管理工作的通知》,要求地方政府按规定向中央财政上交国有土地使用权出让收入。1992 年为了加强国有土地使用权有偿使用收入的征收管理,进一步完善土地使用制度改革,促进房地产市场的发展,财政部出台《关于国有土地使用权有偿使用收入征收管理的暂行办法》,第一次将出让土地使用权所得称为"土地出让金",并将上交中央财政部分的比例,下调为5%。据不完全统计,1987—1993年,全国共出让国有土地使用权4.4万宗,总面积达7.9万公顷,共收取土地出让金1 231亿元。[①] 1994年实行分税制后,土地出让金作为地方财政的固定收入全部划归地方所有,并在此后逐渐成为地方政府的"第二财政",表8-1反映的是2001—2005年全国土地出让情况。而获益于土地的地方政府,也因此有了足够的出让土地冲动,这期间建设用地总量增长快,工业用地过度扩张,违法违规用地、滥占耕地等现象相当突出。

表8-1 2001—2005年全国土地出让及土地出让收入

年度	出让面积(公顷)			出让收入(亿元)		
	总面积	协议	招拍挂	总收入	协议	招拍挂
2001	132 180	125 571	6 609	1 319	827	492
2002	120 284	102 241.4	18 042.6	2 420.5	1 451.3	969.2
2003	186 800	134 800	51 900	5 595.73	2 657.97	2 937.76
2004	178 700	126 600	52 100	5 894.14	2 640.46	3 253.68
2005	163 200	106 000	57 200	5 505.15	1 585.06	3 920.09
合计	781 164	595 212.4	185 851.6	20 734.52	9 161.79	11 572.73

资料来源:根据国土资源部《中国国土资源年报》(2001—2005年)的数据整理计算。

为加强对工业用地的调控和管理,促进土地节约、集约利用,根

---

① 邹玉川:"深化土地使用制改革,为建立社会主义市场经济体制服务",《中国土地》1994年第10期,第5页。

据土地等别、区域土地利用政策等,国土资源部统一制定了《全国工业用地出让最低价标准》(以下简称《标准》),并于 2007 年 1 月 1 日起实施。该标准规定工业用地必须采用招标拍卖挂牌方式出让,其出让底价和成交价格均不得低于与所在地土地等别相对应的最低价标准(见表 8-2)。该标准根据全国各个县、市(区)的社会经济发展水平、土地资源状况、基准地价水平等因素,采用综合评价法确定,将土地划分为 15 个等别,工业用地出让价格最低标准为 60 元/平方米—840 元/平方米。同时规定,对低于法定最高出让年期(50 年)出让工业用地,或采取租赁方式供应工业用地的,所确定的出让价格和年租金按照一定的还原利率修正到法定最高出让年期的价格,均不得低于本《标准》。《标准》是依据各地土地等别和区域土地利用政策等制定的,基本反映了我国东、中、西部不同区域的社会经济发展状况与土地利用差异,体现了区域产业政策和土地利用政策导向。

表 8-2　全国工业用地出让最低价标准

(单位:元/平方米)

土地等别	1	2	3	4	5	6	7	8	9	10	11	12	13	14	15
最低价标准	840	720	600	480	384	336	288	252	204	168	144	120	96	84	60

(三)新增建设用地土地有偿使用费

为抑制新增建设用地的过快增长,加强新增建设用地土地有偿使用费的收缴使用管理,保证新增建设用地土地有偿使用费专项用于耕地开发,实现耕地总量的动态平衡,1998 年修订的《土地管理法》规定:"新增建设用地的土地有偿使用费,百分之三十上缴中央财政,百分之七十留给有关地方人民政府,都专项用于耕地开发。"1999

年8月4日财政部、国土资源部颁布了《新增建设用地土地有偿使用费收缴使用管理办法》,该办法规定:"土地有偿使用费30%上缴中央财政,70%上缴地方财政。县、市人民政府依法取得新增建设用地后,应依法向用地者供应土地。"新增建设用地土地有偿使用费(以下简称土地有偿使用费)是指国务院或省级人民政府在批准农用地转用、征用土地时,向取得出让等有偿使用方式的新增建设用地的县、市人民政府收取的平均土地纯收益。并确定了新增建设用地土地有偿使用费征收标准(见表8－3)。

表8－3 新增建设用地土地有偿使用费征收标准

(单位:元/平方米)

等别	1	2	3	4	5	6	7	8	9	10	11	12	13	14	15
标准	70	60	50	40	32	28	24	21	17	14	12	10	8	7	5

注:(1)表内定额标准为平均土地纯收益,中央分成部分＝定额标准×30%;地方分成部分＝定额标准×70%;

(2)对成片转用土地,以批准面积为基数,按上述标准征收;

(3)对在城市用地规模之外单独选址的项目,应依法实行有偿使用的,根据土地所在地的等别,按相应标准征收。

2004年国务院颁布了《国务院关于深化改革严格土地管理的决定》,决定提出了适时调整新增建设用地土地有偿使用费收取标准;新增建设用地土地有偿使用费实行先缴后分,按规定的标准就地全额缴入国库,不得减免,并由国库按规定的比例就地分成划缴等政策。但从2005年的情况看,全国新增建设用地出让纯收益应该为763亿元,而中央和地方实际收缴的新增建设用地土地有偿使用费只有214.5亿元,其中中央部分约为70亿元。也就是说,全国新增建设用地使用费一年流失近550亿元。① 新增建设用地土地有偿使用费缴纳标准明显低于新增建设用地土地纯收益的实际水平,在实践中很难抑制各地盲目扩大城市建设规模的冲动,为抑制用地扩张冲动,有效切断新增建设用地扩张的经济动因,2006年11月财政部、国土资源部、中国人民银行发布了《关于调整新增建设用地土地有偿使用费政策等问题的通知》,决定从2007年1月1日起,新批准新增建设用地土地有偿使用费征收标准将在原有基础上提高一倍。此次调整提高了新批准新增建设用地土地有偿使用费的征收标准,扩大了征收范围,使得可支配的新增建设用地土地有偿使用费将大幅度增加。其主要政策是:(1)新增建设用地土地有偿使用费的征收范围为:土地利用总体规划确定的城市(含建制镇)建设用地范围内的新增建设用地(含村庄和集镇新增建设用地);在土地利用总体规划确定的城市(含建制镇)、村庄和集镇建设用地范围外单独选址、依法以出让等有偿使用方式取得的新增建设用地;在水利水电工程建设中,移民迁建用地占用城市(含建制镇)土地利用总体规划确定的经批准超出原建设用地面积的新增建设用地;(2)从2007年1月1日起,新批准新增建设用地的土地有偿使用费征收标准在原有基础上提高一倍,同时具体划定了新增建设用地土地有偿使用费征收等别;(3)调整地方新增建设用地土地有偿使用费分成管理方式。新增建设用地土地有偿使用费征收标准提高后,仍实行中央与地方30∶70分成体制。同时,为加强对土地利用的调控,从2007年1月1日起,调整地方分成的新增建设用地土地有偿使用费管理方式。地方分成的

---

① 洛涛:"新增建设用地土地使用费一年流失近550亿元",《经济参考报》2006年9月19日(07)。

70%部分,一律全额缴入省级国库。此次政策的调整,意味着将改变各级政府之间的土地收益分配关系,减少地方政府的土地收益份额,新增建设用地土地有偿使用费集中在中央和省级政府,使资金分配由过去的按项目分配转变到按转移支付方式分配,新增建设用地土地有偿使用费分配方式更加趋向科学和合理。新增建设用地土地有偿使用费标准见表8-4。

表8-4 新增建设用地土地有偿使用费征收标准

(单位:元/平方米)

等别	1	2	3	4	5	6	7	8	9	10	11	12	13	14	15
标准	140	120	100	80	64	56	48	42	34	28	24	20	16	14	10

二 国有土地非税收益分配的问题

(一)土地征收过程中收益分配存在的问题

长期以来,我国实行城乡分割的二元土地制度结构和城乡土地市场上的双轨制,当农村土地转化为城市建设用地时,政府垄断着土地的一级市场,它是中国城市快速扩张及工业高速发展的重要手段,也是地方经济发展的原动力。同时,土地征收权在很大程度上异化为地方政府的权力寻租机制。现行土地征收制度存在着严重的缺陷:

1. 征地补偿标准低,农民及集体土地所有者的土地财产权利难以实现

按照我国法律规定,土地所有权不能进入市场进行交易和流转,集体土地所有权进入城市土地市场只能由国家征收,国家垄断集体

土地的征收权以及城市土地一级市场,使得土地征收过程和由此产生的补偿对农民及集体土地所有者欠公平。现行的补偿标准是按《土地管理法》的相关规定执行的。征用耕地的补偿费用包括土地补偿费、安置补助费以及地上附着物和青苗的补偿费。其中,土地补偿费数额的确定"为被征用前三年平均年产值的六至十倍";每公顷被征用耕地的安置补助费为"最高不得超过被征用前三年平均年产值的十五倍";且土地补偿费和安置补助费的总和不得超过土地被征用前三年平均年产值的三十倍。以武汉市为例,确定的耕地被征收前三年平均年产值为1800元/亩,即使按最高倍数补偿,征收每亩耕地的补偿费总额也仅为5.4万元。据统计,1999至2003年全国征收农民集体所有土地共拖欠征地补偿费175.46亿元。① 国家审计署《关于2005年度中央预算执行的审查工作报告》中披露,"在审计的21个项目建设中,当地政府及征地拆迁部门截留挪用、拖欠和扣减应支付给农民的征地补偿费16.39亿元,约占应支付金额的1/3,大部分被用弥补行政经费、发放奖金或搞其他项目建设,如武汉绕城高速公路东北段征地1.03万亩,补偿标准为每亩1.89万元,但最后落实的补偿标准仅为每亩4800元,共少补偿给农民1.45亿元,降幅达75%。"②

2. 在土地征收过程中,政府所获收益比重较大

在土地征收过程中,有关职能部门搭车收费的现象较为严重,向土地使用者收取新菜地开发基金、水利建设基金、土地管理费、耕地

---

① 王婧:"拖欠农民征地补偿费问题基本解决",《中国经济导报》2005年1月15日(A03)。

② 李金华:"关于2005年度中央预算执行的审计工作报告",《经济日报》2006年6月29日(A03)。

开垦费、土地复垦费、征地代办费、勘丈费等费用,这些费用占的比重大。以武汉市为例,新菜地开发基金为每亩3万元、5万元、6万元(或耕地开垦费为每亩城区基本农田保护区内耕地3万元、其他耕地1.5万元),水利建设基金为每亩0.2万元,收费总额相当于土地补偿费总和的110%。各种收费实际上远超过给予农民及农村集体经济组织的土地补偿费之和。

3.农村集体经济组织和农民被排斥在城市土地市场所产生的增值收益之外

由于城乡分割的二元制土地结构和土地价格双轨制的制度安排,农村集体经济组织和农民不能参与土地增值收益的分享。土地增值收益全部由政府、房地产开发企业及其他的用地者所占有。据上海市社科院提供的数据表明,长三角农地征用价格为37.5万—45万元/公顷,农地出让价格(作者注:农地转为城市建设用地后出让)为210万—525万元/公顷(一级市场),农地市场价格(作者注:农地转为城市建设用地后经出让再转让)为1 125万—2 250万元/公顷(二、三级市场)。由此看出,农村集体及农民所得到的农地征用价格大概为出让价格的1/10,而农地出让价格又大概是农地市场价格的1/5。[①] 以武汉市为例,2006年农地征收的补偿费最高为5.4万元,土地出让价格平均每亩为114.46万元,相当于农地征收补偿费的21倍。[②]

---

① 范利祥:"国土部调研征地改革:农民能否参与增值收益",《21世纪经济报道》2006年6月23日(05)。

② 作者根据武汉市2005年出让数据统计计算。

(二)国有土地出让收益存在的问题

城市国有土地出让是城市国有土地有偿使用的主要形式,对筹措城市建设资金、提高土地利用效率等起到了积极作用。但现行的土地出让政策和制度存在着许多问题和弊端。

1. 土地出让异化为"土地财政"

土地出让收入是地方政府的主要财源之一,地方政府大量出让土地的行为既包含政治因素,如大规模进行城市建设、吸引投资做项目开发以提高政府政绩;也包含经济因素,目前地方财税体制不完善,财权上收、事权下移,地方财政收入与其所承担的公共服务职能严重不对称,为达到财政收支的平衡,地方政府过度出让土地成为现实选择。两种因素交织在一起,共同对地方政府的过度出让土地起到了推波助澜的作用。

但是土地有偿使用收入(土地出让金)一直未纳入预算管理,土地出让收入的自收自支是刺激地方政府大量出让国有土地,寅吃卯粮的基本诱因,地方政府过度依赖来自土地出让和与土地相关的收入。据统计,2001—2005年,全国国有土地出让收入达20 734.52亿元,其中,2004年、2005年高达11 400亿元。2001—2005年,土地出让收入相当于地方财政收入的比重分别为16.9%、28.4%、56.8%、49.6%、36.5%(见表8-5),最高达到56.8%,土地出让收入已成为"第二财政"。据国务院发展研究中心的一份调研报告统计,土地出让净收入占地方预算外收入的60%以上。土地出让收入长期以非税收入形式游离于财政预算之外,这种体制滋生了地方政府强烈的圈地、批地的冲动,追求短期政绩,透支未来几十年的土地收益,盲目扩大城市建设规模,经营城市异化为经营土地,土地有偿使用异化为

"土地财政"。

表8-5 2001—2005年全国土地出让收入及相当于地方财政收入的比重

年度	出让面积(公顷)			出让收入(亿元)			地方财政收入(亿元)	出让收入占地方财政收入的比重(%)
	总面积	协议	招拍挂	总收入	协议	招拍挂		
2001	132 180	125 571	6 609	1 319	827	492	7 803.30	16.9
2002	120 284	102 241.4	18 042.6	2 420.5	1 451.3	969.2	8 515.0	28.4
2003	186 800	134 800	51 900	5 595.73	2 657.97	2 937.76	9 849.98	56.8
2004	178 700	126 600	52 100	5 894.14	2 640.46	3 253.68	11 893.37	49.6
2005	163 200	106 000	57 200	5 505.15	1 585.06	3 920.09	15 100.76	36.5
合计	781 164	595 212.4	185 851.6	20 734.52	9 161.79	11 572.73		

资料来源:根据国土资源部《中国国土资源年报》(2001—2005年)的数据整理计算。

2. 工业用地零地价、低地价出让现象相当严重

低于成本出让工业用地是土地利用与管理中存在的一个突出问题,我国一些地方在招商引资中竞相压低地价甚至以零地价出让土地,低地价甚至零地价政策已成为地方政府特别是市(县)地方政府吸引外资的主要手段,导致土地资源低度利用、土地收益流失现象相当严重。汪晖、黄祖辉(2004)[①]分析的土地征收征用中农地转为工业用地后用地获得者进行投机的案例,具有普遍性。一个是以协议价格购得土地,名义上是要建成工业园并寻找投资商入股合伙办厂,最后退股出售土地赚取差价;另一个是以协议获得土地,佯装进行工业投资,等到城市扩展到此地便申请变更土地用途赚取增值收益。

---

① 汪晖、黄祖辉:"公共利益、征地范围与公平补偿——从两个土地投机案例谈起",《经济学》(季刊)2004年第1期,第249—262页。

从表 8-6 中可以看出,2000—2005 年,全国各大城市工业用地出让价格仅相当于商业用地价格的 1/4 左右,仅相当于居住用地价格的 40%左右。① 许多市(县)政府在零地价招商的基础上,还给予税收减免等优惠政策来吸引外资。这种情况导致工业用地低成本过度扩张,助长了大量低水平重复建设,甚至工业用地被长期圈占、撂荒闲置;更有甚者以工业用地的名义申请用地,暗地里搞房地产开发牟取暴利,也破坏了公开公平、竞争有序的市场环境,造成了国有土地资产大量流失,严重损害了农民的土地财产权益。

表 8-6 2000—2005 年各大城市工业用地地价水平情况

(单位:元/平方米)

年度	商业	居住	工业	综合	P_1(%)	P_2(%)
2000	1 615	923	444	998	27.49	48.10
2001	1 666	965	454	1 033	27.25	47.05
2002	1 749	1 019	460	1 078	26.30	45.14
2003	1 864	1 070	469	1 129	25.16	43.83
2004	1 988	1 166	481	1 198	24.20	41.25
2005	2 062	1 232	492	1 251	23.86	39.94

注:P_1 表示工业用地地价相当于商业地价的比重;P_2 表示工业用地地价相当于居住地价的比重。

3. 土地出让市场化程度不高

在土地出让市场上,协议出让比重较大,而市场化程度较高的招标拍卖挂牌出让方式所占比重不高,据统计,2001—2005 年全国近

---

① 国土资源部土地利用管理司、中国土地勘测规划院:《地价监测报告》(2000—2006 年)。

80%的土地是以协议方式出让的。招拍挂方式出让土地面积占出让总面积比例平均仅22.4%,最低仅为5%(2001年),最高为35.06%(2005年),而其中大部分是以挂牌方式出让的。以武汉市为例,2005年城市土地出让总收入81.1亿元,而招标拍卖的地价收入仅为2.1亿元,占总收入的2.6%。① 市(县)的土地出让基本上是采用协议方式。土地出让市场大量采用协议方式,导致城市土地市场不规范,国有土地收益大量流失;同时,由于土地出让是政府垄断的,是政府掌控的可行政性配置的资源,存在外部性收益,极易滋生腐败和权力寻租。

表8-7 2001—2005年全国招拍挂、协议出让土地面积情况表

年度	出让面积(公顷)			招拍挂所占比重
	总面积	协议	招拍挂	
2001	132 180	125 571	6 609	5%
2002	120 284	102 241.4	18 042.6	15%
2003	186 800	134 800	51 900	27.78%
2004	178 700	126 600	52 100	29.2%
2005	163 200	106 000	57 200	35.06%
合计	781 164	595 212.4	185 851.6	22.4%(平均)

资料来源:国土资源部土地利用管理司、中国土地勘测规划院,《地价监测报告》2000—2006年数据。

三 香港土地收益管理及其经验

香港土地交易收入是政府财政收入的主要来源,香港的土地收

---

① 作者根据武汉市2005年土地出让情况计算。

益主要是通过土地基金和基本工程储备基金进行管理的,香港土地基金和基本工程储备基金属于政府的法定基金,具有公益性质。土地基金不能作为政府日常财政支出的资金来源,只能作为投资用途,从而使基金通过投资不断地保值、增值。基本工程储备基金主要用于公益事业、公共事业的建设和发展,为社会提供公共物品。它们建立了严格的土地收益使用、管理机制,其运作模式及管理经验对规范和改革我国国有土地出让收入分配和管理体制具有重要的借鉴意义。

(一)香港基本工程储备基金的运作及其管理

香港基本工程储备基金是为政府的工务计划、支付征收征用土地及赎回土地交换权利、由非经常资助金拨款进行的建筑以及发展、采购和装置主要系统设备提供资金。香港基本工程储备基金于1982年4月1日正式设立,此后进行了六次修改。《中英联合声明》生效后,立法局1985年5月修订了相关协议,并对基本工程储备基金构成作出了调整,即自1985年5月27日至1997年6月30日止,港英政府来自土地交易所得的地价收入,在扣除开发土地平均成本后的一半,拨入基本工程储备基金;1988年4月1日起,非经常资助金及主要设备的财政支出由一般收入账目划拨至基本工程储备基金账目内;1991年11月,将某些政府借款记入该基金账目内,并可以用该基金偿还政府借款、支付利息以及与这些借款有关的开支;1996年12月根据《新界土地交换权利(赎回)条例》,再次修订了有关基本工程储备基金相关条款,基金可用于支付土地交换权利的赎回款项及其利息;1997年7月1日我国对香港恢复行使主权后,临时立法会于1997年12月修订决议,删除了与《中英联合声明》附件三有关分摊地价收入安排的条文,自1998年1月1日起,各种地价收入全部记

表 8-8 香港基本工程储备基金收入构成情况

(单位:亿港元)

	1999/2000	2000/2001	2001/2002	2002/2003	2003/2004	2004/2005	2005/2006
1. 地价收入	348.10	295.31	103.27	114.76	54.15	320.38	294.72
其中:公开拍卖、招标	103.65	156.47	26.90	37.65	8.91	207.72	106.73
私人协议方式批地	104.53	81.08	15.10	30.59	14.32	8.09	44.6
修订现行土地契约、换地及续地土地契约	138.06	55.96	58.97	44.2	28.61	102.80	140.74
短期豁免书而收到的费用	1.86	1.80	2.30	2.28	2.31	2.26	2.65
2. 投资收入	36.47	24.83	0.77	3.93	8.62	19.39	17.78
3. 政府转拨的款项	—	—	—	130	310	—	—
4. 其他收入	6.54	1.69	2.80	3.2	2.72	0.62	1.28
其中:从地铁有限公司收回的款项	1.55	0.23	—	—	—	0.11	0.36
5. 发行债券及票据前的收入	391.11	321.83	108.84	251.90	375.49	340.34	309.77
6. 发行债券及票据所得净收入						253.94	
其中:隧道费收入债券						55.23	
其他政府债券及票据						198.71	
7. 发行债券及票据后的收入						594.28	
地价收入所占比重(%)	89	91.8	94.9	94.1 (不含政府拨款)	84 (不含政府拨款)	94.1 (不含借债收入)	95.1

资料来源:香港特区政府资讯中心网,http://www.budget.gov.hk/chi/c-cwrf.pdf,2001—2006 年。

入基本工程储备基金。

香港基本工程储备基金的收入构成为:(1)土地交易所得的地价收入,该项收入是其主要资金来源,1999—2005 年度,地价收入占基本工程储备基金的比重分别为 89%、91.8%、94.9%、94.1%、84%、94.1%和 95.1%;(2)为进行基金的工程或承担基金的责任而收受的款项;(3)经立法会核准由政府一般收入划拨的款项;(4)根据《借款条例》第 61 章第 3 条规定,政府的某些借款;(5)所有基本工程储备基金投资所获得的利息或股息;(6)捐款及其他收入。

香港基本工程储备基金的支出范围包括:(1)政府的工务计划,主要包括:港口及机场发展、政府建筑物、渠务、土木工程、公路、新市镇及市区发展、水务及房屋等;(2)购置及安装为实施工务计划而需要的设备;(3)发展、购置及安装政府所用的主要系统设备;(4)非经常资助金,主要是指政府公益事业部门的建筑物改建、扩建及维修养护工程费用,如学校校舍的改建、扩建等;(5)收购土地以及支付根据《新界土地交换权利(赎回)条例》须进行土地交换权利支付的赎回款项及其利息;(6)偿还根据《借款条例》第 61 章第 3 条规定,借入并已记入基本工程储备基金贷项下的款项本金、利息及其相关费用。

香港基本工程储备基金年度支出以立法会下属的财务委员会所批准的预算拨款或按财政司所授权而修订的拨款为限,不得突破预算拨款;若事先未经立法会财务委员会批准或按财政司所授权力批准,预算不得变更。香港基本工程储备基金年度结余的部分,并入外汇基金进行投资,以保障其基金的增值(见表 8-10)。截至 2006 年 3 月基本工程储备基金累计结余 370.44 亿港元。若因基础设施、公益设施的年度投资过大而出现亏绌,则由政府从一般收入中转拨款项。

表 8-9 香港工程储备基金支出情况表

(单位:亿港元)

	1999/2000	2000/2001	2001/2002	2002/2003	2003/2004	2004/2005	2005/2006
1. 土地征用	21.63	14.51	24.79	9.92	13.70	4.71	3.54
2. 工务计划	221.99	239.39	230.8	253.40	264.34	260.63	219.52
其中:港口及机场发展	14.07	10.09	6.56	3.97	8.19	10.79	3.7
建筑物	80.37	91.48	81.38	96.08	91.41	68.62	63.7
渠务	25.10	22.67	21.23	20.17	21.84	18.58	14.05
土木工程	14.29	28.87	41.49	41.56	37.21	32.35	23.84
公路	25.00	23.59	22.63	32.83	50.56	81.20	70.77
新市镇及市区发展	26.12	26.28	26.13	28.33	29.05	27.07	23.43
水务	9.39	8.20	8.13	9.81	10.86	13.18	12.59
房屋	27.64	28.22	23.25	20.65	15.21	8.83	7.44
3. 非经常资助金及主要系统设备	42.14	40.82	37.54	34.83	55.45	57.63	49.90
4. 电脑化计划	8.98	10.97	10.13	10.70	11.23	9.85	8.00
5. 其他支出	50.16	60.07	0.035	0.34	0.14	4.43	8.58
总支出	344.90	365.67	303.30	309.19	344.86	337.25	289.54

资料来源:香港特区政府资讯中心网,http://www.budget.gov.hk/chi/c-cwrf.pdf,2001—2006年。

表 8-10 香港基本工程储备基金投资及收益表

(单位:亿港元)

	1999/2000	2000/2001	2001/2002	2002/2003	2003/2004	2004/2005	2005/2006
在外汇基金的投资总值	370.82	323.95	132.95	75.88	98.32	360.47	381.12
在外汇基金投资收入		23.3	0.77	3.63	8.53	19.3	13.5

投资回报率(%)		7.2	0.58	4.8	8.7	5.35	3.54
在外汇基金投资亏损		—	-4.61	—	—	-0.92	—
政府回拨在外汇基金投资的亏损拨备				3.96	0.65		0.92
年内盈余(亏绌)		46.21	-43.94	-196.47	-57.30	30.36	257.03	20.33
累计结余		360.26	311.71	119.2	62.56	93.19	349.29	370.44

注:(1)在外汇基金投资亏损是指会计年度1月1日至3月31日投资市值的缩减额,已从外汇基金的投资总值中冲减。

(2)会计年度是当年的4月1日至次年的3月31日。

(3)2004/2005年度的年内盈余包括向零售投资者和机构投资者发行总值为200亿港元的债券及票据。

(4)资料来源:香港特区政府资讯中心网,http://www.budget.gov.hk/chi/c-cwrf.pdf,2001—2006年。

(二)香港土地基金的运作及其管理

土地交易收入是香港政府财政收入的主要来源之一,主要由四大部分构成:公开拍卖招标,私人协议方式批地,修订现行土地契约、换地及续地土地契约补交地价,短期豁免书收取的费用。

1. 香港土地基金设立与运行

香港土地基金的运行划分为两个阶段。第一阶段从《中英联合声明》生效至香港回归前。根据《中英联合声明》附件三的规定,自1985年5月27日起至1997年6月30日止,港英政府来自土地交易所得的地价收入,在扣除开发土地平均成本的款项后,港英政府和未来的香港特别行政区政府均等平分;其中属于港英政府所得的土地收入,拨入基本工程储备基金,用于土地开发和公共工程建设;属于香港特别行政区政府所得的全部土地收入,设立土地基金信托。香港特别行政区政府土地基金信托于1986年8月13日正式成立,其目的是管理由《中英联合声明》生效至香港特别行政区政府成立前以卖地所分摊的收入,实现过渡期内香港土地资产的保值、增值。第二阶段从香港回归至今。1997年7月香港临时立法会根据《公共财政条例》第2章第29条的规定,决定于1997年7月1日设立土地基金,以接受和持有根据《信托声明书》于1986年8月13日设立的香港特别行政区政府土地基金在扣除支出后的所有资产(包括所有应收账项)。设立土地基金的目的是把香港特别行政区政府土地基金前受托人所持有的资产,正式纳入政府一般收入账户内。香港金融管理局受财政司委托,负责管理基金资产的投资。土地基金是一个法定基金,是香港特别行政区政府财政储备的一部分,根据成立该基金的决议规定,它只能作投资用途,不得用以提供任何政府服务。土地基金主要资金来源是:(1)1985年5月27日—1997年6月30日所分摊的地价收入。截至1997年7月1日,土地基金从香港特别行政区政府土地基金的受托人接受的资产净值为1 970.72亿港元;(2)扣除所有与香港特别行政区政府土地基金的管理和管控有关的开支后赚得的利息、股息或其他投资收入的款项,以及所有因出售或以其他方式处置任何土地基金的全部或部分资产而赚得的款项;(3)所有与基金的投资有关的应收账项及赚得的利息、股息或其他投资收入的款项。从1998年1月1日起,所有土地收入记入基本工程储备基金,土地基金则是此前分摊的地价收入及投资收入。

2. 香港土地基金的管理模式

香港土地基金的管理模式也分为两个阶段。第一阶段是在1998年10月31日前,由香港金融管理局以独立投资方式管理,其投资范围涉及全球17个金融市场,主要包括美国、英国、中国香港、瑞士等国家和地区,土地基金通过分散投资、组合营运以及受托人的严格监督,降低了投资风险,有效地实现了土地基金资产保值、增值。从1985年5月27日至1997年6月30日,12年间累计地价收入1 236亿港元,投资回报471亿港元,年均回报率达9.09%。[1] 截至1997年7月1日,土地基金资产总值为1 970.72亿港元。土地基金信托在移交香港特别行政区政府前(即1997年7月1日前),土地基金的投资组合为:股票占30%,债券占40%,现金占30%。

第二阶段是1998年10月31日以后。这一阶段将土地基金与资产并入外汇基金,与存放于外汇基金的财政储备一并管理,并享有同外汇基金相同的回报率。

香港立法会将2 114亿港元的土地基金资产并入外汇基金,合并后的土地基金仍然是独立的政府基金,继续保持土地基金的长远目标及其投资目的。任何有关土地基金的修订须经立法会审议决定。香港金融管理局负责管理外汇基金,负责外汇基金的投资及其运作,其投资策略既要符合外汇基金的法定目标,也要符合海外其他中央银行及金融管理机构的金融政策。为实现政府储备基金的保值与增值、保障资本的安全,一般来说,外汇基金以两种不同的投资组合来管理,一是支持组合,以保证基金的安全及稳定货币,主要用于投资短期美元债券及其他优质债券、欧元、美元、日元等货币组合,支持组合为货币基础提供十足支持,主要由流通性极高的短期美元证券提供支持,以维持货币金融稳定;二是投资组合,以保证外汇基金有较高的投资回报,主要投资于经济合作与发展组织成员国家的股票及债券市场,以保障基金资产的价值及长期购买力,保障香港发展的长

---

[1] 王子健、何亚东:"香港土地基金的发展演变",《中国土地》2002年第4期,第42—44页。

表8-11 香港特别行政区政府土地基金及投资情况

(单位:亿港元)

	1997/1998	1998/1999	1999/2000	2000/2001	2001/2002	2002/2003	2003/2004	2004/2005	2005/2006
期末结余累计	—	2 067	2 345.46	2 437.84	2 473.34	2 606.15	1 577.65	1 248.26	1 285.6
土地基金投资收入	60.42	100.8	213.88	126.81	1.06 (15.4)	132.81	171.59	65.6	42.21
在外汇基金的投资亏损	—	—	—	—	-34.43	—	—	-3.09	—
赢利率(%)	—	12.1	10.8	4.8	0.7	5.1	10.2	5.7	3.1
外汇基金投资基准回报率(%)	—	—	5.5	3.8	0.4	3.9	9.5	5.7	2.9
土地基金支出	—	—	—	—	—	—	1 200	400	—

说明:(1)土地交易收入在1985年5月27日至1997年6月30日期间只包括其所带来于1997年6月30日或之前届满的土地交易收入。1997年7月1日至1997年12月31日期间,即基本工程储备基金决议修订前,所有土地收入记入该目录。

(2)土地基金期末结余累计也是土地基金在外汇基金的投资总值。

(3)1997年7月1日,从先前的香港特别行政区政府土地基金受托人接收的资产净值共1 970.72亿港元。

(4)会计年度为当年4月1日至次年3月31日。

(5)1997年7月1日至1998年10月31日,土地基金资产由香港金融管理局以独立投资组合的方式管理,从1998年11月1日起,基金资产与外汇基金的资产合并,并享有与外汇基金的资产相同的投资回报率。

(6)2001至2002年度的投资收入实际为15.4亿港元,但2001年1月1日至2月28日期间的市值缩减了14.34亿港元,政府该年度实际获得的利息收入为1.06亿港元。

(7)土地基金支出是指从土地基金中转拨至政府一般收入账目内的款项。

(8)在外汇基金投资亏损是指会计年度1月1日至3月31日投资市值的缩减额,已从"在外汇基金的投资总值"中冲减。

(9)外汇基金投资基准回报率于1999年1月设立。

(10)香港特区政府资讯中心网。http://www.budget.gov.hk//chi/c-land.pdf, 2001—2006年。

远利益。土地基金的投资回报每年基本上比金融管理局厘定的外汇基金投资基准回报率高(见表8-11)。以1999年为例,土地基金投资收入 213.88 亿港元,回报率达 10.8%,其投资组合债券投资占 60%,股票占 26.2%;按货币资产计算,美元资产为 59%,港元资产占 25.2%,欧元资产占 11.1%。2002 年土地基金投资收入为 132.8 亿港元,其中来自债券及其他投资的收入为 142.27 亿港元,投资回报率达 18.6%;外汇收益 71.52 亿港元,投资回报率达 14.15%;而股票投资亏损 90.65 亿港元,年投资复合回报率为 5.1%,但仍高于投资基准回报率 1.2%(基准回报率为 3.9%)。2003 年全球金融市场波动较大,美国采取极为宽松的货币政策,外汇基金采取适当的投资策略取向,2003 年增加非美元货币及股市的投资比重,土地基金投资总收入为 171.59 亿港元,投资回报率为 10.2%,高于基准回报率 0.7%(基准回报率为 9.5%)。2005 年外汇基金投资收入 42.21 亿港元,投资回报率为 3.1%(基准回报率为 2.9%)。

3. 香港土地基金对香港稳定、经济发展和繁荣的作用

香港土地基金对香港的稳定、经济发展和繁荣的作用,主要表现在两个方面:(1)抵消经济周期回落的冲击,应付世界或地区内突发事件对公共财政的压力,弥补财政赤字,应付政府日常现金流量需要,提高公共财政能力。香港土地基金资产一直占财政储备极大的比重,截至 2003 年 3 月底,土地基金资产达 2 606.15 亿港元,占政府财政储备的 84%。同时,为解决政府一般收入账目、基本工程储备基金和资本投资基金不足,弥补财政赤字,2004 年度、2005 年度立法会通过决议从土地基金资产中分别划拨 1 200 亿港元、400 亿港元至政府一般收入账目。(2)稳定金融市场、保持香港汇率稳定。香港土地基金采取订定基准模式,盯住外汇市场主要货币币种进行组合投资,避免投资风险。1997 年,东南亚爆发金融危机,东南亚国家的货币接连遭受炒家投机,大幅贬值,中国香港政府针对国际炒家的投机

企图,利用土地基金和外汇基金入市干预,捍卫了港元汇率和金融市场的稳定。土地基金并入外汇基金后,调整了投资资金结构,降低了上市公司股票投资的比重,提高了美元债券、优质债券的投资比重,以适应金融市场波动,保持货币稳定,增强基金的流动性。截至1998年9月30日,土地基金的债券投资为896.46亿港元,其中美元债券为508亿港元,债券投资比例由1997年的35.8%增加到43.5%;股票投资由1997年的497.5亿港元下降到282.88亿港元,投资比重由24.9%下降到13.7%。整体投资中,美元资产占65.3%,港元资产占28.4%。[①] 2003年1月,香港金融管理局对外汇基金的长期策略性资产分配投资基准作了修订,外汇基金77%的资产应投资于债券,其余23%投资于股票及有关投资;以货币类别记,88%的资产分配于美元区(包括港元),其余12%则分配于其他货币。土地基金在外汇基金中占有较大比重,以2002年度为例,土地基金资产达2 606.15亿港元,占外汇基金资产总量的26.2%。

(三)香港土地收益管理的经验

香港土地基金和基本工程储备基金均已设立了二十多年,在运作、使用和管理等方面积累了成功的经验。其经验主要有:(1)香港土地基金和基本工程储备基金属于政府的法定基金,具有公益性质。香港特区政府是通过一般收入账目和八项基金账目来管理财政的,政府一般收入账目主要处理各政府部门的日常收支。另外立法会决议设立了八个基金,土地基金和基本工程储备基金是其中的两个,有

---

① 王子健、何亚东:"香港土地基金的发展演变",《中国土地》2002年第4期,第42—44页。

其特定的用途,若遇政府一般收入账目不能支付时,经立法会决议后方可动用法定基金。土地基金是香港特别行政区政府财政储备的重要组成部分,它设立的目的是保证香港回归后经济的繁荣和稳定,土地基金不能作为政府日常财政支出的资金来源,只能作为投资用途,从而使基金通过投资不断地保值、增值。基本工程储备基金主要用于公益事业、公共事业的建设和发展,为社会提供公共物品。具体是为政府工务计划、征用土地、房屋建设、非经常资助金、主要系统和设备、电脑化计划以及赎回土地交换权利提供资金。(2)建立了严格的土地基金和基本工程储备基金使用、管理机制。香港土地基金和基本工程储备基金是由财政司、审计署、库务署共同监管的,各司其职,各负其责,所有有关基金的使用须经立法会决定,从而保证了基金良性运行和健康发展。财政司管理和管控基金,财政司委托金融管理局负责土地基金和结余的基本工程储备基金在金融市场的投资,为保证基金的保值、增值,香港金融管理局专门成立了风险管理及检查处,负责管控外汇基金的风险,监察投资活动所涉及的市场、价格、信贷及业务运作风险,并负责选定投资基准及评估投资表现。立法会下设的财务委员会辖下设有工务小组委员会,工务小组委员会负责审核政府动用基本工程储备基金用于工务计划工程以及由受资助机构进行或代这些机构进行的建造工程的开支建议,并就这些开支建议向财务委员会提交建议,审批政府提交的公共开支建议。审计署独立执行其职责,审核其基金账目是否准确、合理。库务署主要负责管理和督导香港特别行政区政府的会计事务,包括财务会计、成本及管理会计、系统发展、内部稽核、会计调查工作、贷款或基金管理等等。政府每年在编制财政预算案时,按每个基金的预算开支和收入来计算每个基金的现金流量,并估计须从这些基金转拨多少数额至政府一般收入账目或从政府一般收入账目转拨到各基金,发挥公共财政对经济发展"调节器"和"稳定器"的作用。每年实际转拨的数额要视当年的实际开支、收入及现金流量的时间而定,并必须通过立法会决议方可转拨。通过立法会决议,2003/2004 年度和 2004/2005 年度分别从土地基金中转拨至政府一般收入账目的资金为 1 200 亿和 400 亿港元;从基本工程储备基金中转拨至政府一般收入账目的资金总额为 450 亿港元。(3)完备的法律、法规保证了基金的规范运作。香港制定了《公共财政条例》《核数条例》等法律,从而使土地基金和基本工程储备基金的使用、投资、审计以及管理有法律依据。

四 土地非税收入及分配改革思考

改革和规范土地收益分配与管理机制是落实科学发展观、保护农民的利益、遏制地方政府出让土地的冲动、促进经济社会可持续发展、维护社会稳定的客观要求。土地收益分配问题,涉及农村集体经济组织、农民、国家以及土地使用者之间的经济利益关系,调整土地利益的分配机制是土地制度改革的关键环节。

(一)土地非税收入及分配改革的经济学分析

土地收益分配问题,涉及农村集体经济组织、农民、国家以及土地使用者之间的经济利益关系,调整土地利益的分配机制是土地制度改革的关键环节。如何规范土地收益分配,建立合理的土地收益分配体制,需要从经济学角度来厘清有关土地收益的生成机理。

1. 明晰和强化农村集体土地财产权

土地问题大致可以归为土地产权、土地利用(经济生产)和土地收益分享三大问题,土地产权要素对于土地资源配置效率产生直接的影响,引导着土地资源配置的方向,也直接关系到土地收益分配是否合理。土地所有权是土地所有制关系在法律上的表现,是土地所有者依照法律规定对土地享有占有、使用、收益和处分,并排除他人干涉的权利。土地作为人类生存的最基本条件和社会生产的最基本要素,历来是人们所关注和重视的,也是经济学家研究的重点。

新制度经济学派的许多代表人物把土地产权问题作为他们分析问题的例证。如科斯在著名的《社会成本问题》一书中以土地产权为例分析了交易制度安排与交易费用、效益问题。① 围绕土地所发生的权利关系是一个结构十分复杂的复合体,科学地界定农村土地权利,是维护和保障集体经济组织及农民利益的关键。土地财产权是农民最重要的财产权,只有承认农民的土地财产权,明确集体土地的物权性质,还农民以处置土地财产的权利,才能从根本上保障农民的土地权益。根据产权经济理论,在产权不清晰的情况下,产权被侵害所引起的矛盾往往不容易表现出来,但如果产权界定清晰,产权一旦受到侵害,必然遭到产权主体的反对。改革开放以后,由土地征用所引起的农民与政府之间的矛盾充分证实了这一点。但现行的土地征收是按"产值倍数法"进行补偿的,实践证明,按这种标准计算的征地补偿费用,使失地农民因土地征用所遭受的各种损失很难得到合理或等价的补偿;同时,土地征收是基于国家行政权实现的,农村土地所有者没有拒绝土地交易的权力,农民及集体经济组织的财产权没有享有与其他财产权同等的待遇。因此,应明晰和强化农村集体土

---

① R.科斯、A.阿尔钦、D.诺思等著:《财产权利与制度变迁——产权学派与新制度学派译文集》,上海三联书店、上海人民出版社 1994 年版,第 5—11 页。

地财产权,集体土地无论是所有权还是使用权在法律上都应该得到同等的保护,集体土地所有权在土地征收过程中应当按照市场价格获得公平的补偿。

2. 完善土地价格管理体系,规范土地收益分配

土地价格作为调节市场的重要杠杆,不仅直接影响房地产市场的运作,而且对国民经济发展也有很大的影响,因此,必须建立和完善土地市场的定价制度。

关于土地价值和价格问题,理论界颇有争议,且分歧较大。主要有"价值价格论"、"地租资本化"、"均衡价格说"、"土地产权价格论"、"土地价值二元论"等观点,作者认为"土地价值二元论"观点是科学的。按照土地构成的二元性理论,土地由土地物质和土地资本构成,而城市土地正具有这种二重性质,既是一种自然资源,又是一种劳动产品,城市土地是自然资源和劳动产品的结合物。因此,城市土地价值也相应地由土地物质价值和土地资本价值构成。根据马克思的劳动价值理论,土地作为自然产物,没有凝结人类劳动,不是劳动产品,因此,作为自然资源的土地没有价值。土地作为自然物,没有劳动价值,那么土地物质价值(或价格)是怎样产生的呢? 土地物质价值(或价格)的存在是由土地自身的自然特性和经济特性所决定的。土地具有不可再生性、位置固定性、稀缺性及不可替代性等自然特性,因此,在社会经济活动中,必然会产生土地所有权和经营权的垄断。马克思指出:"土地所有权的前提是,一些人垄断一定量的土地,把它作为排斥其他一切人的、只服从自己个人意志的领域。"[①] 任何人为了获得土地的经营权、使用权,必须要支付一定的代价即地租给土地所

---

① 《马克思恩格斯全集》(第25卷),人民出版社1975年版,第695页。

有权人。马克思指出:"不论地租有什么独特的形式,它的一切类型有一个共同点:地租的占有是土地所有权借以实现的经济形式。"① 土地的物质价值(或价格)实质上是地租的资本化。因此,土地的物质价值是一种虚拟的价值,正如马克思指出的"……虚幻的价格形式——如未开垦的土地的价格,这种土地没有价值,因为没有人类劳动物化在里面——又能掩盖实在的价值关系或由此派生的关系。"② 土地的物质价值——即"虚拟的价值",实质上是通过土地转移到土地所有者手中的社会总剩余价值或总利润的一部分,是转移来的人类劳动,这种转移是通过土地产权权属的让渡和流转实现的。作为劳动产品的土地资本,是人们为改良土地和提高土地生产效率而投入以及固定在土地上的资本,凝结了人类劳动,具有价值,其价值形成遵循价值规律。但就其价值量来看,与一般商品的价值量有所不同,土地资本价值量由两部分组成:一部分是累积的人类劳动而形成的价值。马克思指出:"土地的优点是,各个连续的投资能够带来利益,而不会使以前的投资丧失作用。"③ 另一部分是当期投资者追加投资而形成的价值。当二元性的土地作为生产要素投入生产经营,土地物质价值和土地资本价值统一于一个整体,其价值就以综合的土地价格显现出来。影响土地价格高低的主要因素有:第一,社会剩余价值总量或总利润量。社会总剩余价值量越高,土地价格就越高;反之,就越低。第二,土地的供求关系。当土地供不应求,土地价格则高,反之,则低。第三,社会租利比。④ 由于存在土地所有权的垄

---

① 《马克思恩格斯全集》(第25卷),人民出版社1975年版,第714页。
② 同上书,第121页。
③ 同上书,第880页。
④ 李铃:"房地产理论剖析",《中国土地》1993年第9期,第15页。

断,土地所有者和资本所有者(土地经营者)按一定的比例分割社会总利润。社会租利比越大,则土地价格越高,反之,则越低。

土地价格是未来若干年地租现值的总和。在城市土地出让中,其地价至少包含以下三个部分:(1)真正的地租,即级差地租Ⅰ、级差地租Ⅱ和绝对地租;(2)土地资本折旧;(3)土地资本利息。也就是说,土地价格是真正的地租、土地资本折旧和土地资本利息之和的资本化。正如马克思所指出的:"资本能够固定在土地上,即投入土地,其中有的是比较短期的,如化学性质的改良、施肥等等,有的是比较长期的,如修排水渠、建设灌溉工程、平整土地、建造经营物等等……这样投入土地的资本以及作为生产工具的土地由此得到的改良而付的利息,可能形成租地农场主支付给土地所有者的地租的一部分,但这种地租不构成真正的地租。真正的地租是为了使用土地本身而支付的,不管这种土地是处于自然状态,还是已被开垦。"[①] 在土地出让中,政府改良土地的投资(兴建基础设施,三通一平等),其实质并不是土地纯收益的范畴,但其投资要求在土地批租的地价款中得到补偿和回收。然而在现行的法律、法规中,一直沿用土地使用权出让金的概念,土地出让金的内涵相当模糊,在实践中容易造成混乱。从理论上说,土地使用权出让金是地价款的一部分。因此,应当用地价款来置换土地使用权出让金概念,这样有利于土地价格管理体系的建立和完善,也有利于城镇土地有偿使用的实施。

为了规范城市土地市场,应尽快建立市场基准地价制度和年租金标准,基准地价和年租金标准是国家调控地产市场的主要手段,是土地价格管理的重要参数,为土地出让、土地转让和土地租赁提供价

---

① 《马克思恩格斯全集》(第25卷),人民出版社1975年版,第698页。

格依据,对于规范地产市场具有重要意义。因此,应建立、健全基准地价、标底地价和年租金的价格管理体系,防止土地交易中瞒价、隐价行为,保障地产市场的正常运作。

我国城市土地属于国家所有,地租是国家土地所有权在经济上的实现形式。恩格斯在《论住宅问题》一书中指出:"消灭土地私有制并不要求消灭地租,而是要求把地租——虽然是用改变过的形式——转交给社会。"① 在土地有偿使用中,中央政府作为全体人民利益的代表者,必须分享一部分地租收益和土地增值收益,以促进社会的公平和增进社会福利的最大化。因此,土地收益应在中央政府与地方政府之间有一个合理的划分。

3. 将土地出让收入纳入财政预算,实行收支两条线管理

土地出让收入是政府财政收入的重要组成部分,加强政府非税收入管理是市场经济条件下理顺政府分配关系、构建公共财政体系、健全公共财政职能的客观要求。财政资金是政府履行职能、提供公共产品(服务)的必要物质基础和重要保证。财政预算管理方式有两种,一是一般收入预算管理,一是基金账目预算管理。土地出让收入受可供土地和出让面积、土地市场状况影响较大,具有不稳定性和不确定性等特征,为了保证城市公共物品的支出以及保障被征地农民的利益,土地出让收入应实行基金账目预算管理模式,即土地出让收支全额纳入地方基金预算管理,收入全部纳入财政预算内,支出通过地方基金预算从土地出让收入中予以编制安排,在地方国库中设立土地出让收入专户,财政部门和审计部门每年专门核算和审计土地出让收入和支出情况。

---

① 《马克思恩格斯全集》(第18卷),人民出版社1964年版,第315页。

(二)土地非税收入及分配政策改革取向

土地非税收入及分配政策改革目标应当是有利于提高土地配置的效率和增进社会公平,规范政府土地收益分配行为,构建促进社会经济可持续发展的土地政策。

1. 完善征收补偿制度,保障农村集体经济组织及农民能分享基于土地发展权而产生的土地增值收益

(1) 将国家农地征收严格限定在公共利益的范围内,改征地补偿为征地赔偿

土地征收是国家取得土地所有权的一种特殊方式,其核心是具有强制性,它不以土地所有权人的同意为前提,是一种典型的管理型交易方式。因此,为了防止土地征收权的滥用,公共利益目的成为世界主要国家土地征收制度的基本要件。公共利益是政府征收土地的依据和界限,也是防止公共权利无限扩大而损害私人财产权的一种关键措施。我们必须借鉴市场经济国家的经验,严格界定国家征地的公共利益的范围。为了更好地保护农村集体土地所有权人的利益,宜将征地补偿改为征地赔偿,征地赔偿更接近土地的购买,能体现土地所有权和土地使用权的物化价值。

(2) 非公共利益(经营性)用地,可采取由用地者与供地者直接交易[①]

经营性用地则由土地市场公平交易决定,严格禁止国家征收权的介入,将现行的对非公共利益(经营性)用地由征收改为市场的交易,由用地者与供地者直接进行交易,实行真正意义上的谈判型交

---

① "中国土地政策改革"课题组:"中国土地政策改革:一个整体性行动框架",《改革》2006年第2期,第5—25页。

易。通过谈判型交易使农村集体经济组织及农民在土地交易中处于平等的地位,从而保证集体土地所有权在交易过程中能得到公平的市场价格补偿。当然,土地交易实现后,其土地所有权转化为国家土地所有权,政府将土地使用权通过出让方式让渡给用地者使用。

(3)积极探索集体非农建设用地使用权入市流转

在强化用途管制和严格控制总量的前提下,政府可以考虑采取将集体所有的建设用地市场化,允许集体能直接出售集体建设用地给新的使用者,实行有偿、有限期流转,做到"两种产权、一个市场",统一管理,逐步建立建设用地和农用地相衔接的地价体系。

2. 城市土地实行地价与年地租相结合的有偿使用政策

国有土地有偿使用的实质是城市土地国家所有权在经济上的实现。实行城市土地有偿使用的目的在于:利用地租、地价杠杆,合理、节约地利用土地,提高土地的利用效率;同时为政府提供稳定而充足的财源,建立城市建设资金良性循环的新机制。根据我国的实际情况,城市土地有偿使用应针对不同情况,采取不同的办法实施。

(1)对经营性城市建设用地,采取招标拍卖挂牌方式出让

经营性城市建设用地,要严格实行土地出让(即批租制),规范土地使用权出让市场,建立国家垄断的地产一级市场。在地产一级市场中,要严格实行国有土地使用权出让由政府垄断,即出让主体与出让规程体现政府的垄断性,以保障国家土地所有权法律地位和经济地位的真正确立,保证城市建设用地的计划性。在城市土地使用权出让中,应充分运用价值规律、供求竞争规律的调节作用,采取招标拍卖挂牌出让方式,减少协议出让方式的比重,使市场机制在土地使用权出让中发挥主导性作用;通过用地者公正、公开、公平的竞争,形成用地的利益约束机制,使城市土地资源实行最佳配置和最佳利用,

提高其经济效益、社会效益。同时,采取宏观调控措施,防止农地过多地被占用,防止农地过度地并入城市;城市建设用地中实行占用农地与复垦农地相结合,切实保护耕地。城市土地出让后,政府要实行严格的跟踪监控制度,使土地使用者严格按土地使用权出让合同约定的土地用途、土地使用性质、动工开发期限开发利用土地。

(2)对划拨的存量城市土地,区别不同情况,或采取土地出让制,或采取土地年租制

划拨的存量城市土地,或原土地使用者转让,或改变土地使用性质,应当采取招标拍卖挂牌方式出让。划拨的存量城市土地,若未改变土地使用性质,采取年租制,政府每年向土地使用者收取地租。"对于现有的土地拥有者,每年支付市场租金以作为签订出让合约的替代选择。"[①] 年地租制应当适用所有的划拨存量土地,采取普遍征收,一方面有利于抑制滥占、多占土地的现象,节约用地,形成一个自我约束的用地机制;另一方面,有利于促进用地公正、合理的竞争机制的形成;同时,能保证国家土地所有权在经济上的真正实现,杜绝国有土地收益流失,增加国家财政收入。对公益事业单位,如学校、部队、行政机关等用地,政府核定人均用地面积和用地规模,在核定的用地定额范围内,免征地租;超过部分,按标准征收年地租。对其他用地一律按标准征收年地租。"对于已建成区占有高价值房地产而又不愿意付新租金的土地使用者,应该给他们一个搬迁到郊区去的机会。作为签订新地点出让合约的报答,他们将得到老地点重新出让后收入的可观部分。这种特殊的选择旨在推进发展土地市场总

---

① 世界银行专家组:"中国城镇土地的经营管理:在市场经济形成中面临的选择",《住宅与房地产》1997年第3期,第14页。

目标的实现。"①

土地年租制中,其年租金必须与市场地价挂钩,年租金与出让地价款的比价应合理,使通过租赁方式与通过出让方式获得土地的使用者承受相等的地租负担。土地出让是国家以土地所有者的身份将一定年期的土地使用权让与给土地使用者,有偿获得土地使用权的使用者一次性地提前支付整个使用期间的地租;而土地年租制是土地使用者每年缴纳地租。两者都是国家实现土地所有权经济利益的方式。从经济意义上说,土地年租与土地批租的比价必须确定在合理水平上,因此,年地租采取以下方式计算:

年地租 = 市场地价 × 土地还原利率

或年地租 = $\dfrac{市场地价 \times r(1+r)^n}{(1+r)^n - 1}$

其中:r 表示土地还原利率;n 表示土地使用年期。

3. 规范国有土地出让收入分配

(1)严格界定国有土地出让收入的支出范围

为了保障国有土地出让收入的合理使用,必须严格界定土地出让收入使用范围。其使用范围应包括:征地和拆迁补偿支出(不低于土地出让收入的 20%);支农支出(不低于土地出让收入的 15%),包括计提农业土地开发资金、补助被征地农民社会保障支出、保持被征地农民原有生活水平补贴支出以及农村基础设施建设支出;土地开发支出;国有土地收益基金支出;廉租住房保障支出;城市建设支出等。

(2)设立国有土地收益基金

---

① 世界银行专家组:"中国城镇土地的经营管理:在市场经济形成中面临的选择",《住宅与房地产》1997 年第 3 期,第 14 页。

国有土地出让收入实质上是未来 40 年至 70 年的地租资本化形态,政府当期获得的土地出让收入实际上是让渡未来若干年土地使用权的收益。因此,应当从土地出让收入中预留一部分资金,以保证城市建设和发展的可持续性。基本设想是从每年的土地出让收入中划出 30% 的比例,建立中央、省和县(市)三级国有土地收益基金,实行分账核算。中央的国有土地收益基金主要由 30% 的新增建设用地使用费和 10% 的土地出让收入组成,主要用于国家大型建设项目的农地征收的补偿以及向中西部财政转移支付;省级的国有土地收益基金由 70% 的新增建设用地使用费和 10% 的土地出让收入构成,主要用于国家、省级大型项目的农地征收的补偿;县(市)国有土地收益基金由 10% 的土地出让收入构成,作为地方财政储备的重要组成部分,当期政府使用国有土地收益基金的比例不得超过 40%,主要用于土地的收购储备。通过建立国有土地收益基金,遏制地方政府片面追求土地收益的短期行为,建立良性的土地收益管理机制,保证农地征收、城市建设和发展有稳定的资金来源。同时,应建立完善的国有土地收益基金投资制度,以保障国有土地收益基金不断保值、增值。

第九章 武汉市、深圳市土地出让及收益实证分析

始于20世纪80年代中后期的中国城市国有土地使用制度改革,变无偿无期限使用为有偿有期限使用权制度,发挥市场机制配置土地资源的基础性作用。近二十年的实践证明,市场化的城市土地使用制度改革是成功的,一方面,使城市土地价值得以显化,国有土地财产权的利益得以实现,为城市建设和发展聚集了大量的资金,已成为城市财政收入的重要来源;另一方面,引入市场机制,通过土地出让,运用土地价格、地租等经济杠杆配置土地资源,促进了土地资源的合理利用和优化配置,初步形成了一种节约用地、集约用地的约束机制。本章主要分析武汉市土地出让及其收益和深圳房地产收益情况。

一 武汉市土地出让及收益实证分析

(一)武汉市土地出让市场情况

1999年11月18日,武汉市土地整理储备供应中心成立是土地资源正式以市场化方式运作的开始;2000年7月18日,武汉市政府下发《关于建立土地储备制度的通知》,土地储备制度初步建立;2000

年11月25日,武汉市土地交易中心成立。2001年3月20日,武汉市举行首次国有土地使用权拍卖会,香港凯恩斯国际置业公司以6 750万元人民币取得一宗位于江岸区后湖乡面积125亩的国有土地使用权,单价54万元/亩。土地拍卖的成功,标志武汉市土地一级市场开始步入实质性运作阶段。2001年4月国务院颁布《关于加强国有土地资产管理的通知》(国发〔2001〕15号)后,武汉市相继出台了一系列土地市场管理的配套政策规章,主要有《市人民政府关于印发武汉市加强土地资产经营管理实施方案的通知》、《武汉市土地交易管理办法》、《武汉市土地储备管理办法》及《关于经营性用地有偿使用与开发建设实行一费制收费办法的通知》等,主要内容包括:一是经营性用地通过收购、征用、收回方式垄断管理;二是实行土地深度开发和熟地供地;三是实施土地有偿使用一费制收费制度;四是取消了部分不符合市场经济发展要求的土地供应优惠政策;五是大力开展经营性土地使用权公开交易;六是建设用地实行计划分类管理;七是土地出让实行最低价管理。这些文件从储备模式、运作机制、供地方式等方面为武汉市土地资产经营构筑了平台,使土地资产经营管理逐步走向规范、有序的轨道。经过七年多时间的建设和发展,武汉市初步建立了以土地整理储备中心和土地交易中心为载体,以土地储备制度和土地交易许可制度为核心,以土地收购(含收回)、土地征用、土地供应、土地交易和土地整理为主要业务的"一条龙"土地资产经营运作模式。经营性房地产开发用地基本实现了由政府统一征用、收购和回收土地,统一储备土地及统一供应土地的新机制。截至2006年底,累计投入270多亿元,武汉市政府储备土地3 300多公顷。仅2006年就投入资金达69.5亿元,储备土地381公顷,通过土地市场公开供应经营性用地49宗,出让面积147公顷。

随着武汉市土地市场的规范和发展,严格坚持土地的集中统一供应,公平、公正、公开的土地市场运行环境得以改善和建立,严格控制土地供应量,调整土地供给结构,土地价格的市场形成机制得到了发挥,土地市场价格得以充分显化。武汉市土地市场价格从2001年每亩54.95万元上涨到2006年的274.26万元,楼面地价由493元/平方米上涨到2006年的1 715元/平方米,但2006年的楼面地价比2005年降了282元/平方米,下降幅度为14.12%。从用地类别分析,住宅用地的平均地价从2001年的51.51万元/亩上涨到2006年的318.23万元/亩,涨幅达618%;楼面地价由487元/平方米上涨到2006年的1 829元/平方米,涨幅达376%。商住综合住宅用地从2001年的44.82万元/亩上涨到2006年的318.23万元/亩;楼面地价由379元/平方米上涨到2006年的1 652元/平方米,涨幅达436%。

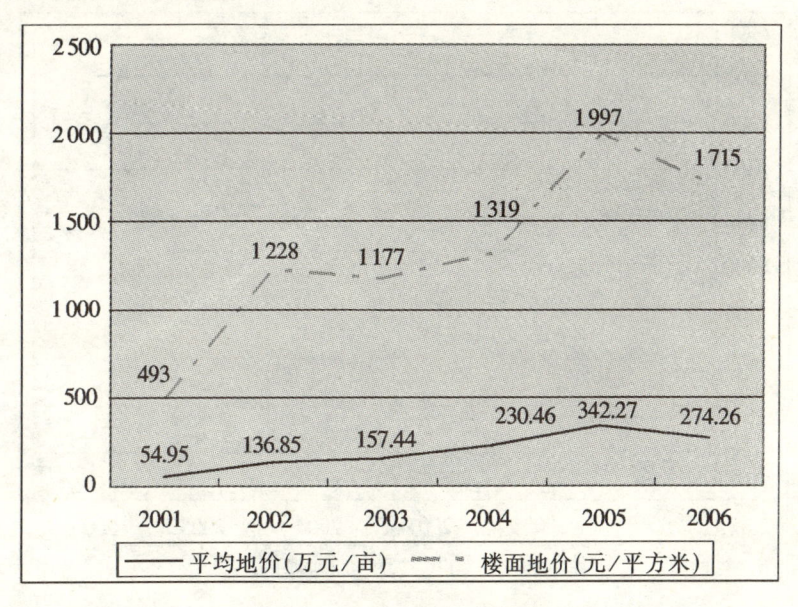

图9-1 武汉市土地市场价格情况

表9-1 武汉市土地市场价格情况

年份	2001	2002	2003	2004	2005	2006
平均地价(万元/亩)	54.95	136.85	157.44	230.46	342.27	274.26
楼面地价(元/平方米)	493	1 228	1 177	1 319	1 997	1 715

资料来源:武汉市城市规划咨询服务中心,"2006年武汉市土地市场研究报告",《武汉地产》2007年第4期,第23页。

表9-2 武汉市住宅用地价格情况表

年份	2001	2002	2003	2004	2005	2006
平均地价(万元/亩)	51.51	70.21	76.95	166.28	263.75	318.23
楼面地价(元/平方米)	487	612	710	1 046	1 806	1 829

资料来源:同表9-1。

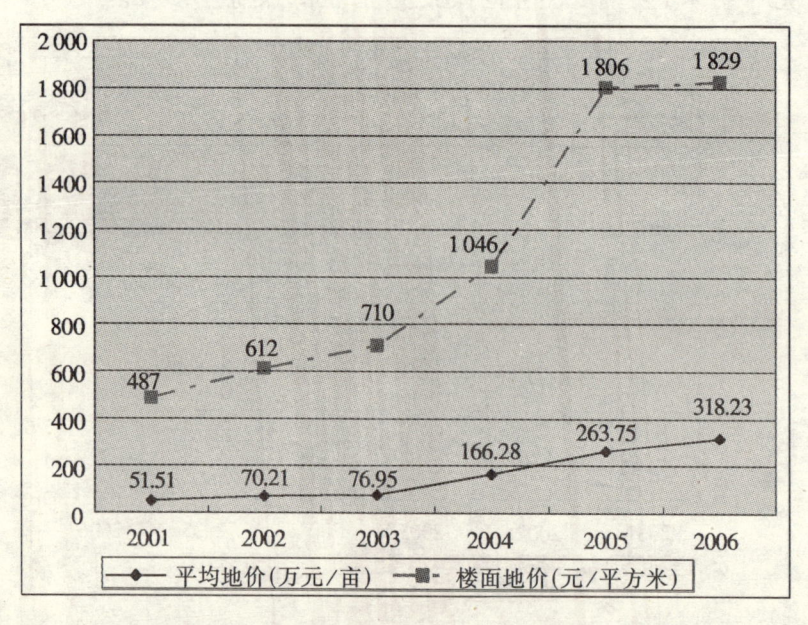

图9-2 武汉市住宅用地价格图

表9-3 武汉市商住综合用地价格情况表

年份	2001	2002	2003	2004	2005	2006
平均地价(万元/亩)	44.82	184.42	236.82	221.16	494.14	324.82
楼面地价(元/平方米)	378	1 697	1 208	1 183	2 301	1 652

资料来源:同表9-1。

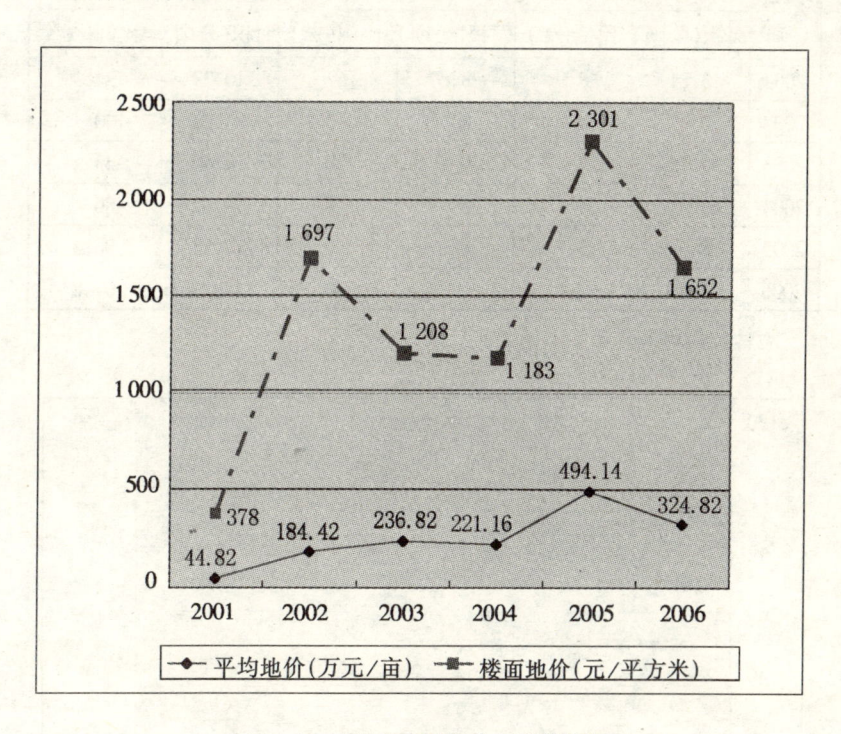

图9-3 武汉市商住综合用地价格图

武汉市经营性用地出让中,主要是挂牌方式出让所占比重高,2002年全部是采用挂牌方式出让,2004年、2005年、2006年挂牌出让的土地面积分别占经营性用地出让总面积的86%、96.3%和97.8%。而拍卖方式除2001年采用外,2001年以后无一宗土地是通过拍卖方式出让的。招标方式所占比重也较低(除2003年、2004年以外),如2005年、2006年仅为3.7%、2.2%。2001—2006年招标出让的土地面积占经营性用地出让总面积年均仅为3.23%(见表9-4)。

表9-4 武汉土地出让方式比较

年份	招标		拍卖		挂牌	
	面积(公顷)	比例(%)	面积(公顷)	比例(%)	面积(公顷)	比例(%)
2001	3.81	8.9	28.67	67	10.33	24.1
2002	0	0	0	0	84.28	100
2003	99.12	57	0	0	74.69	43
2004	63	14	0	0	178.32	86
2005	8.39	3.7	0	0	217.85	96.3
2006	3.19	2.2	0	0	144.97	97.8

资料来源:同表9-1。

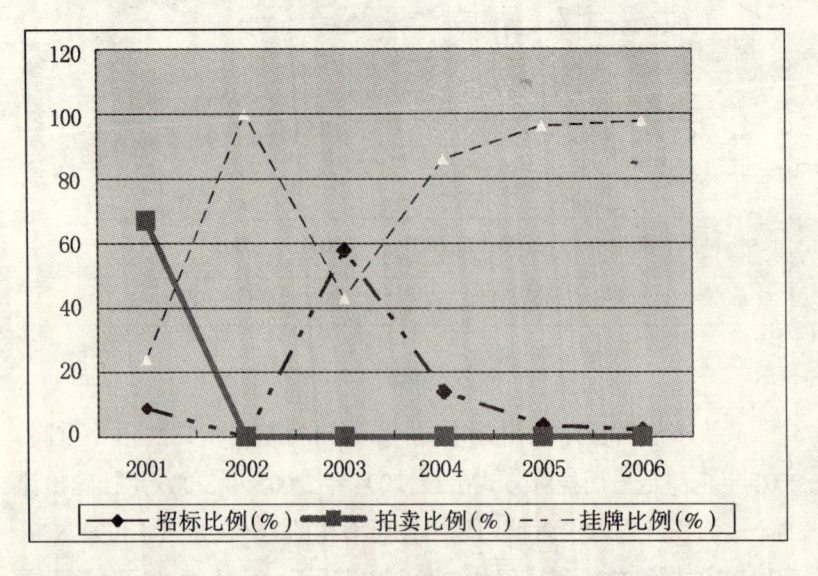

图9-4 武汉土地出让方式比较

(二)武汉市土地出让市场与全国主要城市的比较

表9-5 武汉市地价与全国主要城市地价比较

年份	地价 (元/平方米)	全国地价 增长率(%)	武汉地价 (元/平方米)	武汉地价 增长率(%)
2001	1 033		493	
2002	1 078	4.35	1 228	149
2003	1 129	4.73	1 177	-4.15
2004	1 198	6.11	1 319	12.06
2005	1 468	22.54	1 997	51.4
2006	1 544	5.19	1 715	-14.12

数据来源:根据国土资源部土地利用管理司、中国土地勘测规划院,《地价监测报告》(2000—2006年)、《武汉地产》2007年第4期的相关数据计算的。

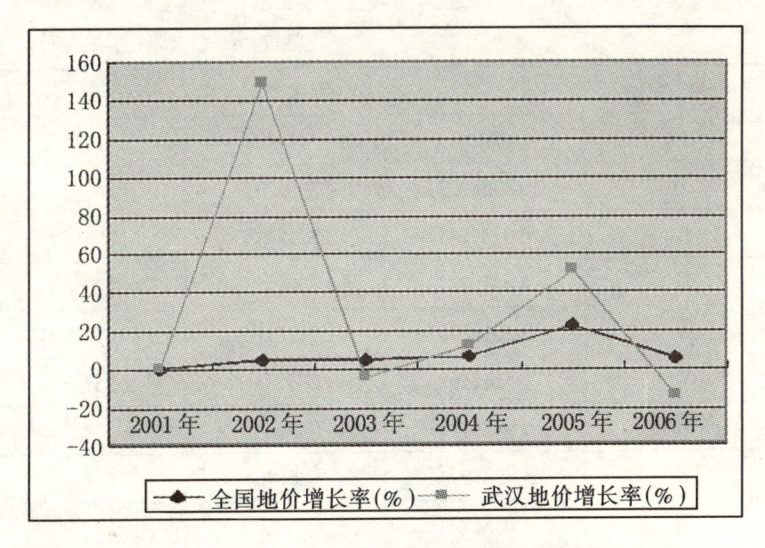

图9-5 武汉市地价增长率与全国主要城市地价增长率比较

武汉市土地出让市场与全国主要城市土地出让市场相比较,武汉市土地价格的增长率呈现不稳定的特征。全国主要城市地价年增长率大体上在4%—6%之间波动(除2005年以外)。全国主要城市地价水平及变化与社会经济发展指标总体协调,地价与GDP同步增长,但增长速度低于GDP增长速度(除2005年以外)。但是武汉市土地价格的涨幅波动较大,2002年比2001年上涨了149%,2004年比2003年上涨了12.06%,2005年比2004年上涨了51.4%,而2003年、2006年呈负增长,分别比上年下降了4.15%、14.12%。

(三)武汉市土地出让收益

1. 武汉市基准地价、最低地价与土地出让金(租金)标准

基准地价是指同一土地级别范围内同类用途的区域性土地使用

表9-6 武汉市市区2004年商业住宅工业级别基准地价表

单位:元/平方米(万元/亩)

土地级别 \ 基准地价	用途类别		
	商业	住宅	工业
Ⅰ	10 835(722)	4 398(293)	1 161(77)
Ⅱ	6 678(445)	3 221(215)	892(59)
Ⅲ	4 457(297)	2 330(155)	727(48)
Ⅳ	3 301(220)	1 715(114)	625(42)
Ⅴ	2 524(168)	1 278(85)	557(37)
Ⅵ	1 932(129)	945(63)	
Ⅶ	1 478(99)	686(46)	
Ⅷ	1 085(72)		
Ⅸ	733(49)		

权平均价格,是政府公布的指导性价格。作为法定价格基准,是政府管理和调控土地市场的基本手段,是显化土地价值、核算土地资产收益的主要依据。武汉市于1995年制定了基准地价,2002年进行了修订,2004年再次进行了调整。调整后的基准地价见表9-6。最低地价是指熟地"三通一平"价,具体包括对原土地使用者补偿费用、开发成本、土地出让金等部分。对原土地使用者补偿费用主要包括征地

表9-7 武汉市2004年度最低地价标准
(中心地区、东湖高新开发区、武汉开发区)

(单位:万元/亩)

	Ⅰ	Ⅱ	Ⅲ	Ⅳ	Ⅴ	Ⅵ	Ⅶ	Ⅷ	Ⅸ
商业	451.5	297	156.5	107	74.5	52.5	42	31.5	26
住宅	201.5		152.5	105.5	69.5	48	36	24	
工业	25				18	15	12	10	

注:商业用地分为九个级别,住宅用地分为七个级别,工业用地分为五个级别。原则上,Ⅰ到Ⅳ区域内不布置新的工业项目。

表9-8 武汉市2004年度最低地价标准(远城区)

(单位:万元/亩)

	商业				住宅				工业			
	Ⅰ	Ⅱ	Ⅲ	Ⅳ	Ⅰ	Ⅱ	Ⅲ	Ⅳ	Ⅰ	Ⅱ	Ⅲ	Ⅳ
东西湖区	26.5	19	13.5	10	24	17	12	9	8	7	6	5
江夏区	18	12.5	9.5	7.5	14.5	11.5	9	7	7	6	5	4
蔡甸区	18	12.5	9.5	7.5	14.5	11.5	9	7	7	6	5	4
黄陂区	18	10.5	9	6.5	11	9	8	6	6	5	4	3
新洲区	13	9.5	6.5	5.5	9.5	8.5	6	5	5.5	4.5	4	3
汉南区	10.5	8.5	6	5	8	7	6	5	4	3.5	3	2.5

成本(新增建设用地)或拆迁成本费用(旧城改造)。其中征地成本包括农民补偿(安置补助费、土地补偿费、青苗及地上附着物补偿费等三项)和政府规费(耕地占用税、土地有偿使用费、耕地开垦费、新菜地开发建设基金、水利建设基金、征地管理费、不可预见费等七项)两大类。拆迁成本包括房屋补偿费、搬家费、临时安置补助费、停产停业补偿费、营业补偿费等。在出让国有土地使用权过程中,最低价标准为土地招标、拍卖、挂牌交易、协议出让底价的控制标准;在土地转让过程中,如果交易申报价格低于土地最低价,政府可行使优先购买权。武汉 2002 年制定最低地价标准,2004 年进行了修订和调整。2004 年最低地价标准是在《武汉市 2002 年度最低地价标准》基础上调整的,其调整幅度为:武汉市中心城区、东湖开发区、武汉开发区、远城区的住宅用地最低地价上调 20%;上述地区商业用地最低地价上调 5%;为支持制造业发展,上述地区工业用地最低地价保持不变。其标准见表 9-7、表 9-8。

为加强地价管理,规范土地交易行为,促进土地市场健康发展,武汉市 2004 年制定了武汉市市区商业用地、住宅用地和工业用地的土地出让金(租金)标准。具体标准见表 9-9、表 9-10、表 9-11。

表 9-9 武汉市市区商业用地土地出让金(租金)标准

(单位:元/平方米)

	一级	二级	三级	四级	五级	六级	七级	八级	九级
年租金	167	126	94	80	63	47	30	23	16
5 年	719	542	407	353	273	202	131	99	71
10 年	1 029	912	684	580	459	340	221	166	119
20 年	1 769	1 334	1 000	848	671	497	323	243	175

| 30 年 | 2 028 | 1 529 | 1 147 | 972 | 769 | 570 | 370 | 279 | 200 |
| 40 年 | 2 148 | 1 620 | 1 215 | 1 030 | 815 | 604 | 392 | 295 | 212 |

表 9-10 武汉市市区住宅用地土地出让金(租金)标准

(单位:元/平方米)

	一级	二级	三级	四级	五级	六级	七级
年租金	52	46	38	31	24	17	11
5 年	229	200	168	136	107	75	46
10 年	392	342	288	233	184	129	79
20 年	591	516	434	352	277	195	120
30 年	692	605	508	412	324	228	140
40 年	744	650	546	442	348	245	151
50 年	770	672	565	458	361	253	156
60 年	783	684	575	466	367	258	159
70 年	790	690	580	470	370	260	160

表 9-11 武汉市市区工业用地土地出让金(租金)标准

(单位:元/平方米)

	一级	二级	三级	四级	五级
年租金	13	11	9	7	6
5 年	58	50	39	31	25
10 年	102	87	68	54	44
20 年	159	135	106	84	69
30 年	190	162	127	101	83
40 年	208	178	138	111	91
50 年	218	186	145	116	95

经批准以协议方式出让的土地,原以划拨方式取得土地使用权的建设用地,其土地出让金(租金)按土地出让金标准缴纳,并按规定进行容积率修正,商业用地的容积率修正系数为 0.89—2.7,住宅用地的容积率修正系数为 0.86—2.4,工业用地的容积率修正系数一律设定为 1.0。土地出让金(租金)为政府出让(出租)土地时应收取的土地所有权收益,不包括土地取得补偿费用、土地开发费用及新征地的新增建设用地有偿使用费。土地出让金(租金)以地面价表示,该价格是设定商业、住宅、工业用地容积率分别为 2.6、1.8、1.0 状态下的标准。宗地出让金(租金)计算公式为:

$$Ps = Pn \times K$$

式中 Ps 为宗地单位面积出让金(租金), Pn 为宗地对应的出让金(租金)标准, K 为容积率修正系数。

国有土地使用权以公开方式出让的,其土地出让金由市场决定。政府依据地块成交价款,按以下两种情况收取土地收益:一是出让土地为政府储备地块的,公开成交价款与土地储备整理成本之差为该地块土地收益;二是出让土地为委托交易地块的,如果不改变现状土地使用条件,政府按该地块公开成交价款的 40% 收取土地收益;如果改变现状土地使用条件并进行开发建设的,政府根据一费制管理办法,按该地块公开成交价款的 50% 核收土地收益。其土地出让金,由市国土资源部门、财政部门按地块公开成交价款的 20% 核算。

2. 土地出让收益

武汉市土地出让收益逐年增加,2001 年为 3.53 亿元,2005 年上涨至 116.15 亿元,2006 年为 60.95 亿元。在地方财政收入中占的比重较高,2002 年为 20.16%,2003 年 41.16%,2004 年 55.5%,2005 年为 68.15%;若扣除土地成本,按土地出让收入的 40% 计算土地收益,2002—2005 年土地收益占地方财政收入的比重为 8.06%、14.46%、22.2%、27.26%。土地出让收入已成为地方财政收入的一个重要来源。

表 9-12 武汉市土地出让面积及出让收入情况

年份	2001	2002	2003	2004	2005	2006
出让面积(公顷)	42.81	84.82	173.81	241.32	226.24	148.16
出让收入(亿元)	3.53	17.3	41.04	71.7	116.15	60.95

资料来源:武汉市城市规划咨询服务中心,"2006 年武汉土地市场研究报告",《武汉地产》2007 年第 4 期,第 21 页。

表 9-13 武汉市土地出让收入占地方财政收入的比重

(单位:亿元)

年份	2001	2002	2003	2004	2005
出让收入	3.53	17.3	41.04	71.7	116.15
地方财政收入	86.16	85.83	99.71	129.21	170.43
出让收入占地方财政收入的比重(%)	4.1	20.16	41.16	55.5	68.15

资料来源:《武汉统计年鉴》(2006)。

(四)武汉土地出让收益管理的经验

武汉市通过实施土地储备制度、推行土地招标拍卖挂牌供地方式,使土地资产效益实现最大化,初步建立了较完善的土地资产经营管理体系,其主要经验有:

1. 建立了以政府指导、市场化运作与土地资产管理相结合的市场混合型的土地储备制度

武汉市的土地储备模式具有如下特点:一是土地收购储备,它主

要包括收购(通过购买、置换和征用等方式将土地集中起来)、储备(将集中起来的土地进行开发和再开发,通过拆迁、平整、归并整理和基础设施的配套建设,形成"熟地")和出让(根据年度计划将储备土地通过市场出让)三个环节;二是土地收回,即对于符合土地转让条件和土地储备机构未能实施收购的属储备范围内的土地,由原土地使用者提出申请,实施土地交易许可制度,允许其到土地交易中心申请办理交易许可手续,并通过在土地交易中心公开挂牌确定土地受让单位、实现交易,待成交后再由受让人对原土地使用者进行补偿。为了保障土地储备的实施,武汉成立了土地资产经营管理委员会,主要负责土地储备经营方针和政策的制定、重大项目的决策、年度土地储备供应计划和资金投入计划的审查批准,以及相关职能部门之间关系的协调。由土地整理储备供应中心和土地交易中心具体负责土地收购、储备、开发和交易,实现了政府对土地一级市场的垄断,即由政府统一征用、收购和回收土地,统一储备土地及统一供应土地。增强了政府对土地宏观调控的能力,促进了土地资源的集约利用。

2. 建立了国有土地收益管理体系

为了防止国有土地资产流失,保证国有土地资产的保值、增值,武汉市制定了不同土地用途的基准地价、最低地价和土地出让金(租金)标准等地价管理体系。通过制定地价标准,防止了低地价出让,逐步形成了一个公开、公正、公平的土地市场,有力地促进了土地价值的显化,充分发挥市场配置土地资源的基础性作用;防止行政部门寻租行为,确保国有土地收益收归政府所有,为城市建设和发展积聚了大量资金。

但是,武汉市国有土地出让中也存在着较为突出的问题,如郊区、开发区土地有形市场建设的水平还较低,统一的土地市场尚未建立;土地资产经营手段的滞后制约了土地价值的增值;地方财政依赖土地出让的现象也较突出等。这些问题需通过不断深化和完善土地制度创新以及财政体制改革加以解决。

二 深圳房地产收益实证分析

(一)深圳房地产投资效益分析

1. 房地产业增加值

房地产业增加值是房地产业所有常住单位在一定时期内生产活动的最终成果。通过研究房地产业增加值及其增长率,可以直观地反映出房地产投资的效益、未来的趋势走向及房地产业所存在的问题。

根据《深圳统计年鉴》(1991—2005)的统计,房地产业增加值一直保持着良好的稳定增长态势。2004年全市房地产业增加值为

表9-14 深圳市各产业生产总值与房地产业增加值情况(修正前)

(单位:万元)

增加值	1990	1995	2000	2001	2002	2003	2004
全市生产总值	1 716 665	7 956 950	16 654 652	19 546 539	22 568 222	28 954 070	34 227 939
第一产业	70 220	129 243	173 374	181 096	190 618	164 744	141 777
第二产业	769 319	4 169 346	8 740 081	10 556 758	12 346 851	17 236 554	21 081 396
第三产业	877 126	3 658 361	7 741 197	8 808 685	10 030 753	11 552 772	13 004 766
房地产业	91 396	587 430	961 042	1 106 884	1 249 623	1 928 631	2 378 703

注:本表均采用修正前数据计算。
数据来源:深圳市历年统计年鉴。

2 378 703万元,而在1990年仅有91 396万元,增长了足足26倍之多,相比之下这一时期内全市GDP增长只有19倍,充分反映了这十几年来房地产业在深圳已取得了长足的发展。

从房地产业增长率这一指标来看,深圳市房地产业在2001和2002年时还略低于同期的GDP和第三产业增长率,但自2003年后房地产业增长迅猛,尤其是在2003年同比增长率甚至达到了惊人的54.3%。2005年房地产业增长率为18.4%,高于深圳同期15.6%的GDP增长率和12.1%的第三产业增长率。深圳市房地产业增长率超过GDP和第三产业的增长率这一情形表明:房地产业在深圳整个地区经济中的地位和作用都在不断提升,房地产业作为本市经济的基础性、先导性产业,其支柱性的作用正在凸现。

表9-15 深圳市生产总值、第三产业与房地产业同比增长率

(单位:%)

	2000	2001	2002	2003	2004	2005
全市生产总值增长率	16.0	17.4	15.5	28.3	18.2	15.6
第三产业增长率	11.8	13.8	13.9	15.2	12.6	12.1
房地产业增长率	—	15.2	12.9	54.3	23.3	18.4

注:2000—2004年均采用修正前数据计算,2005年为修正后数据。
数据来源:深圳市历年统计年鉴。

第一次全国经济普查后,深圳市统计局对2004年GDP进行了重新核算,并采用了国际上常用的趋势离差法,主要对1993年以来的GDP历史数据进行了修订。经重新核算和修订后的GDP数据同修订前数据比较,在总量、速度、结构等方面都发生了不同程度的变化。为统一口径和方便数据的相互比较,以上分析中基本上都采用了修正前的数据来计算。现将修正后的数据单独列出,以作比较。

表9-16 深圳市各产业生产总值与房地产业增加值情况(修正后)

(单位:万元)

年份	全市生产总值	第一产业	第二产业	第三产业	房地产业	房地产业占全市生产总值比重	房地产业占第三产业比重
2004	42 821 428	123 264	22 112 353	20 585 811	4 110 367	9.6%	20.0%
2005	49 509 078	97 385	26 334 427	23 077 266	4 865 386	9.8%	21.1%

注:本表均采用修正后数据计算。
数据来源:《深圳市统计年鉴》(2006)。

修正后的数据显示,2004年GDP重新核算后,与修正前数据相比,第一产业、第二产业的比重均有所下降,第三产业比重由原来的38.0%大幅上升至48.1%,增加了10.1个百分点。第三产业对国民经济的贡献较之前的估计水平大大提高,但与第二产业51.7%的比重比较起来,仍有微弱差距。房地产业增加值2004年修正后达到了4 110 367万元,与修正前的2 378 703万元相比,足足提高了1 731 664万元,修正后房地产业占GDP的比重也由6.9%上升至9.6%,提高了2.7个百分点。

2. 深圳市房地产业贡献率

(1)房地产业增加值占全市GDP比重

GDP是某国或某地区在一定时间内全社会生产的最终产品和劳务的总和,是衡量一个国家或地区的经济发展水平的重要指标。从价值形态看,GDP是所有常住单位在一定时期内生产的全部货物和服务价值超过同期投入的全部非固定资产货物和服务价值的差额,即所有常住单位的增加值之和。增加值占GDP的比重是衡量产业在国民经济中地位的重要指标。

表9-17 深圳市房地产业增加值占全市GDP、第三产业比重情况

(单位:万元)

	1990	1995	2000	2001	2002	2003	2004
全市GDP	1 716 665	7 956 950	16 654 652	19 546 539	22 568 222	28 954 070	34 227 939
第三产业GDP	877 126	3 658 361	7 741 197	8 808 685	10 030 753	11 552 772	13 004 766
房地产业GDP	91 396	587 430	961 042	1 106 884	1 249 623	1 928 631	2 378 703
房地产业GDP占全市GDP比重	5.3%	7.4%	5.8%	5.7%	5.5%	6.7%	6.9%
房地产业GDP占第三产业GDP比重	10.4%	16.1%	12.4%	12.6%	12.5%	16.7%	18.3%

注:本表均采用修正前数据计算。
数据来源:深圳市历年统计年鉴。

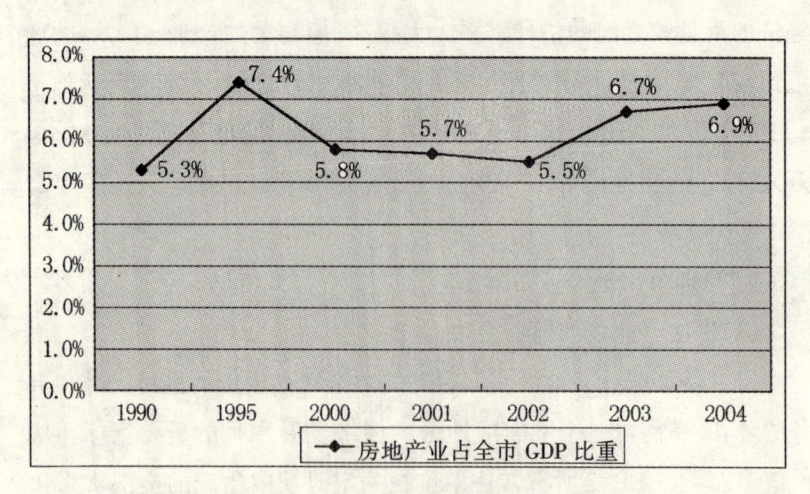

图9-6 深圳市房地产业增加值占全市GDP比重

注:本图采用修正前数据计算。
数据来源:深圳市历年统计年鉴。

可以看到,房地产业增加值占深圳市 GDP 比重这一指标基本上在 6% 的水平上波动,1995 年最高达到了 7.4%;2000—2002 这三年间变动不大,基本稳定在 5.5%—5.8%;2003 和 2004 年有小幅增长,分别为 6.7% 和 6.9%。一般而言,当某一产业增加值在本地区 GDP 中所占比重达到了 5% 时,该产业即是本地区的支柱产业,由此可知,深圳市房地产业作为本市的支柱产业,极大地支持和带动了全市经济的快速增长。

(2) 房地产业增加值对 GDP 的贡献率

房地产业增加值对 GDP 的贡献率是用来衡量房地产业的增长率与经济增长率之间的关系的,贡献率越高,说明房地产业的增长对国民经济的增长影响越大。根据奎因(1986)通过总增长与产业增长之间的关系得出了总增长率与产业增长率之间的关系,其推导过程如下:[①]

假设国民经济共有 n 个部门,第 i 产业部门的总产出为 V_i,则国民经济的总产出 V 为:

$$V = \sum_{i=1}^{n} V_i$$

经济的总增长率 G_v 为:

$$G_v = \frac{\Delta V}{V} = \frac{\sum_{i=1}^{n} \Delta V_i}{V} = \sum_{i=1}^{n} \frac{\Delta V_i}{V} = \sum_{i=1}^{n} \frac{\Delta V_i}{V_i} \frac{V_i}{V} = \sum_{i=1}^{n} \rho_i G_{vi}$$

式中:ρ_i 为 i 产业部门在 GDP 中所占的比重;G_{vi} 为第 i 产业部门的增长率,上式表明,某产业部门对 GDP 的增长贡献率为该产业的增长率乘以该产业在 GDP 中所占的比重。由此可知,房地产业对

---

① 况伟大:"公共政策与我国房地产业的发展",《税务研究》2004 年第 9 期。

GDP 的增长贡献率即为其增加值的增长率与增加值在 GDP 中所占的比重之积。

按以上研究思路,分析了 2000 至 2005 年深圳市房地产业对全市经济增长的贡献率(见表 9-18)。

表 9-18 2000—2005 年深圳市房地产业对全市经济增长的贡献率

(单位:%)

年份	2000	2001	2002	2003	2004	2005
全市 GDP 增长率	16.0	17.4	15.5	28.3	18.2	15.6
房地产业贡献率	—	0.87	0.71	3.64	1.61	1.80

注:2000—2004 年均采用修正前数据计算,2005 年为修正后数据。
数据来源:深圳市历年统计年鉴。

从中可以看到,深圳市房地产业对全市经济增长的贡献率在 2003 年时最高,达到了 3.64%,而全国房地产业对经济增长的贡献率一直不足 1%,[①] 充分反映了深圳房地产业对全市经济的突出贡献。2004 和 2005 年这一指标有所下滑,分别为 1.61% 和 1.80%,但仍远远高于全国不足 1% 的水平。

3. 房地产税收

我国目前现行房地产税种主要包括:房产税、城镇土地使用税、土地增值税、契税、耕地占用税、城市维护建设税及教育费附加、营业税、房地产企业所得税和个人所得税等。

深圳市房地产类税收主要由地税局负责征收,包括房地产企业所得税及个人所得税、营业税、房产税、土地增值税、契税、城市维护建设税及教育费附加、房地产交易印花税、耕地占用税等,房地产税

---

① 全国经济普查办公室:《房地产投资的规模、结构和效益分析》,2006 年。

收已成为地方税收收入的主要来源之一。2001—2004年深圳市房地产税收情况见表9-19。

表9-19 2001—2004年深圳市房地产税收及占财政收入比重

(单位:万元)

年份	房产税	契税	耕地占用税	房地产税合计	财政收入	地税收入	占财政收入的比重(%)	占地方税收的比重(%)
2001	67 162	32 886	629	100 677	2 624 944	2 410 198	3.84	4.2
2002	84 628	105 000	873	190 501	2 659 287	2 419 963	7.16	7.9
2003	101 579	105 000	475	207 054	2 908 370	2 631 790	7.12	7.9
2004	126 029	130 000	845	256 874	3 214 680	2 857 799	7.99	9.0

注:(1)根据《中国财政年鉴》2002—2005年的数据计算。
(2)房地产税包括房产税、耕地占用税和契税;深圳市未征城镇土地使用税、土地增值税。

上表主要统计了2001—2004年深圳市房产税、契税和耕地占用税这三项房地产主要税收情况,未包括营业税及附加、企业所得税、个人所得税等税收。2001—2004年深圳市房地产税收占财政收入的比重分别为3.84%、7.16%、7.12%和7.99%;占地方税收收入的比重为7.9%—9%。若将所有来自于房地产业的税收纳入计算,并征收城镇土地使用税和土地增值税的话,房地产税收占深圳市地税收入比重可达到25%—30%,已成为深圳地方财政的主要来源之一。

4. 土地出让收益

(1)土地出让情况

据统计,深圳辖区土地总面积约2 000平方公里,其中可建设用地总量为767平方公里。而全市建设用地已占用513平方公里,尚有可建设用地254平方公里,土地资源十分有限。中心区仅剩1/10

未出让的土地。控制房地产用地尤其是针对性地控制特区内房地产市场的新增土地供给,成为政府调控房地产市场供给最重要的手段。在土地供应政策上始终坚持"控制增量、盘活存量、集约用地、确保重点"的总体方针。表9-20反映的是深圳市1987—2006年国有土地有偿出让的面积。

表9-20 深圳市历年签订土地出让合同情况(按出让方式分)

(单位:公顷)

年份	协免	协议	招标		拍卖	挂牌	合计
			公开招标	市场价			
1987—1993	715.62	3 024.03	42.33	—	0.95	—	3 782.93
1994	122.44	1 167.32	4.27	53.17	3.8	—	1 351.00
1995	810.79	1 029.41		38.35		—	1 878.55
1996	167.83	938.28	2.69	141.03		—	1 249.83
1997	57.90	1 037.95	—	176.88		—	1 272.73
1998	76.45	1 740.37	5.81	151.65	4.58	—	1 978.86
1999	11.66	697.67	35.27	225.07	—	—	969.67
2000	235.93	605.81	15.56	192.55	26.73	—	1 076.58
2001	198.32	690.33	79.90	257.38	25.06	—	1 250.99
2002	350.84	389.22	7.61	533.03	51.62	—	1 332.32
2003	138.87	954.15		208.58	100.62	—	1 409.62
2004	149.31	754.22		35.03	104.67	29.74	1 072.97
2005		1 132.6	136.3				1 268.9
2006		1 035.3	193.6				1 228.9

注:1999年及以前的"视同招标"方式项并入"市场价"项;2004年开始挂牌土地出让。
数据来源:《深圳房地产年鉴》(2005),海天出版社2005年版,第73页;深圳国土资源和房产管理局网站。

(2) 房地产开发用地出让情况

1987—2000年,深圳共出让房地产开发用地3 609万平方米,其中公开招标、拍卖出让土地面积144.2万平方米;2001—2005年共出让房地产开发用地1 397.6万平方米,其中公开招标、拍卖、挂牌出让土地面积437.7万平方米。

表9-21 深圳市房地产开发用地出让情况

(单位:万平方米)

年份	土地出让总面积	年份	土地出让		
			总面积	政府出让	企业转让
1987—1993	960	2000	296		
1994	298	2001	378	95.6	31.4
1995	466	2002	300	34.5	41.7
1996	419	2003	296	110.1	118.7
1997	436	2004	241	133.2	73.7
1998	453	2005	78.5	59.2	19.3
1999	281	2006	104.1		

数据来源:《深圳房地产年鉴》(各年);深圳国土资源和房产管理局网站。

(3) 土地出让收益

土地出让收益已成为支持深圳土地开发、市政建设的重要支柱。1988年出台的《深圳经济特区土地管理条例》第七条明确规定:出让土地使用权价款(以下简称用地价款)、土地使用费和土地使用权转让费的收入,作为特区土地开发基金,由市政府管理,用于土地的开发、保护,不得挪作他用。

深圳市公告基准地价是指以网格地块为单元,分土地用途为商业、办公、住宅、工业等土地利用类型,按照各用途土地的法定最高出让年期,在设定的土地利用状况及土地开发条件下的土地使用权平均市场价格。宗地地价通过新标准测算得出,土地使用权出让价格以宗地地价为准。

表 9-22 深圳市国有土地基准地价标准(2003)

(单位:元/平方米)

用途＼级别	一级	二级	三级	四级	五级
商业用地基准地价	6 690	4 550	3 275	2 550	2 025
住宅用地基准地价	2 665	2 100	1 590	1 180	820
工业用地基准地价	640	510	430	300	—

数据来源:深圳国土资源和房产管理局网站。

深圳市早在 1990 年就制定了土地使用费征收标准并于 1997 年进行了调整。征收土地使用费是国家土地所有权的经济体现,是政府加强土地管理、合理配置土地资源的经济手段。凡使用土地的单位和个人,都必须缴纳土地使用费。土地使用费按土地面积计收。土地使用费征收标准根据土地出让情况、土地用途(土地类别)、土地区位(土地等级)综合确定,并按下述原则征收:

(1)土地使用费按土地出让情况分标准征收。1988 年 1 月 3 日《深圳经济特区土地管理条例》实施后,通过协议、招标、拍卖方式有偿取得土地使用权的,区分商品房及非商品房用地,按甲种土地使用费征收标准征收。1988 年 1 月 3 日以前通过行政划拨无偿取得土地使用权的,按乙种土地使用费征收标准征收。

(2)土地使用费按土地等级和土地类别的不同级别征收。位于罗湖区宝安路以东,东门南路以西,解放路、人民北路、晒布路以南范围及上述道路临街的商业用地,按一类用地的 1.3 倍征收土地使用费;办公用地按一类用地的 0.7 倍征收;商业性旅游用地按实际用途分别征收;高尔夫球场按一类用地的 30%征收。为控制物价上涨幅度,菜篮子工程用地免征土地使用费。

表 9-23 深圳市甲种土地使用费征收标准

(单位:元/平方米·年)

		一	二	三	四	五
非商品房用地	1	35	15	6	1.5	1
	2	25	10	5	1	0.8
	3	16	8	4	0.7	0.5
	4	10	6	3	0.4	0.3
	5	9	4	2	0.3	0.2
商品房用地		3	2	1	0.2	0.1

表 9-24 深圳市乙种土地使用费征收标准

(单位:元/平方米·年)

	一	二	三	四	五
1	120	25	15	4	3
2	70	17	12	2.5	2
3	45	12	7	1.6	1.2
4	30	10	6	1.2	1
5	24	8	4	1	0.6

数据来源:《深圳市人民政府关于调整深圳经济特区土地使用费征收标准的通知》。

(3)土地使用费按土地的实际面积、实际用途征收。凡改变性质、改变用途而未办理补地价手续的用地,按乙种收费标准征收。违章违法房地产在缴费后仍属违章违法性质,规划国土部门按有关规定进行处理。

据统计,2001年,深圳市土地房产交易中心通过招标、拍卖方式共出让了17幅经营性土地使用权,国土基金近38亿元,其中拍卖收益为13.5亿元;2002年,深圳市土地拍卖收益为26.14亿元;2003年,深圳通过11次土地拍卖获得土地出让金29.5亿元;2004年拍卖23次,获得土地出让金42.4亿元,加上协议性出让的其他土地,2004年度深圳市国土基金总收入128.46亿元,总支出120.51亿元,结余7.95亿元。2005年深圳市出让用地共12宗,成交土地面积60万平方米,收取地价30.6亿元,占总成交额的85%;另15%为企业转让用地,2005年企业转让用地共27宗,成交金额5.6亿元。

土地使用权价款、土地使用费以及土地使用权转让费共同构成特区土地开发资金。深圳市自1998年建立土地开发基金以来,每年的土地出让金成为地方政府的第二大财源,用于土地开发和市政建设。据不完全统计,1988—2002年的14年间,在招标拍卖不足10%的情况下,深圳土地开发基金亦累计收入600余亿元,与20年间城市基础设施建设投资额相当。这一数字从1996年后每年更达到100多亿元。截至目前,深圳土地出让收益累计已超过1 000亿元。

(二)深圳房地产收益管理的经验

1. 国有土地开发基金的运作

1988年12月29日,中国开始实行国有土地有偿使用制度,对出让的土地征收土地出让金。从此开始,我国的一些城市相继开始了对土地基金的探索。深圳市1988年建立了土地开发基金,是我国第一个建立土地开发基金的城市。从1990年8月起,深圳市开始全面实行国有土地有偿使用制度,并于1998年颁布了《深圳经济特区土地使用权招标拍卖规定》,增加了依法行政的透明度,土地基金对实现城市建设资金良性循环、加速城市和整体经济发展、深化土地使用制度改革起到了举足轻重的作用。据不完全统计,1988—2000年的12年间,深圳土地开发基金累计收入400余亿元。运用基金征收土地2.8万余公顷,在特区内开发工业、居住及综合片区19个,开发面积约4000万平方米,修建城市主、次干道约50条、立交桥数十座,基本实现了政府城市建设资金良性循环。2001—2005年土地开发基金累计223.2亿元。土地基金的成功运作使土地征用、土地利用规划、土地使用权出让等土地管理的基本环节得以正常实施,为新土地制度提供了坚实的资金保证。

深圳市国土基金的运作模式:[①] (1)筹集。土地开发基金由土地管理部门收集。土地开发基金由土地开发与城市设施配套金、土地使用费、土地增值费及土地上的其他收益构成。土地使用者应交纳的土地使用权出让金、土地开发与城市设施配套金,经市政府批准用做国有资产的,或者土地管理部门以土地使用权投资的,以投资占企业总资产的比例折为股本,其收益列入土地开发基金。(2)使用。市政府设立深圳市土地投资开发中心,根据土地开发基金使用计划,利用土地开发基金组织土地开发和城市基础设施建设。土地管理部门应当制定土地开发和供应计划,并报市政府批准。土地使用权出让金由土地管理部门按计划安排使用,土地开发与城市设施配套金由开发中心使用。(3)管理。市政府应当制定土地使用权出让金和土地开发基金收支与管理办法,加强对土地使用权出让金和土地开发基金的管理。土地管理部门每年应当向深圳市人大常委会报告土地使用权出让金和土地开发基金收支与使用情况。市财政主管部门

---

① 深圳国土资源和房产管理局网站:《深圳经济特区土地使用权出让条例》。

负责监督并审核,市政府审计部门定期审计,市财政与审计主管部门应同时向市人大报告土地使用权出让金和土地开发基金收支的审核与审计情况。

深圳市国土基金的建立,具有重要的现实意义。(1)有利于充分发挥政府的宏观调控作用,优化土地资源配置。目前政府调控土地供应与需求的手段主要有土地的规划权、农用地转用和土地征用的审批权以及制定土地税费政策等行政手段。通过建立土地基金制度可以强化政府运用市场手段对土地市场供求的调节作用,优化土地资源配置,显化土地资产价值,保证国家对国有土地资产的合法收益。(2)有利于保障土地资产的发展权,促进社会经济的发展。按照市场经济国家通行的惯例,土地发展权归社会公共所有,理由是土地增值主要来源于地区经济的增长,而地区经济增长则得益于地区公众的劳动、基础设施的公共投资、政府公共补贴及各种优惠政策扶持等。但在目前,我国土地的发展权并没有得到真正体现。土地的增值被掩盖在房地产增值中,土地增值没有得到单独体现,因此导致了本应由社会公有的土地增值收入流入了房地产开发商的手中,加剧了社会的不合理分配。土地基金由于其政府管理的非营利公共事业性质,有助于避免和解决上述问题,保障公有土地资产的发展权,促进社会经济的发展。(3)有利于实现土地利用由粗放型向集约型转变,促进社会和经济的可持续发展。实施土地基金管理制度,有利于贯彻落实切实保护耕地的基本国策,促进土地利用方式的根本转变,守住保护好基本农田这一不可逾越的"红线"。

2. 年租制

1994年,深圳市规划国土管理实行三级垂直管理体制,成立了规划国土分局和国土管理所,土地使用费按属地管理的原则由各分局收取。深圳市土地管理部门一直重视对土地经济问题的研究。从1994年开始,深圳市规划国土局以罗湖分局为重点,对土地年地租制度进行试点。对土地收益问题进行详细的探讨,并把土地使用费(年地租)体系与地价体系联系起来,探索了土地租税费制度,提出了土地使用费征收的合理模式。深圳市逐步创建起与地价体系有机结合的年地租(土地使用费)体系。根据原土地使用者获得土地的不同方式,采用不同的年地租标准,即:(1)以出让方式获得的商品房用地及合法转让的房地产,虽然缴足了地价,但仍要象征性地收取土地年地租,以体现土地的国家所有权性质。这一土地使用费(年地租),数额较小,是象征性的,以工业用地为例,每年每平方米一元,是一个常数。(2)以协议方式出让的自用性质的非商品房用地,因其虽缴地价但并非完全地价,即未缴足地价,因而收取一定的年地租加以调节。(3)原行政划拨用地,因其未缴地价,收缴过程中,或办理出让手续,或用收取较高标准年地租的方式缩短其与出让用地的差距。(4)对临时用地和新出租用地收取最高标准的地租。(5)对改变用地性质、用途或新增建筑面积而未办理出让手续或未补缴地价的,也收取最高标准的临时性土地租金。

深圳市与土地出让制度相补充的年地租制度的建立和运作,具有积极的现实意义。

第一,理顺了土地产权关系。我国城市用地实行的是土地所有权与使用权分离的制度,但原行政划拨用地的大量存在,使国家土地所有权收益很难在经济上得以体现,而年地租体系熨平了无偿划拨与有偿出让的不公平。

第二,建立了平等竞争的市场环境。现代市场经济强调公平竞争,但我国目前多轨制用地方式的存在,不利于企业之间公平有序的竞争。年地租体系的建立,有利于创造良好的市场环境,促进我国市场经济健康发展。

第三,堵塞了国有资产流失的漏洞。当前除大量原有行政划拨用地外,我国城市用地普遍存在改变用途、性质或违法违章建筑的现象。由于现有土地租税费体系不合理或管理不到位,造成本该由国家获取的土地收益大量流失。年地租体系在规范用地制度、增加地方财政收入、杜绝国有资产流失等方面作用明显。

第四,年地租体系与批租用地的有机结合,将逐步理顺我国目前土地租税费体系混乱无序的状况,深圳市的实践证明了土地收益应"明租、正税、少费"的合理性;同时年地租体系的建立和完善,对土地管理的职能转换、跟踪管理等,都创造了有利的条件。

总之,年租制可以解决土地出让制所不能顾及的诸多问题,在平衡各种用地关系、盘活存量土地等方面发挥着重要的作用,年租制与土地出让制是相辅相成的。

3. 房地产税收与土地出让收益已成为地方的主要财政来源

2004年深圳城市维护建设税、房产税、契税三项合计的房地产税收已占到了财政收入的9.03%。若加上由房地产企业缴纳的营业税、企业所得税,房地产交易环节的营业税及附加、所得税,以及2005年后开征的土地增值税、即将开征的城镇土地使用税等,房地产税收占深圳市财政收入比重可达到25%—30%,房地产税收已成为了地方的主要财政来源之一。

深圳国土基金在地方财政收入中占的比重较高。据不完全统计,1988—2002年14年间,深圳土地开发基金已累计收入600余亿元,这一数字从1996年后每年已达到100多亿元,截至目前,深圳土地出让收益累计已超过1 000亿元。2004年度深圳市国土基金总收入128.46亿元,占全市财政收入的40.0%,土地收入已经是深圳市的第二大财源。

综上分析,房地产业发展所带来的各项税收,以及土地使用权出让和土地使用费所构成的土地收入等,在地方财政收入中起主导作用。值得注意的是,房地产业的区域性特点使得往往是经济越发达的地区,房地产业对地方财政的支持力度越大;经济发展落后的地区,房地产业对地方财政的支持作用并不明显。因此,大力引导地方房地产业的健康发展,对将房地产税收与土地出让收益培育成为地方的主要财政来源具有重要的积极意义。

第十章 结论

从前面的分析中可以看出,无论从理论上还是国外地方财政实践都说明,房地产税收是地方政府(城市政府)主体税源的最佳选择。结合我国的实际情况,城市主体税源除了房地产税外,城市土地地租也应是城市财政的一个重要收入来源,① 因为我国实行的是社会主义土地公有制,土地是政府可行政性配置的主要资源,是城市政府可行政性配置的唯一实物要素,来源于土地的收益应归政府所有。确立房地产税与城市土地地租为主体财源的城市财政体制,是完善分级财政体制和分税制的客观要求,也是一种理性的选择。

一 房地产租税是城市主体财源的依据及可行性分析

(一)房地产租税是城市主体财源的依据

现代公共财政学认为,公共产品的空间层次是公共财政学最具意义的问题,也是划分政府间财权的重要依据,公共品的受益范围和利益归属是划分中央与地方以及地方政府之间在事权方面的一个自然界区,政府间不同的职能和事权划分是由具有不同受益范围的公

---

① 西方绝大多数国家土地是私有的,政府通过对地租征税而获得财政收入。

共品属性决定的,公共产品理论是政府间划分事权和职能的理论基础,也是政府间财权划分的基本依据。财权的划分要遵循财权与事权相一致的原则,即各级政府获得的收入要满足自身责任的需要,同时考虑对经济发展和社会分配的调节作用。在税收体系中居于主导地位的主体税种,应该具备以下几个方面的特征:(1)税基具有非流动性,否则会造成纳税人从税负高的地区向税负低的地区转移。(2)基于利益原则课征。如果某些税种的征收对象收益的大小与当地政府提供的公共服务的优劣息息相关,则适合地方征收。(3)由地方征管效率较高。某些税种由于其自身的特点,如税源分散、计税依据或税率的确定较复杂等,地方政府及其各部门的协助对税收的征管较为重要,这类税种由地方征收较为适当。(4)具有适度的弹性。作为地方税的主体税种,还应当对经济的发展具有适度的弹性,其税收收入应当随经济的发展而增长。房地产税收和地租收入具有很强的地域性且对宏观调控的影响不大,它应划归地方。

从国外发达国家的实践看,凡是实行中央与地方分享税制的国家,房地产税收基本上划归地方税体系,并构成地方政府财政收入的主要来源。如发达国家中的美国、英国、加拿大、澳大利亚、新西兰等国家的财产税(主要是房地产税)占地方税收的比重相当高,分别为71.8%、99.5%、91.3%、100%、90.3%。[1]据统计16个经济合作发展组织国家的平均水平约为43%。

(二)可行性分析

1. 税基十分稳固,财源充足

---

[1] OECD, *Revenue Statistics of OECD Members Countries: 1965 – 2002*. Organization for Economic Cooperation and Development, Paris, 2004.

土地资源是永存的,只要合理开发和利用,其生产力和利用价值不会消失,土地具有恒久性或不可毁灭性,因此,决定了房地产具有使用长期性的特征。另外,房地产具有位置固定性特征,房地产固定在某一场所,不能移动,在流通上不可能发生空间位置的移动。房地产固定性、耐久性的特征,决定了房地产税收十分稳固。

房地产是社会财富的重要组成部分,作为一项重要资产,它能为国家财政带来巨额的收益,财源十分充足。据统计,截至2005年底,地级及以上城市土地面积57.4万平方公里,已开发的城市国有土地面积达32 520.7平方公里。随着国有土地使用权有偿使用范围的逐步扩大,国有土地使用权有偿出让收入将不断增加,在地方财政收入中的比重将稳定上升。以2004年为例,新增建设用地面积43.2万公顷,国有土地使用权有偿出让面积781 164公顷,而招标、拍卖、挂牌有偿出让的面积为185 851.6公顷,占有偿出让面积的23.8%,若招标、拍卖、挂牌有偿出让比重提高一倍的话,出让收入占地方财政总收入的比重则会大幅提高。同时,对城市存量划拨土地采取普遍征收年地租的做法(在第八章已作了论述),地租在城市财政收入中的比重将得到提高。

土地和房屋也是重要的税源,以2005年为例,城市房屋面积164.5亿平方米,若房屋价值每平方米按800元计,按现行税率计征,每年可征房产税达1 560亿元;若全部住宅免税(住宅面积107.69亿平方米),仅对非住宅经营性用房征收,按房屋价值每平方米1 000元计算,也可征收房产税682亿元。若随着房地产税制的完善,特别是实施物业税后,对住宅和非住宅全面开征物业税(普通住宅免征),房地产税(财产税)将大幅上升;若加上土地增值税、契税、房地产所得税以及开征遗产税等,房地产税收可占地方财政收入的50%左右。

2. 房地产租税收入具有持续性和稳定性

随着经济的发展和城市化的不断扩张,城市房地产数量将持续增加,房地产税基将稳定增长,租税的收入规模也将不断扩大。在税率不变的前提下,房地产税收入随房地产数量的增加而稳步增长。同时,随着社会生产力的发展、人口的增加和城市的发展,对作为社会生产和社会生活基本要素的房地产的需求将日趋增加,但由于土地是不可再生的稀缺资源,土地面积不可能随意增加,伴随日益增长的需求,房地产价值必然上涨。一般来说,税收是依房地产价值计征,房地产税收因税基扩大而呈逐年增加的规律。

3. 房地产税收将随国民经济增长而稳步增长

(1)房地产税收占 GDP 的比重

表 10-1　房地产税收占 GDP 的比重

	1999	2000	2001	2002	2003	2004	2005
房地产税收(亿元)	619.85	717.86	796.82	1 028.76	1 301.07	1 718.69	2 193.48
GDP(亿元)	89 677	99 215	109 655	120 333	135 823	159 878	182 321
房地产税收占 GDP 的比重	0.204 6	0.211 3	0.208 5	0.234 7	0.238 5	0.229 1	0.239 1

注:(1)资料来源:《中国统计年鉴》2001—2006 年的数据。
　　(2)房地产税收包括按 12% 计算的营业税及附加、房产税、城镇土地使用税、土地增值税、契税和耕地占用税。

通过分析,房地产税收占 GDP 的比重为 0.21%—0.23%,且逐年上涨;根据房地产税收占 GDP 的比重的图像,整体上房地产税收随着国内生产总值的增加而逐渐上升,其趋势曲线比较明显地显示了这一特征。

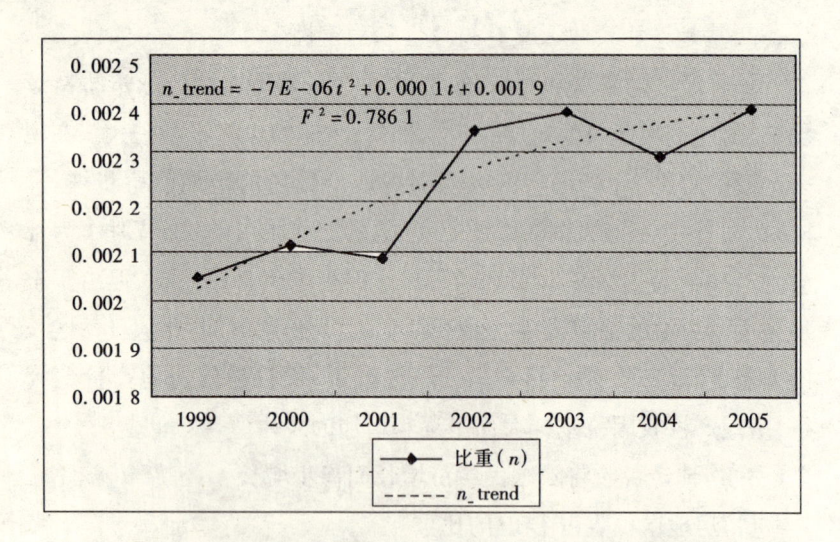

$$n\_trend = -7E-06\,t^2 + 0.0001\,t + 0.0019$$
$$R^2 = 0.7861$$

注：图中实线为房地产税收占 GDP 的比重，虚线为房地产税收占 GDP 的趋势值。

图 10-1 房地产税收占 GDP 的比重及趋势

(2) 房产税收长期趋势值分析

房产税是房地产税收的主要组成部分，在房地产税收中占的比重较大；同时房产税收收入稳定，在未来房地产税收改革中，房产税（或物业税）将是房地产税的主体。下面主要分析房产税的增长潜力。1999—2005 年的房产税的实际征收情况与预测值基本一致，这说明房产税实际征收情况较好，房产税征管容易，纳税人难以避税。若普遍征收，缩小减免范围，房产税（或未来开征的物业税）将增长较快。

表 10-2 房产税收实际值（T）与趋势值（T_trend）

（单位：亿元）

	1999	2000	2001	2002	2003	2004	2005
T	183.5	209.6	228.6	282.4	323.9	366.3	435.9
T_trend	165.11	206.75	248.39	290.03	331.67	373.31	414.95

资料来源：《中国统计年鉴》2001—2006 年的数据。

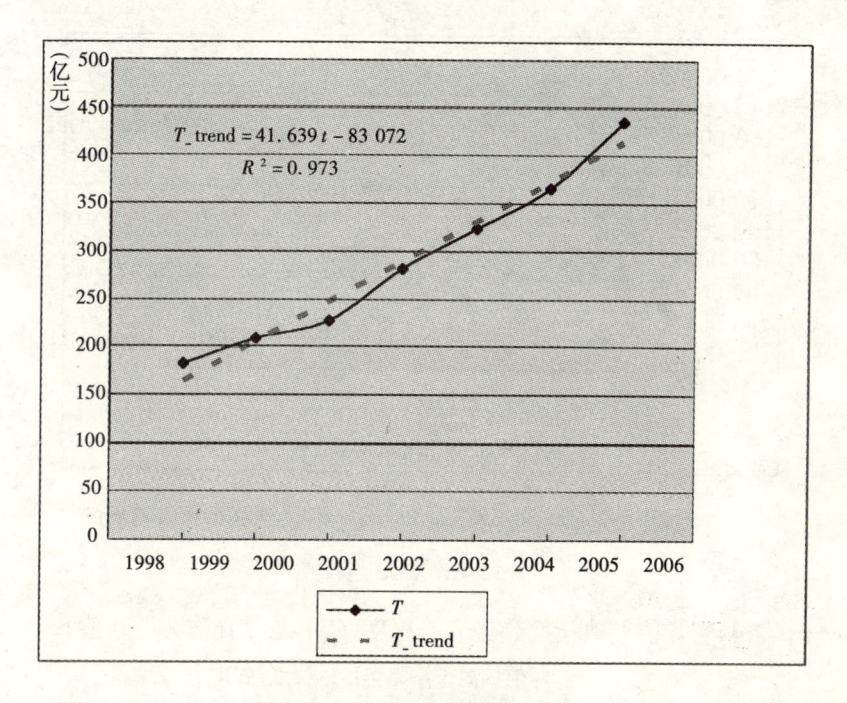

注:T为房产税收实际值,T_trend 为房产税收趋势值。

图 10-2　房地产税收趋势值

(3) GDP 长期趋势值

表 10-3　GDP 实际值与趋势值(GDP_trend)

(单位:亿元)

	1999	2000	2001	2002	2003	2004	2005
GDP	89 677	99 215	109 655	120 333	135 823	159 878	182 321
GDP_trend	82 547.5	97 741.29	112 935.1	128 128.9	143 322.6	158 516.4	173 710.2

资料来源:《中国统计年鉴 2006》。

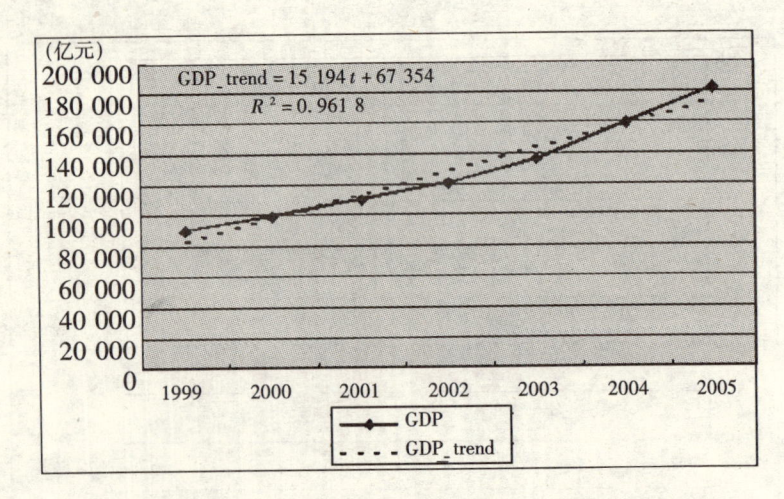

(亿元)
GDP_trend = 15 194t + 67 354
R^2 = 0.961 8

注：图中实线为实际国内生产总值，虚线为实际国内生产总值的时间趋势值。

图 10 - 3　GDP 趋势值

(4)实际值偏离长期趋势值的程度(GDP 与 T)(称为波动值)

表 10 - 4　实际值偏离长期趋势值的程度(GDP 与 T)

	1999	2000	2001	2002	2003	2004	2005
$\Delta T/T^e$	0.086 368	0.015 078	-0.029 04	-0.060 84	-0.052 33	0.008 589	0.049 57
$\Delta GDP/GDP^e$	0.111 375	0.013 785	-0.079 67	-0.026 3	-0.023 42	-0.018 77	0.050 497

根据表 10 - 4 相关数据，利用 SPSS 统计软件进行相关分析和简单线性回归分析，结果如下：

$$\Delta GDP/GDP^e = 0.75^* (\Delta T/T^e) - 0.000\ 46$$

$R = 0.861$　　$R^2 = 0.741$

此模型经过统计检验，表明房地产税收与 GDP 是密切相关的，相关系数为 0.861，说明房地产税收波动与国内生产总值的波动有着密切的联系，其相关程度达到了 0.861。由线性回归方程的系数可以看出，房地产税收波动一个百分点，将导致国内生产总值波动

0.75个百分点。反之,国内生产总值波动一个百分点,导致房地产税收波动1.33个百分点。

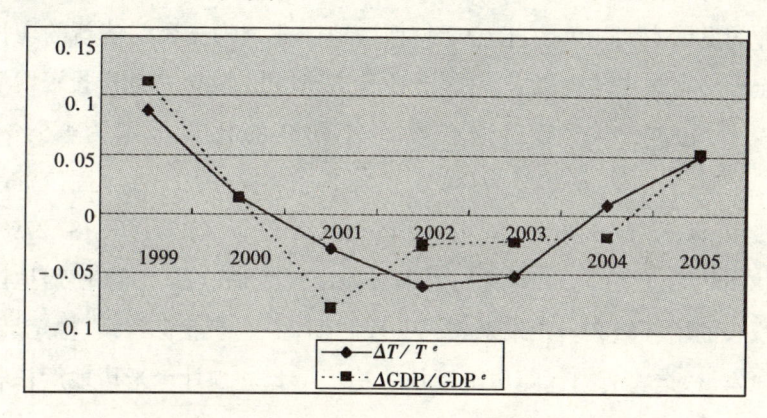

注:图中虚线为国内生产总值波动值,实线为税收波动值。

图 10-4 实际值偏离长期趋势值的程度(GDP 与 T)

由图形可以看出,T 波动值与 GDP 波动值有着密切的关系,两者具有同步性,即 GDP 波动值下降导致 T 波动值下降,反之,当 GDP 波动值上升将导致 T 波动值上升;但图形明显反映,T 波动的幅度大于 GDP 波动幅度,当国内生产总值偏离均衡值越大,将使得房地产税收值偏离其均衡值更大。

经过分析,无论是图形观察还是相关系数的计算,都表明 GDP 与房地产税收之间有明显的线性关系。因此,房地产税收随国民经济增长呈稳定上升的态势。若普遍征收,严格控制减免范围,优化税制结构,房地产税收增长将更加明显。

4. 房地产税收弹性分析

下面分析 1999—2005 年房地产税收弹性系数,看房地产税收是否随国民经济的增长而增长。通过分析可以看出,6 年间房地产税收弹性均大于1,大致在1.05—2.99区间波动,从房地产税收弹性系数分析,房地产税收的增长明显高于国民经济的增长。这与房地产业的发展密切相关。自1998年把房地产业作为国民经济新的增长点和消费热点培育以来,房地产业呈高速增长态势,房地产投资增幅较大,1999—2005年房地产投资占GDP的比重分别为4.58%、5.02%、5.79%、6.47%、7.48%、8.23%、8.64%;占全社会固定资产投资的比重分别为13.74%、15.14%、17%、17.91%、18.27%、18.67%、17.79%。[①] 同时加大了房地产税收征收的力度,使房地产税收的增幅较大。在未来相当一段时期,房地产业将持续、稳定、健康发展,这将有力保障房地产税收稳步增长。预计未来房地产税收弹性将在1.5—2区间波动。

表10-5 1999—2005年房地产税收弹性系数

	GDP(亿元)	GDP增幅(%)	房地产税收(亿元)	房地产税收增幅(%)	弹性系数
1999	89 677	—	619.85	—	—
2000	99 215	10.64	717.86	15.81	1.49
2001	109 655	10.52	796.82	11	1.05
2002	120 333	9.74	1 028.76	29.11	2.99
2003	135 823	12.87	1 301.07	26.47	2.06
2004	159 878	17.71	1 718.69	32.1	1.81
2005	182 321	14.04	2 193.48	27.63	1.97

注:(1)房地产税收收入弹性是房地产税收收入的变化率与GDP变化率之比,即$(\Delta T/T)/(\Delta Y/Y)$。
(2)资料来源:《中国统计年鉴》2000—2006年的数据,《第一次全国经济普查资料》(2006)。

---

① 参见《中国统计年鉴》2000—2006年的数据。

二 房地产租税收入分配及规模问题

房地产税与城市土地地租收入如何在中央与地方政府以及省级政府与省以下地方政府之间进行合理分配,是需要重点研究和解决的问题。

房地产租税来源具有地域性,税基具有非流动性等特点,根据地方受益和征管方便的基本原则,房地产租税分配应体现"取之于地,用之于地"的准则。城镇国有土地出让收入或地租,应当在中央、省级政府和地方政府之间进行合理分配,改变1994年以来土地出让收入或地租全部归地方政府所有的做法,以保证城市土地国家所有权在经济上得以实现。为确保中央政府能获得稳定的土地收益,又能充分调动地方政府的积极性,中央政府与地方政府对土地出让收入或地租收入的分配可采取简化的办法:中央政府根据某城市国有土地总面积和平均基准地价按照一定的标准向地方政府收取地租,收取标准每五年调整一次。收取定额地租,一方面,可以硬化中央政府与地方政府之间的国有土地收益分配关系,使中央政府获得稳定的土地收益;另一方面,对地方政府来说,地方政府对地租收入有了明确的预期。同时,为了保护耕地,切断地方政府新征耕地的利益驱动,70%留给地方政府新增建设用地的有偿使用费全部上缴省国库,专款专用,全部用于耕地开发和整理。在中央与省级政府分享的基础上,省级政府与城市政府(或地方政府)按一定比例分享,可以考虑省级财政分享土地出让收入或地租收入的15%,城市政府(或地方政府)分享85%。中央和省级政府分享一部分城市国有土地出让收入或地租收入,可以遏制地方政府过度依赖土地出让获取财政收入的弊端。从长期发展考虑,城市土地有偿使用应从出让逐步转向以年租制为主,变一次性在土地取得阶段收取土地出让金为在土地保有期内收取地租的新机制,彻底切断地方政府集中卖地的利益驱动,保障城市政府能获得稳定的、持久的土地收益。

借鉴美国、加拿大等发达国家的经验,应当将房地产税收绝大部分划归地方政府。具体来讲,房产税(或物业税)、地价税、空地税、契税、房地产个人所得税全部划归地方;土地增值税、遗产与赠与税、房地产企业所得税由中央与地方共享,其中,土地增值税80%归地方政府、20%归中央,遗产与赠与税30%归中央、70%归地方政府。省级政府与城市政府(或地方政府)对房地产税收的分享,可以考虑省级政府、城市政府(或地方政府)各自所占房地产税的份额为15%、85%。通过把房地产税收绝大部分留给城市政府(或地方政府),从而形成独立的城市(或地方)税收体系。

关于房地产租税收入规模问题。房地产税收入与地租收入至少应该占城市财政收入总额的60%左右。具体来说,土地出让收入或地租收入控制在10%左右,房地产税收应占50%左右,逐步将房地产税与地租收入培育成为城市财政最主要的收入来源是构建分级财政体制的目标。

参考文献

1. [美]罗纳德·C.费雪著,吴俊培总译校:《州和地方财政学(第二版)》,中国人民大学出版社 2000 年版。
2. [美]华莱士·E.奥茨编著,丁成日译:《财产税与地方政府财政》,中国税务出版社 2005 年版。
3. 苏明:《财政理论与财政政策》,经济科学出版社 2003 年版。
4. 靳东升:《依法治税:中央与地方税权关系研究》,经济科学出版社 2005 年版。
5. 许善达:《中国税权研究》,中国税务出版社 2003 年版。
6. [美]阿瑟·奥沙利文著,苏晓燕等译:《城市经济学》(第四版),中信出版社 2003 年版。
7. [美]丹尼斯·J.麦肯齐著,张友仁译:《房地产经济学》(第四版),经济科学出版社 2003 年版。
8. 蒋洪等著:《财政学教程》,上海三联书店 1996 年版。
9. [英]安东尼·B.阿特金森等著,蔡江南等译:《公共经济学》,上海三联书店、上海人民出版社 1994 年版。
10. 保罗·A.萨缪尔森:《经济学》(下册),中国发展出版社 1992 年版。
11. 王晶:《城市财政管理学》,经济科学出版社 2002 年版。
12. 杜莉编著:《城市财政学》,复旦大学出版社 2006 年版。
13. 李萍:《中国政府间财政关系图解》,中国财政经济出版社 2006 年版。
14. 程连:《西方财政思想史》,经济科学出版社 2003 年版。
15. 马克思:《资本论》第 3 卷,人民出版社 1975 年版。
16. 王珏、吴振坤、左彤:《〈资本论〉介绍》第三卷,中共中央党校出版社 1982 年版。
17. 宗平:《地租理论及在社会主义社会的应用》,经济科学出版社 1990 年版。

18. 朱剑农:《马克思地租理论概要》,农业出版社 1984 年版。
19. 刘海英:《地方政府间财政关系研究》,中国财政经济出版社 2006 年版。
20. 《马克思恩格斯全集》(第 25 卷),人民出版社 1975 年版。
21. 中国税收报告编写组:《中国税收报告》(2006),人民出版社 2006 年版。
22. [美]查尔斯·E.温茨巴奇等著,任淮秀等译:《现代不动产》,中国人民大学出版社 2001 年版。
23. 李齐云:《分级财政体制研究》,经济科学出版社 2003 年版。
24. 赵津:《中国城市房地产业史论》,南开大学出版社 1994 年版。
25. 孙翊刚等主编:《中国赋税史》,中国财政经济出版社 1987 年版。
26. 吴兆莘:《中国税制史》,商务印书馆 1937 年版。
27. 王先强:《中国地价税问题》,附录《土地法》,神州国光出版社 1931 年版。
28. 张薰华:《土地经济学》,上海人民出版社 1987 年版。
29. 国家税务总局:《中华人民共和国工商税收基本法规汇编》,经济科学出版社 1994 年版。
30. 北京经济学院财政金融教研室编:《新中国税制演变》,天津人民出版社 1985 年版。
31. 高映轸等著:《城市土地管理学》,武汉大学出版社 1987 年版。
32. 胡怡建、朱为群:《税收学教程》,上海三联书店 1998 年版。
33. [日]应试研究会:《住宅用地建筑物交易主任员应试指南图解》,新星出版社 1990 年版。
34. [日]尾崎护著:《税收常识》,日本经济新闻社 2000 年版。
35. [英]詹姆斯著,罗晓林译:《税收经济学》,中国财政经济出版社 1988 年版。
36. 蒋晓蕙编著:《财产税制国际比较》,中国财政经济出版社 1996 年版。
37. 袁世亮等编著:《外国房地产制度》,华中师范大学出版社 1996 年版。
38. [加]M.歌德伯戈、P.钦洛依著:《城市土地经济学》,中国人民大学出版社 1990 年版。
39. 彭澄:《资本主义国家税收》,中国财政经济出版社 1991 年版。
40. 国家税务总局税收科学研究所编译:《外国税制概览》,中国税务出版社 2004 年版。
41. 孙执中主编:《战后日本财政》,航空工业出版社 1988 年版。
42. 布阿吉尔贝尔:《谷物论:论财富、货币和赋税的性质》,商务印书馆 1979 年版。

43. 郭庆旺等:《当代西方税收学》,东北财经大学出版社 1997 年版。
44. 亚当·斯密:《国民财富的原因和性质的研究》上卷,商务印书馆 1972 年版。
45. 亚当·斯密:《国民财富的原因和性质的研究》下卷,商务印书馆 1974 年版。
46. 《马克思恩格斯全集》(第 7 卷),人民出版社 1975 年版。
47. 邓宏乾:《中国房地产税制研究》,华中师范大学出版社 2000 年版。
48. 《孙中山选集》(下卷),人民出版社 1981 年版。
49. 《孙中山全集》(第 2 卷),中华书局 1985 年版。
50. 中国社会科学院研究生院编:《城市经济学》,经济科学出版社 2001 年版。
51. 阎坤:《中国县乡财政体制研究》,经济科学出版社 2006 年版。
52. R.科斯、D.诺斯等著,陈昕主编:《财产权利与制度变迁——产权学派与新制度学派译文集》,上海三联书店、上海人民出版社 1994 年版。
53. 王全民:《房地产经济学》,东北财经大学出版社 2002 年版。
54. 张洪编著:《房地产经济学讲义》,清华大学出版社 2004 年版。
55. 李玉峰:《中国城市土地财产制度的法经济学研究》,中国计划出版社 2002 年版。
56. 饶会林主编:《中国城市管理新论》,经济科学出版社 2003 年版。
57. 黄佩华:《中国地方财政问题研究》,中国检察出版社 1997 年版。
58. 平新乔:《财政原理与比较财政制度》,上海三联书店、上海人民出版社 1995 年版。
59. 邓宏乾:《中国城市房地产收益分配问题》,华中师范大学出版社 1998 年版。
60. 黄小晶:《城市化进程中的政府行为》,中国财政经济出版社 2006 年版。
61. 曹建海、肖兴志:《中国市场前景报告》,中国时代经济出版社 2004 年版。
62. 刘国光等:《2006 年:中国经济形势分析与预测》,社会科学文献出版社 2005 年版。
63. 全国经济普查办公室:《房地产投资的规模、结构和效益》,中国统计出版社 2006 年版。
64. George Stigler, "Tenable Range of Functions of Local Government," in *Federal Expenditure Policy for Economic Growth and Stability*. Washington D. C. Joint Economic Committee: Subcommittee on Fiscal Policy, Washington 1957.
65. Tiebout C. M., "A Pure Theory of Local Expenditures," *Journal of Political Economy*, October 1956(64).
66. Wallace E. Oates, *Fiscal Decentralization*. Harcourt, Barce and Jovanovich, 1972.

67. Richard W. Tresch, "Estimating State Expenditure Functions: An Econometric Analysis," *Public Finance*, 1975.
68. James M. Buchanan, "An Economic Theory of Clubs," *Economica*, 32(125), 1965.
69. Harvey S. Rosen, *Public Finance* (4th edition), Illinois: Richard D. Irwin, Inc., 1995.
70. Brennan, G., Buchanan J., *The Power to Tax: Analytical Foundations of a Fiscal Constitution*. Cambridge: Cambridge U. Press, 1980.
71. Wallace E. Oates, *The Economics of Fiscal Federalism and Local Finance*, Edward Elgar Publishing Limited, 1998.
72. Fornasari F., Webb S. B., Zou, "The Macroeconomic Import of Decentralized Spending and Deficits: International Evidence," *Annals of Finance and Economics*, 2000.
73. Richard A. Musgrave, *The Theory of Public Finance*, McGraw-Hill, New York, 1959.
74. Ronald C. Fisher, *State and Local Public Finance*. Irwin Publishing House, New York, 2000.
75. Hamilton, Bruce W., "Property Taxes and the Tiebout Hypothesis: Some Empirical Evidence," in *Fiscal Zoning and Land Use Controls*. Edwin S. Mills and E. Oates Wallace, eds., MA: Lexington Books, 1975a.
76. Wallace E. Oates, "The Effects of Property Taxes and Local Public Spending on Property Values: An Empirical Study of Tax Capitalization and the Tiebout Hypothesis," *Journal of Political Economy* (77)1969.
77. Yinger, John, Howard S. Bloom, Axel Boersch – Supan, and Helen F. Ladd, *Property Taxes and House Values: The Theory and Estimation of Intrajurisdictional Property Tax Capitalization*. San Diego, CA: Academic Press, 1988.
78. William A. Fischel, "Property Taxation and the Tiebout Model: Evidence for the Benefit View from Zoning and Voting," *Journal of Economic Literature*, 1992, Vol. 30, Issue 1.
79. Mieszkowski, Peter, and Zodrow, George R., "Taxation and Tiebout Model: The Differential Effects of Head Taxes, Taxes on Land Rents, and Property Taxes," *Journal of Economic Literature* 27, 1989.
80. William A. Fischel, *The Home Voter Hypothesis: How Home Values Influence Local Government Property Taxation, School Finance and Land-Use Policies*. Cambridge, MA: Harvard University Press.
81. Mieszkowski, Peter, "The Property Tax: An Excise Tax or a Profits Tax?" *Journal of Public Economics* (1) 1972.

82. Zodrow, George R. and Peter Mieszkowski, "The Incidence of the Property Tax: The Benefit View vs. the New View," in *Local Provision of Public Service: The Tiebout Model after 25 Years*, Zodrow, George, ed., New York, NY: Academic Press, 1983.
83. Dick Netzer, *Economics of the Property Tax*. Washington, D.C.: Brookings, 1966.
84. Wallace E. Oates, *Fiscal Federalism*, 1993.
85. Bahl R. W. and Linn J. F., *Public Finance in Developing Countries*. Oxford University Press, Oxford, 1992.
86. Paul A. Samuelson, "The Pure Theory of Public Expenditure," *The Review of Economics and Statistics*, Vol. 36, No. 4 (Nov. 1954).
87. Bastable, Charles F., *Public Finance*, 3rd Edition. London: Macmillan and Co., Limited, 1917.
88. E. R. A. Seligman, *Studies in Public Finance*. New York: Macmillan Co., 1925.
89. Ronald C. Fisher, *State and Local Public Finance*. Irwin Publishing House, New York, 2000.
90. Anwar Shah, "The Reform of Intergovernmental Fiscal Relations in Developing and Emerging Market Economies," World Bank Policy and Research Series No. 23. 1994, Washington, D.C.
91. Richard R. Musgrave, "Who Should Tax, Where and What?" in C. E. McLure Jr. (ed.), *Tax Assignment in Federal Countries*, 1983.
92. Imai, Hiroyuki, "China's Endogenous Investment Cycle," *Journal of Comparative Economics*, 1994(19).
93. John M. Quigley, "Real Estate and the Asian Crises," *Journal of Housing Economics*, 2001, 10(2).
94. Morris A. Davis & Jonathan Heathcote, "Housing and the Business Cycle," *International Economic Review*, 2005, 46(3).
95. Engel, R. F. and Granger, C. W. J., "Co-integration and Error Correction: Representation, Estimation, and Testing," *Econometrica*, 1987, (35).
96. Roy W. Bahl and Johannes F. Linn, *Urban Public Finance in Developing Countries*. Oxford University Press, 1992.
97. OECD, *Revenue Statistics of OECD Members Countries: 1965 - 2002*. Organization for Economic Cooperation and Development, Paris, 2004.
98. William A. Fischel, "The Ethics of Land Value Taxation Revisited: Has the Millennium

Arrived Without Anyone Noticing?" in *Land Value Taxation: Can It and Will It Work Today?* Dick Netzer (ed.), Cambridge, MA: Lincoln Institute of Land Policy, 1998.
99. Pechman, Joseph A., "Estimates the Incidence of the Property Tax Under the Traditional View and the New View," *Who Paid the Taxes, 1966 - 1985?* Washington, D. C.: Brooking Institution, 1985.
100. Peterson, George E., *Property Tax Reform*. Washington, D. C.: Urban Institute, 1973.

后　　记

本书是我承担的国家社会科学基金《中国城市财政主体财源问题研究》课题的最终成果。本书的出版得到了国家社科基金的资助。在书稿定稿和出版之际，首先要感谢我的导师曹阳教授，从书稿构思到最后修改完善，无不倾注着曹老师的心血。导师严谨的治学态度、孜孜不倦的治学精神和豁达宽容的胸怀深深地影响和感染着我，使我终身受益，也将激励我不断地努力和进取。

感谢经济学院的领导和同事给予我的支持和关心。感谢华中师范大学研究生处对本书出版给予的支持。同时，感谢硕士研究生陈峰对部分数据分析和处理提供的帮助。在课题调研过程中，得到了深圳市国土资源和房屋管理局、湖北省建设厅及相关部门、武汉市房产管理局等单位的大力支持，在此，谨向他们表示衷心的谢意。

感谢我的家人，特别是我的爱人沈小在女士，她默默地承担了所有家务以及小孩的教育，正是由于她的理解、奉献和鼓励，使我无任何后顾之忧地投入到学习和工作中，得以最终完成课题研究。

本书的出版，得到了商务印书馆著作室常绍民主任、黄一方编辑的大力支持和帮助。

感谢所有被引用的参考文献的作者和译者。我将不懈地努力和追求,在教学和科研工作中力争取得较大的进步,来报答所有关心和支持我的老师、领导和朋友。

邓 宏 乾

2007年8月于

武昌桂子山